运动与能量代谢

——锻炼身体的科学与健康

肖国强　曹姣　主编

人民体育出版社

编 委 会

主　编：

肖国强　　曹　姣

副主编：

王军力　　林燕荣　　李　娜　　张学炎

编写成员：（按姓氏笔画为序）

王军力　怀化学院

李　娜　柳州师范高等专科学校

张学炎　广州科技贸易职业学院

肖国强　华南师范大学

林燕荣　广东外语艺术职业学院

林伟光　广州工商学院

赵云雷　中山大学

曹　姣　广东第二师范学院

曹家凌　广东科学技术职业学院

前　言

“锻炼身体”是为达到身体健康的“身体活动”行为。学习“锻炼身体”的科学知识有助于实施科学的运动处方，达到最好的身体锻炼效果。我们的身体应具备最基本的体能，应该是健康的体能。然而，具备健康体能的人并不一定具备优秀的竞技体能；具备优秀竞技体能的人也并不一定代表有健康的身体。锻炼身体与健康关系的研究不应仅在整体和器官水平，而更需要深入到细胞分子水平。运动、健康和长寿关系有赖于在运动实践中探索。

本书是博士生导师肖国强教授及其指导下的硕士、博士共同完成之作。从第一章到第五章介绍了人的寿命与运动、不同人群的寿命以及从事不同运动项目对其寿命的影响，提出健康的体育活动可能有益于寿命的延长；各国体质测试内容及其对身体运动能力的医学诊断、运动处方的科学实施、体质的科学评定系统等，为全民健身运动开展提供基础和保证。

第六章到第十二章论述了身体的运动能力与供能系统、循环系统、体成分、营养关系等问题。人体活动的能量供应分为有氧供能系统和无氧供能系统，而健康的体能与有氧供能系统关系密切。人体的生命活动受各器官系统机能的影响，其中心血管系统功能在保持健康的体能中起着至关重要作用，文中涉及到心率的起源、影响因素及其在运动训练强度监控和运动训练效果评定中的作用，此外还包括最大摄氧量、乳酸阈与健康体能的关系及其在锻炼身体中的运用。健康的身体成分组成与标准体重的合理控制、有氧运动处方的实施及营养物质摄取等有关。衰老是不可避免的自然规律，为保持健康体能，还需进一步加强对骨骼肌的适宜运动刺激，防止骨质疏松的早现。第十二章主要论述女性与运动，包括月经周期、妊娠及更年期如何注意身体活动相关问题。

第十三章到第十七章论述了不同环境，包括无重力、低氧高氧及不同温度环境的变化对人体机能及运动能力的影响，特别是在高温环境身体活动时应注意的问题、如何预防中暑等。

第十八章到第二十一章介绍了糖尿病、高血压以及冠心病等现代文明病与健康体能的关系，以及身体活动对其的防治作用。

在人的一生中会受到各种因素的影响，包括可变因素和不可变因素影响健康长寿。前者是指运动、疾病、不良行为习惯、饮食方式及服用药物等，后者是指年龄、性别、种族和遗传等。虽然自然界天生不公平，可能终身不喜欢运动人长寿于具有健康体能人的寿命，这是由于生命的遗传因素存在。然而无可厚非的是，坚持适宜的体育活动，养成锻炼身体的习惯，维持机体内环境的稳定，可在很大程度上延长我们的寿命，这即是我们撰写本书的目的。

编者

2014年6月

目　录

第一章　运动与健康

【提要】寿命是健康的重要指标，生命应保持健康的长寿。如果在健康的基础上实施运动，有规律进行运动的人可能要比无规律人的寿命长。动物与人体健康运动的研究表明，为了保持长寿，应该提倡进行有氧耐力性的体育活动，这些运动项目包括步行、慢跑、游泳和体操等。同时要持续地坚持这种体育活动，少吸烟，维持适宜的体重，使心血管疾病和癌症的发病率降低，促进健康长寿。

一、概述

“人生 50 古来稀”，在半个世纪之前，世界上人的平均年龄也不过如此。当今世界上最长寿国人的平均年龄已超过 75 岁（图 1–1）。2004 年日本已成为世界第一长寿国，男子平均寿命为 78.64 岁，女子为 85.59 岁（表 1–1）。男女 80%可延年益寿到 65 岁以上，2005 年亚洲各国及地区人均寿命在 65 岁以上的比率急剧增加（表 1–2）。预测 2050 年平均 65 岁以上人口的比率，中国将达到 13.2%，香港达到 23.3%，日本达到 23.1%。2011 年末我国 60 岁及以上人口达到 18499 万人，占总人口的 13.7%。目前，对中老年人如何增进健康、保持健康

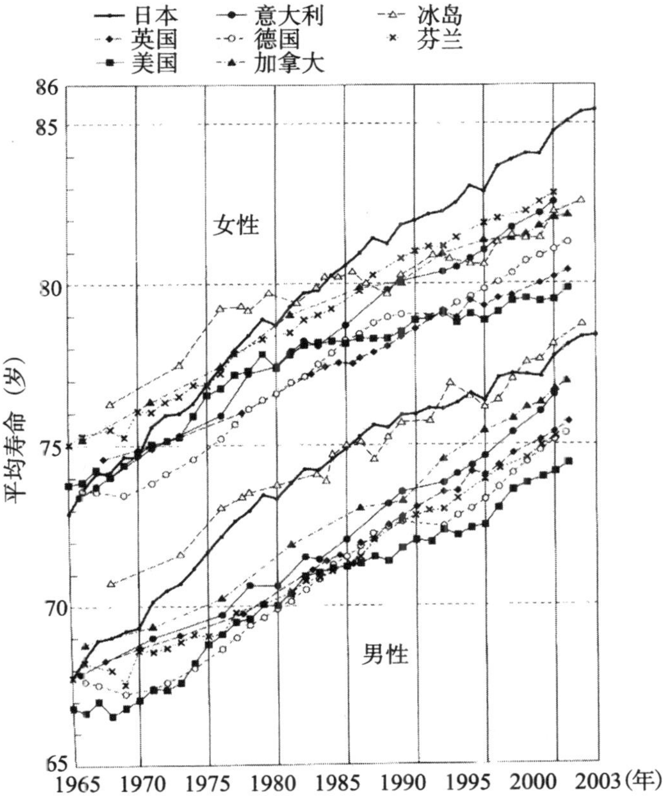

图 1–1　各国的平均寿命

（引自：厚生统计协会：2004）

的身体，特别是如何把握运动与健康等问题，已成为体育科研中一个非常重要的研究课题，这其中也包含运动与免疫、运动与疾病的预防以及运动与精神疲劳的消除等内容。

表 1-1　各国及地区平均寿命的比较

男子	年龄（岁）	女子	年龄（岁）
日本	77.19	日本	83.82
冰岛	76.20	冰岛	81.70
瑞典	75.91	瑞典	81.18
中国香港	76.30	中国香港	81.80
瑞士	75.30	瑞士	81.90
英国	74.06	英国	80.60
法国	74.0	法国	79.32
德国	72.99	德国	79.49
美国	72.40	美国	79.00

（引自：日本卫生统计协会，1999）

表 1-2　2005 年亚洲各国及地区人口在 65 岁以上的比率

	1995 年	2010 年	2025 年
中国内地	6.1	8.2	13.2
中国香港	11.0	13.9	24.3
印度尼西亚	3.6	5.4	8.6
日本	14.2	20.9	26.1
澳门	8.2	10.3	20.6
马来西亚	3.8	5.0	7.8
非律滨	3.7	4.5	6.6
新加坡	6.7	10.4	20.6
中国台湾省	7.5	9.6	17.1
韩国	5.3	9.0	15.2
越南	4.9	5.1	8.0

（引自：Philips，et al.，1995）

二、运动与寿命

寿命是健康的重要指标，生命应保持健康的长寿。如果在健康的基础上实施运动，有规律进行运动的人要比无规律人的寿命长。从这点意义上讲，运动与寿命关系的研究尤为重要。当然，此类问题的研究比较困难，这既要对长期进行体育活动的人进行调查，又要跟踪调查对象直到死亡。寿命除了受运动的影响外，还受遗传、年龄和性别等因素的影响。

（一）大学生时代的体育活动与寿命

对人类寿命的调查最早是在大学生人群中开展的。1928 年通过对美国大学生运动选手的死亡年龄（10 所大学）与同时代参加生命保险者进行比较，从中观察到体育活动非常活跃人的死亡年龄推迟，由此表明青年时期的体育活动可明显影响寿命。

1880—1905 年，对 4000 名大学毕业生在 20～45 年间的死亡情况调查发现，大学生运动选手的死亡率要比参加生命保险的人低 10%。与此同时，1829—1929 年 100 年间，参加英国划船比赛共 80 场的运动选手 1280 人被经过 4 期调查，合计死亡人数 394 人，通过与英国同龄死亡率预测值相比较，可以看出划船的大学生运动员比一般人的死亡率低。

表 1–3 不同项目运动选手的死亡年龄

	田经	旱滑	划船	橄榄球	一般大学生	优秀生
人数	203	176	167	218	325	362
死亡年龄	67.41	68.13	67.08	68.84	67.43	69.41

（引自：Rook，A.，1954）

表 1–3 是 1954 年对 1860—1900 年间美国某大学不同项目的大学生运动员死亡率与其学习成绩好坏、是否参加活动关系的调查。调查结果显示，田径、划船、橄榄球以及旱滑的运动选手平均年龄为 67～69 岁，与非运动员死亡年龄之间无明显差异。

波芬伯格（Paffenbarger，1966）调查了 1916—1950 年美国哈佛大学入校的 16936 名男子毕业生在 1962 和 1966 年参加体育活动的情况。内容为每天步行距离、蹬楼梯台阶数、轻量运动和激烈运动的时间。根据身体活动算出每周的消耗热量分成 500kcal 以下、500～1999kcal、2000kcal 三组。此后在 1978 年对于这些人当中的死亡人数（1413 人）与运动量的关系进行了分析，研究表明 35～49 岁组每周消耗热量分别在 500kcal 以下、500～1999kcal、2000kcal 的死亡率分别为 1、0.97 和 0.79，三组间无显著差异，随着死亡年龄的增加，三组间的差异性增大；70～94 岁组在三组中的死亡率分别为 1、0.72 和 0.51。由此可知，自大学毕业以后，经常进行体育活动消耗能量较大的人，随着年龄的增加，死亡率下降而延长了寿命。

（二）运动员的寿命

长年进行体育运动训练、参加体育竞技比赛的专业运动员的寿命是否比一般人的长？美国生命保险公司（Metropolitan Life Insurance Company）调查了1876—1900年和1901—1973年两个时期的棒球运动员的死亡率。1900年以前的专业运动员死亡率是白人的97%，1901—1973年比一般人下降，其原因并非运动员的运动量增大，而是由于进入20世纪运动员的社会、经济状态提高，以及运动队和运动员的自身健康管理进一步加强，导致死亡率下降。

（三）运动对人寿命的影响

在芬兰，滑雪运动很普及。卡尔沃宁（Karvonen）对滑雪运动员和一般人的寿命调查发现，一般男子的生存率随着年龄增加而逐步提高，优秀运动员50%的生存率年龄在73岁，普通人在3个年代中（1931—1935年，1946—1950年，1956—1960年）50%生存率的年龄分别为68.9岁、68.7岁和70.2岁，数据显示优秀运动员的生存率较高（图1–2）。

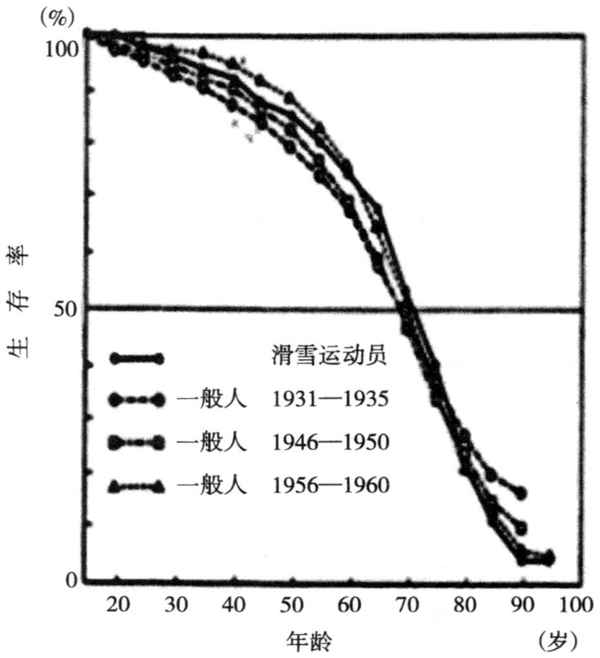

图1–2 滑雪运动员的生存率和普通人男子的比较

（引自：Karvonen M.J., et al., 1974）

三、运动项目对人的寿命的影响

（一）不同运动项目对人的寿命的影响

研究表明，坚持体育运动可以延长人的寿命，什么运动项目可以延长人的寿命？萨尔纳（Sarna，1993）于1989年对1920—1965年参加奥林匹克运动会、世界体育运动大会、欧洲体育运动大会的芬兰男子运动员（项目包括耐力运动、团体赛、爆发力运动）的生存状态进行了调查，并将其与一般男子进行比较。结果显示，在50岁时各组成员都健在，此后生存率发生了变化，耐力运动项目的寿命最长，其次是团体赛项目，而爆发力项目与一般人无显著差异（图1-3）。在1985年对他们的健康生活的调查中发现，无论哪种运动项目组，坚持体育活动人的生存率都超过50%，而一般男子组生存率却只有17.1%。抽烟者在一般男子组中占73.5%，而在3个运动项目组中吸烟者较少，运动项目组体重与20岁时比较有所增加，但和一般男子组相同。此外每月饮酒量与一般人大致相同，但耐力项目运动员的体重变化和饮酒量少，而且从死亡者的检查结果发现，耐力运动项目组的心血管疾病和癌症的死亡率约是一般人的50%。此外，与其他因素死亡相比较，爆发力项目和耐力运动组的死亡率分别是一般人的2倍和1.2倍。

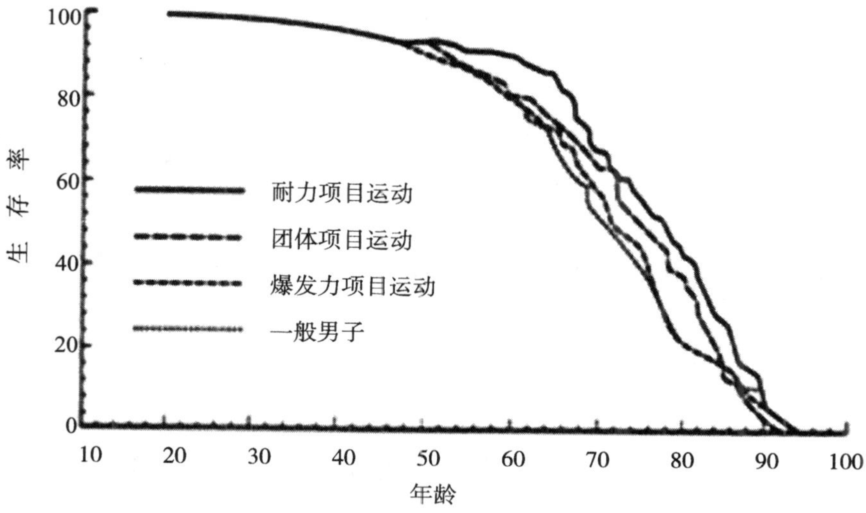

图1-3　不同项目的运动员生存曲线与普通男子的比较

（引自：Sarna, S., et al., 1993）

上述调查结果表明，为了保持长寿，应提倡进行有氧耐力性的体育活动，包括步行、慢跑、长距离游泳和郊外滑雪等，同时要长期坚持运动，少吸烟，维持一定的体重，降低心血管疾病和癌症的发病率。

哈基姆（Hakim）对 707 名 61～81 岁不吸烟的退休人员每天的步行距离进行了跟踪调查，12 年后的死亡调查结果表明，每天步行 2.1～8.0 英里（1 英里 =1.6 公里）者的死亡率是每天步行 0.9 英里者的 1/2。在步行距离长的组中，心血管疾病和癌症的死亡率低，危险率在 5%以下。提示即使退休后，为保持健康长寿也要养成坚持活动的习惯（图 1–4）。

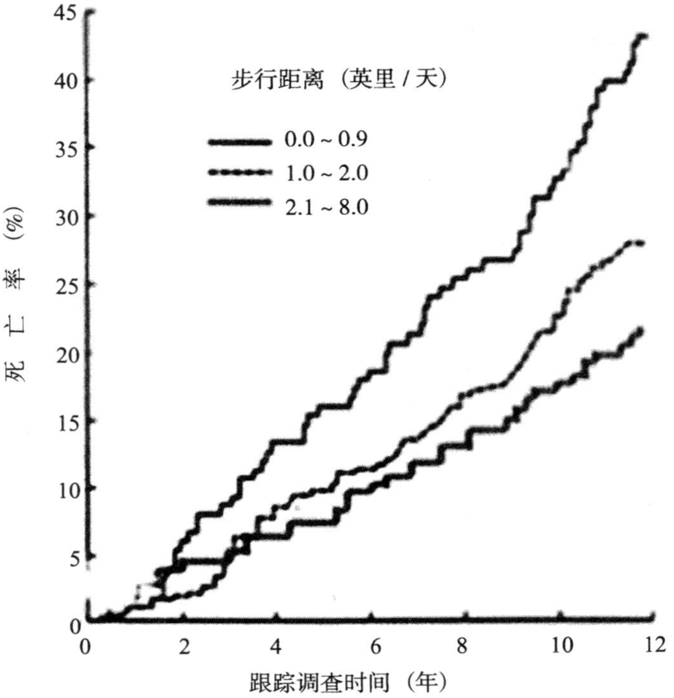

图 1–4　不同组步行速度 /（天）死亡率的比较

（引自：Harkim, A.A., et al., 1998）

（二）不同活动方式对动物寿命的影响

研究者采用因白化病（albino）死亡的小鼠，进行运动组（运动负荷采用活动跑台按照每天 10 分钟，11.5 米 / 分进行）和非运动组之间的实验观察。其结果发现，雄性和雌性运动组的生存天数最长。提示适宜的运动能在一定程度上延长寿命。

运动对寿命的影响还与其开始时间早晚有关。研究发现，早期训练的小鼠生存率要比晚期进行训练的高。

运动持续时间长短影响其寿命的效果。研究将小鼠分别放在带有转轮的铁笼和普通的铁笼中进行饲养（带转轮铁笼中的小鼠在夜间自由进行旋转活动，铁笼可自动记录旋转数，自由摄食），观察小鼠在年龄增长时期内体重与生存率的关系。结果发现，在带有转轮铁笼中的雄性和雌性小鼠，体重轻的生存率要比普通铁笼中的高，表明长期坚持活动的小鼠寿命要比不太活动的长。

有趣的是，将肥胖高血压小鼠分为自由摄取食物非运动组、限制食物非运动组和摄取食物运动组三组进行食物和运动条件不同的实验，调查其平均寿命、心脏大小、食物摄取量和能量消耗。从出生后第 45 天开始，按照 20 米 / 分、60 分 / 天在活动跑台上进行训练。结果发现，高血压小鼠限制食物非运动组的寿命最长，而自由摄取食物运动组的寿命最短（表 1–4）。但此项研究并不能观察到运动限制食物对寿命影响的结果，因此进一步研究高血压状态下运动结合限制饮食对寿命影响具有非常重要意义。

表 1–4　跑对高血压小鼠的寿命及各指标的影响

项　目	非运动 + 限制食物组	非运动 + 自由摄取食物组	运动 + 自由摄取食物组
死亡年龄（日）	512.0±28.0	228.0±7.0	339.0±22.0
心脏异常面积比率（%）	2.8±1.0	7.5±2.1	1.6±0.4
48～251 天食物摄取量（g/d）	21.2±1.1	30.2±1.0	35.2±1.3
48～251 天推测摄取量（kcal）	12.602	16.426	20.302

（引自：Booth，E.W.，et al.，1980）

（肖国强）

第二章　运动能力与健康

【提要】运动能力是指在特定条件下能够满足身体活动的能力。力量、速度、耐力、灵敏性和柔韧性等身体素质反映着运动能力，构成运动能力的重要因素。形态是指人身体的大小，体型是由身高、体重、胸围、坐高等体型指数综合表达。组织和器官、或分子和元素构成身体成分。多种测定方法可间接推测人体的身体组成（体成分），包括脂肪量、去脂肪体重和体脂肪率等。

一、运动能力

“运动能力”也可通俗为“体力”。我们累的时候或走不动了，常常会说我的体力不行了，而不会说我的体能下降了。这是由于体能的深层含义不及体力的口头表达，所以在现用的运动人体科学教科书中多用“体能”而不用“体力”单词。形象的表达若将体力两字分开，“体”是指身体，“力”则是力量。体力和精神力是相对立的，然而在体力中也包含着精神力，力也包括着“身体运动能力”“记忆力”等各种能力。日本运动生理学家石河利宽先生认为“体力对精神力而言，是指人体活动的基础能力”。可以说体力是个人所具备的身体活动能力，而健康体力是指在不损伤身体的情况下，能充分发挥个人精神的、身体的能力。

“运动能力”进一步可以解释为“体能”，在英语中的体力相当于“physical fitness”，它包括适应各种条件下的运动能力。体能可以用各种反映身体机能或运动能力的指标，以不同的层次表现和评价，然而健康的评价却很难表达。也就是说体能可以用数值指标来测定，而健康却无法用数值测定。体能和健康在本质上是很难分离的概念。能够充分地发挥体力必须是健康的，不具备某种体力亦不能说是不健康。1948 年世界卫生组织（World Health Organization，WHO）将体力定义为“身体运动能力是指在特定条件下能够满足身体活动的能力”。

克拉克（Clarke，1976）认为体能应从日常生活中下定义，即“身体运动能力是指能够精神饱满地完成日常工作的能力，并不感到太累，同时也具备充分的能量对待非常情况的出现”。

二、运动能力的组成

运动生理学将运动能力分类为与骨骼肌运动系统有关的“肌肉力量大小的能力”，与呼吸循环系统有关的“长时间运动的能力”，与神经系统有关的“调节运动的能力”等。也有从能量供应系统进行分类，将其分为有氧能力和无氧能力。随着人们生活水平的提高，锻炼身体、提高体能使我们具备健康的体能。健康的体能可以用力量、速度、耐力和柔韧性及体成分等来综合表现。测试这种能力我们通常称为“体质测试”，即先天所具备的与后天所适应的运动能力，可有助于我们了解自身所具备的运动能力。

（一）欧美学者对运动能力认识

库里隆（Curelon）将运动能力分成 6 个项目，即平衡性（banance）、敏捷性（agility）、爆发力（power）、耐力（endurance）、肌肉力（strength）和柔韧性（flexbility）。测试这些项目可反映人的运动能力（motor fitness），图 2–1 所示 Pate（1983）身体运动能力的内容。在我国院校体育教科书中，将上述 6 个项目视为“身体素质”，即“人体在运动活动中所表现出来的力量、速度、耐力、灵敏性等机能能力”。我们通常将身体素质的综合表现用来反映人的运动能力。因此运动能力的概念可能比身体素质或体力要更加广泛，不仅包括体质，而且包括控制身体素质的能力。然而也有观点认为“体质”还包含运动能力或体能等内涵。可以认为它们的相互依存、影响来源于先天和后天的制约。

运动能力
Motor fitness
- 灵敏性
- 爆发力
- 呼吸循环耐力
- 肌力 / 肌肉耐力
- 身体成分
- 柔韧性
- 速度
- 平衡性

图 2–1 运动能力的组成

（引自：Pate, R. R., 1983）

（二）日本对运动能力的认识

从运动生理学角度研究运动对体力的影响可能会得到较好解释。日本从西方学习运动医学知识要早于我国，然而“体力”的汉字是从中国学来的，甚至用“体力”单词译注“physical fitness”。1963 年日本文部省将体力构成的因素分为敏捷性、爆发力、肌力、耐力和柔韧性。测定这些因素来判断体力（我们称为身体素质）。1971 年石河利宽先生从广义分析，将体力分为“形态和机能”及“防御能力和运动能力”。在“形态和机能”中，形态包括身高与体宽的发育，是指身高、体重、坐高等指标；机能是指神经机能、感觉机能、肌肉机能等，并包括反应时间、肌肉力量、肺活量等指标（表 2–1）。“防御能力和运动能力”前者为疲劳项目，后者为运动项目，包括力量、耐力和控制项目（表 2–2）。

表 2–1　形态和机能

形态	
身高发育	身高、上肢长、下肢长、坐高、手长、足长、小腿长等
身宽发育	体重、胸围、大腿围、小腿围、上臂围、前臂围、臀围、皮下脂厚度等
机能	
神经机能	反应时、反射时等
感觉机能	视力、听力等
肌肉机能	肌力、肌肉耐力等
呼吸机能	肺活量、最大通气量等
循环机能	心电图、心输出量等
消化机能	消化液检查、排出时间等
排泄机能	浓缩试验、肾功能等
关节机能	柔韧性测试等

（引自：石河利宽，身体科学，1971）

表 2–2　防御能力和运动能力

A 防御能力

物理化学疲劳：气温、湿度、气压、加速度、化学物质等
生物疲劳：细菌、寄生虫等
生理疲劳：空腹、口渴、失眠、疲劳等
精神疲劳：苦恼、悲哀、不快活、恐惧等

B 运动能力

力量 {肌　力、爆发力}（肌肉机能）
耐力 {肌肉耐力（肌肉机能）、全身耐力（呼吸循环机能）}
调整能力 {平衡性、灵敏性}（神经机能）
　敏捷性
　柔韧性（关节机能）

（引自：石河利宽，身体科学，1971）

三、形态与体成分

（一）身体形态

形态是指人身体的大小。形态在充分发挥身体机能上具有极其重要的作用。形态研究包括静态中的身高、体重、肢体的长短及其相对比率、脂肪和肌肉量的多少等问题，以及动态中的姿势和体位姿势等问题。与此同时，肥胖和体重的控制，以及与营养的关系也引起了人们的重视。

1. 体重

在所有的运动中，体重是自身的负荷，同时也是能源的大小。从身体组成成分（体成分）的内容来看，体重由脂肪体重（体脂重）和去脂肪体重（去脂体重或瘦体重）组成。从体成分的观点来考虑，在许多运动中脂肪并不是能源，而去脂体重却是运动的能源。因此，几乎所有的运动员都要减脂肪，而增加去脂体重。对于健康人，体重与脂肪的关系已成为被关注的非常重要问题。脂肪增加会导致体脂重量增加而引起肥胖。因此，各种体型指数如肥胖标准及脂肪占体重的百分率，即脂肪率成为评定身体健康的重要指标。

表 2-3 物理学和生理学的度量

	物理学	生理学
长度	L	L
质量	M	L^3
时间	t	L
面积	L^2	L^2
体积	L^3	L^3
速度	Lt^{-1}	L^0
加速度	Lt^{-2}	L^{-1}
力	LMt^{-2}	L^2
能量	L^2Mt^{-2}	L^{-3}
爆发力	L^2Mt^{-3}	L^2

（引自：Åstrand & Rodahl, 1986）

2. 竞技运动项目与体重

在物理学中，量（quantity）用长度（L）、质量（M）和时间（t）表示。在生理学上，可以将长度作为单一的尺度考虑，把长度视为“身高”，“质量”视为体重，则体重为身高的立方（表 2-3）。从机能的观点看，速度与身高无关系。也就是说，身高对于田径竞技运动项目和马拉松项目运动员均起着利弊作用。例如，2008 年第 29 届国际奥林匹克运动会男子百米世界冠军牙买加运动员博尔特，其身高为 1.96 米、体重为 88 公斤（23 岁，100 米成绩为 9 秒 58，200 米成绩为 19 秒 19），而在北京奥运会男子马拉松比赛中以 2 小时 6 分 32 秒的成绩冲过终点，夺得金牌并打破奥运会纪录的卡马乌身高为 1.63 米，体重为 61 公斤。加速度与身高成反比，在体操运动项目中有各种加速度动作，身高越小越有利，并与体重有关。例如，2008 年奥运会女子体操团体冠军江钰源，身高为 1.43 米，体重为 30 公斤。力量、能量和爆发力大小是身高的平方或立方，在相扑和投掷等运动项目中，身材越高大越有利，并与体重密切相关。柔道和摔跤等运动项目中，为了消除形态上的不公平，实行按重量等级比赛。由此可见，身高和体重在不同运动项目中的影响不同。

3. 标准体重

通过测定大样本人数的身高和体重所确定的不同身高时的体重称为标准体重。正常体重在标准体重的肥胖度±10%以内，在 +20%以上者为肥胖型，肥胖型中可分为轻度（>20%且 <30%）、中度（>30%且 <50%）和重度肥胖（>50%），而小于 10%以下则为瘦型。判断肥胖度的指标还有身体（或体质）指数（Body Mass Index，BMI），即体重与身高平方的比值，健康标准为 19～25（kg/m^2），通常大于 25（kg/m^2）为肥胖。此外，腰臀围比值也与腹部脂肪比率相关。在确定标准体重时，通常考虑两点，一是死亡率医学调查的方法，称为理想体重或希望体重。再有现在使用的代表身高的体重作为标准体重的方法（详见第 10 章）。表 2-4 所示，不同身高、不同年龄的标准体重。肥胖的判断标准如表 2-5 所示。

表 2-4　20~29 岁日本人的标准体重（kg）

身高（cm）	男	女	身高（cm）	男	女	身高（cm）	男	女
130	39.1	38.2	150	49.5	47.6	170	62.6	59.3
132	40.0	39.0	152	50.6	48.7	172	64.0	60.7
134	41.0	39.9	154	51.8	49.7	174	65.6	62.0
136	41.9	40.8	156	53.1	50.9	176	67.1	63.4
138	42.9	41.7	158	54.3	52.0	178	68.7	64.8
140	44.0	42.6	160	55.6	53.1	180	70.4	66.3
142	45.0	43.6	162	56.9	54.3	182	72.0	67.7
144	46.1	44.6	164	58.3	55.5	184	73.8	69.2
146	47.2	45.6	166	59.7	56.8	186	75.5	70.8
148	48.3	46.6	168	61.1	58.0	188	77.3	72.4
						190	79.1	74.0

（引自：厚生省保健医疗局健康增进营养课编，肥胖判定表，1986）

表 2-5 世界卫生组织判断的肥胖标准

标准体重（kg）=［身高（cm）−100］×0.9

=［身高（cm）］^{2}×22

肥胖度（%）=［实际体重（kg）/ 标准体重（kg）−1］×100%

BMI= 体重（kg）/ 身高^2（m^2）

健康标准腰臀围比值（WHR）：

女性：0.67~0.8

男性：0.85~0.95

（二）人体体型

体型分类历史悠久，自古以来均按保健学和心理学的方法进行分类。公元前 400 年希波库拉德斯（Hippocrates）把粗短体型称为卒中体质（habitus appoplecticus），细长体型称为结核体质（habitus phthysicus）。库列齐玛（Kreschmer，1925）按人的性格将体型分为肥胖型（pyknic）、斗士型（athletic）和瘦身型（leptosome）。20 世纪后半叶，谢爱尔东（Sheldno，1940）将上述体型分别称为内胚叶型、中胚叶型和外胚叶型。各因素中又分最差为 1 到最优为 7 等级，用这种方法评价人的体型〔图 2–1（1）〕。在这种评价中 444 是最中庸的体型。在 20 世纪 90 年代，分类方法进一步发展，出现希斯(Heath，1968)和卡达（Carter）的分类方法，即将内胚叶型的因素（整体柔软圆形）由 1/2 到 16，中胚叶型的因素（全身肌肉、骨骼发达）由 1/2 到 12，外胚叶型的因素（肌肉不发达，线条不清楚）由 1/2 到 19 进行评价。一般由 1/2 到 7 进行评价，7 以上表示很高的值，如图 2–1（2）所示男子田径运动员的体型分类。

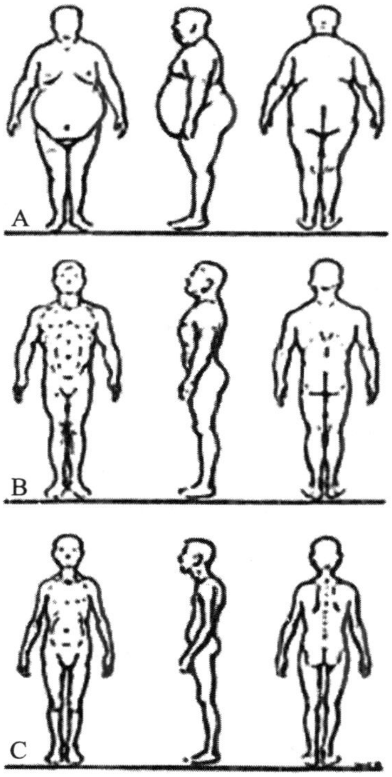

图 2–1（1） 人体三种分类体型

A：内胚叶型 B：中胚叶型 C：外胚叶型

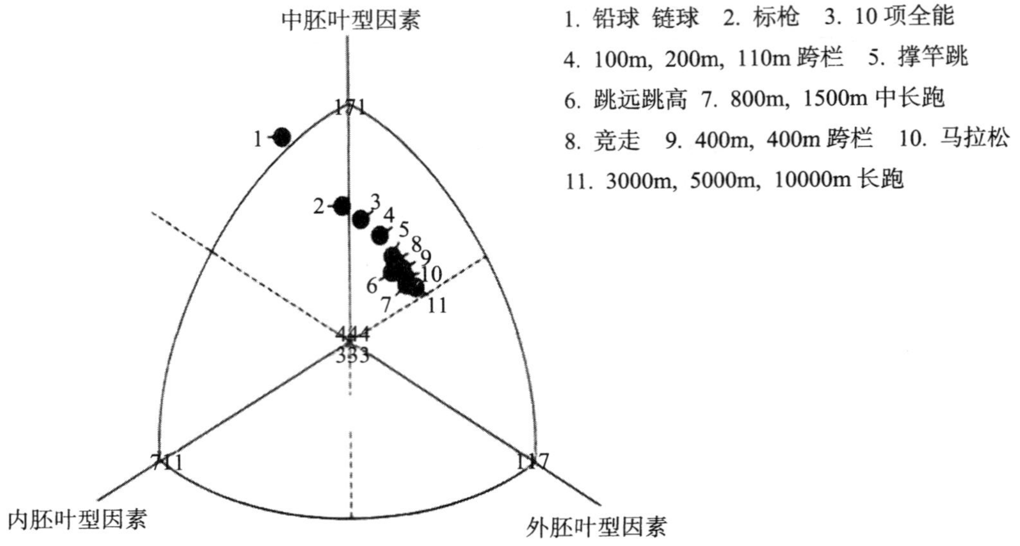

图 2-1（2） 男子田径运动员的体型

（引自：Carter&Health，1990）

简单、客观而综合地表达体型的数值称为体型指数。体型指数是由身高、体重、胸围、坐高等指标组合的。身高和体重的组合中有体重比、考浦指数（Kaup，1926）、罗列如指数等。考浦指数也称为身体指数或体质指数，通常作为评价肥胖的营养指数。

（三）体成分及测定方法

1. 体成分

体成分（body composition）是指人体是由哪些组织和器官、或分子和元素构成的。其研究目的是将其构成的要素进行定量，并求出相对比率。体成分的组成通常指全身概念，具体是指脂肪量（脂体重）、去脂肪体重和体脂肪率。一般使用两分法，即将体重分为脂肪和其他组织（去脂体重包括肌肉、骨骼等）。脂肪量占体重的比率称为体脂百分数（体脂%）。体脂百分数用于评价身体健康水平、运动对身体的影响程度和身体肥胖程度。去脂体重大约占体重的 50%，可作为评价肌肉量的指标。

2. 测定方法

采用卡尺法、超声波法、CT 法、MRI（磁共振成像）法等方法，测出皮褶和皮下脂肪厚度，或者求出肢体和躯干肌肉的横断面积。目前多采用超声波法间接推测全身的体成分（表 2-6）。

表 2-6 体成分的测定方法

全 身	局 部
密度法	卡尺法
体水分量法	超声波法
钾离子法	TOBEC 法
两种能源 X 光线吸收法	BI 法（全身和局部法）
	近红外线法
密度、水分和无机盐等	
混合法	CT 法
脂肪溶解气体法	MRI 法

(1) 直接测定法（密度法：densitometry）

人体密度可分为两部分，即脂肪密度和去脂体重。成人身体密度为 1.01～1.09 g/ml，其中脂肪密度为 0.9 g/ml，去脂体重密度为 1.1 g/ml。人的身体密度通常男子比女子大，运动员比非运动员大。身体密度小脂肪百分数大，反之脂肪百分数小。目前世界通用布鲁兹克（Brozek，1963）公式，由身体密度计算体脂%。

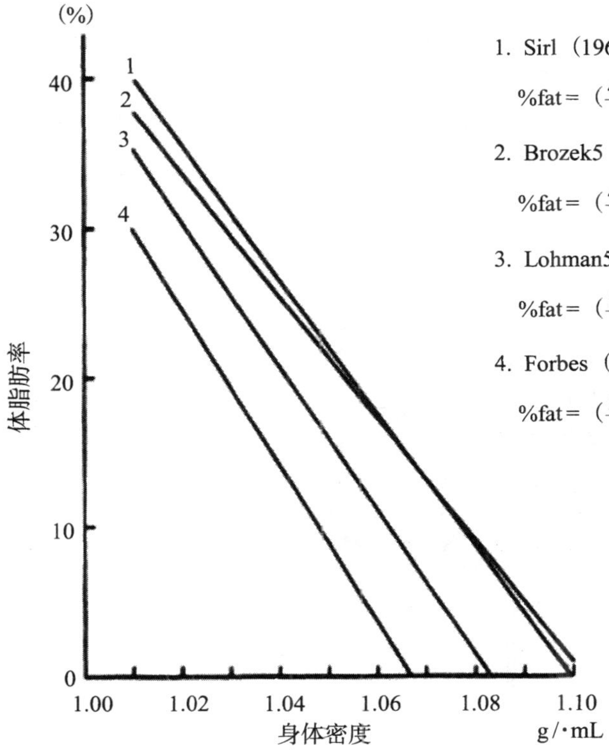

1. Sirl（1961）

$$\%fat=\left(\frac{4.950}{D}-4.500\right)\times100$$

2. Brozek5（1963）

$$\%fat=\left(\frac{4.570}{D}-4.142\right)\times100$$

3. Lohman5（1984）

$$\%fat=\left(\frac{5.30}{D}-4.89\right)\times100$$

4. Forbes（1987）

$$\%fat=\left(\frac{5.750}{D}-5.389\right)\times100$$

图 2-2 根据身体密度推测脂肪率

图 2-2 所示根据身体密度计算体脂%的公式。这些公式是根据白种人成年男子的资料而制定的，去脂体重密度为 1.1g/ml。1994 年宫本（Miyamoto）制定了日本女子成人计算体脂%的公式，1984 年洛曼（Lohman）根据青春期前儿童少年的骨盐量，推测去脂体重密度为 1.085g/ml，最终制定了儿童少年体脂%的计算公式。年龄、性别、人种不同可导致骨密度不同，产生体脂肪重量差异，因此体脂%的计算公式也不同。目前这些公式适用于身体健康、无浮肿现象的群体，女子年龄在 16 岁以上，男子在 18 岁以上。

除密度法外，还有几种测定方法。在脂肪中几乎没有水分，去脂体重的水分量是一定的，可根据体水分量的测定，计算去脂体重和脂肪体量，这种方法称体水分量法。钠离子几乎存在肌纤维和肝细胞的内液中，而不存在脂肪组织中，在细胞外液中钠离子含量非常少，根据测定全身的钠离子量，推算细胞内液量的方法是钠离子方法。近年来，两种光子能量 X 线吸收法（dual energy X-ray absorptiometry，DEXA）已被采用。

（2）间接测定法

小型的测定脂肪的体脂肪计在世界上已普及使用，这种方法是根据人体的各种测定值推算身体密度，可以说是间接密度测定法。这种方法的精确度并不高，但作为简易的测定法是可行的。

卡尺法是一种比较传统的方法，捏起皮肤用卡尺测定其厚度，推测身体密度。用测定身体局部的值推算全身的体成分。这种卡尺称为皮脂肪厚度计（skinfold thickness）。用超声波（BI）、CT 和 MRI 等装置测定皮下脂肪厚度（subcutaneous fat thickness）是指 A+B 处（图 2–3）。BI 方法是用电流通过肢体，求出身体的抵抗值，推测身体密度。由于身体水分几乎在去脂体重中，因此，抵抗值越大，去脂体重相对少，脂肪就越多。

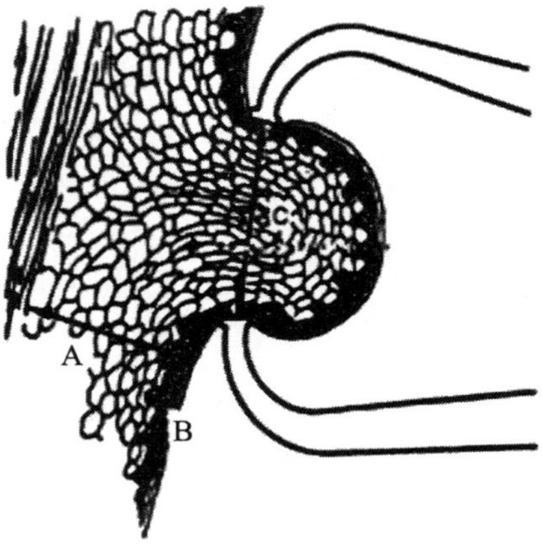

图 2–3 皮下组织厚度测定法

(3) 测定值的比较

上述各种方法是根据体成分的原理，或用间接方法通过身体密度推测公式计算的，采用各种方法所测得的值，即使是同一受试者测出的值也不尽相同。因此，在比较测定值时，应该使用相同的方法进行测定，同时也要注意不同的体脂%计算公式。

(4) 不同年龄体成分的变化

随着年龄的增长，体成分会发生变化。青春期前男、女的体成分几乎没有差异，而青春期后的去脂体重则发生显著性变化。男子的去脂体重急速增加，身体的体重也增加。20 岁后男子的去脂体重减少，身体体重稍微减少。男子去脂体重的减少率，每 10 年减少 3.7%。女子 20 岁以后去脂体重减少，到 40 岁去脂体重无变化，而 50 岁后去脂体重逐渐减少。美国男子去脂体重的减少率为 3%，女子为 2%。男子的脂肪量从青春期前到 30 岁为增加，此后稳定；女子的脂肪量随年龄的增加而增加。脂肪量每 10 年的增加率男子为 6.2%，女子为 16.1%。体脂%和脂肪量的变化相同（图 2–4）。

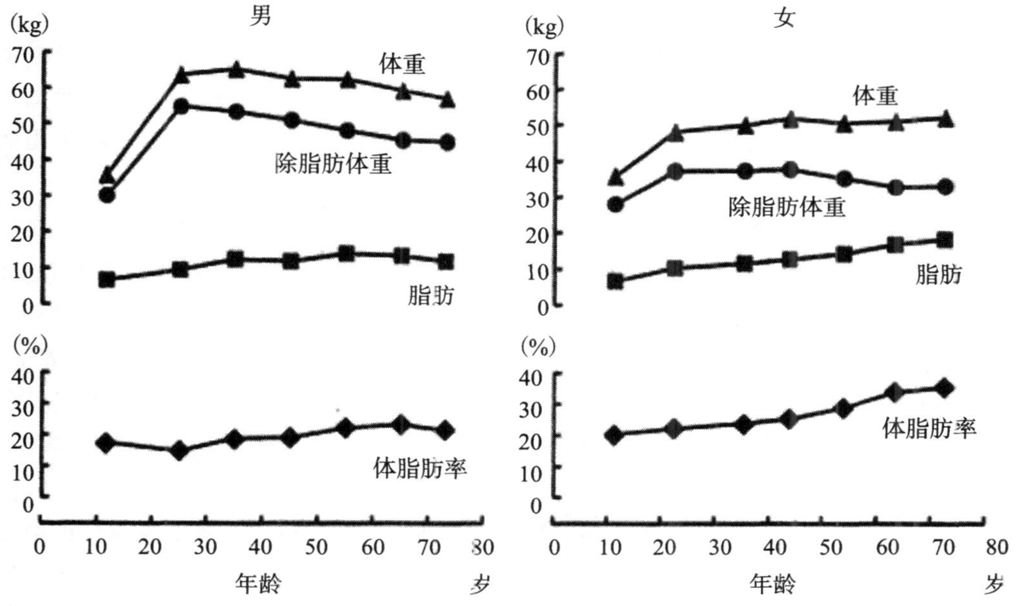

图 2–4　不同年龄体重与体成分的变化

（引自：北川等，1998）

体成分的研究表明，体脂肪率男子为 20%，女子为 30%以上者为肥胖的判断标准。男子在 50 岁后，女子在 60 岁后易出现肥胖状态。

3. 运动员的体成分

长时间支撑人体的运动项目要求身体轻、体型小。例如，田径运动项目中跑、跳以及体操运动，其项目运动员的体脂%小。而肌肉发达、体重高大的体型则有利于投掷项目，其体脂%大。为了消除身高差别的影响，以每1米身高的体脂肪重量表示，可发现优秀运动员具备较大的去脂体重。

(1) 增体重

运动员的增加体重与运动项目的特征有关。通常增体重的目的是为了发挥更大的能量。因此，使去脂体重增加，直接增加肌肉量。为了增加肌肉量，过剩的蛋白质摄取是否有效还有争议。有研究报道，过剩的蛋白质摄取是无用的，而且在训练期中，运动员即使摄取大量的蛋白质，去脂体重也未必增加。因此，蛋白质的过剩摄取是不能增加肌肉重量的。要增加肌肉重量必须进行重量训练。但是，即使增加肌肉的重量也是有限的。当身体的重量超过100公斤，脂肪和肌肉都很难增加。因此，在分等级竞技运动项目的比赛中，重量的增加是有限的，表现在脂肪的堆积量上。

(2) 减体重

如前所述，几乎在所有的运动中体重是支撑自身的一种负荷，也是运动中的能源。这意味着脂肪作为能源的意义较小，而去脂体重是能源。因此，所谓减体重，就意味着去脂体重不变而减少脂肪的重量。特别是在竞技运动项目比赛中，运动员减体重必须是减脂肪。关于减体重的研究很多，基本方法是减少能量摄取或增加能量消耗。可是，如果只是减少能量摄取，必然导致脂肪和去脂肪量都减少。减肥应采用增加运动量的方法，可以避免去脂体重的减少。

美国运动医学对肥胖者减肥计划中提倡一周进行3次运动，以最大心率的60%的强度，进行20～30分钟耐力性运动，一次运动的能量消耗应该在300 千卡以上。如果每次跑步能量消耗为200千卡，一周应进行4次跑步练习。一次的运动量增大，跑的频率应减到1次或2次。此外，结合饮食疗法也很重要，应该充分摄取营养量，并且根据运动量调整饮食结构。每天摄取量不应少于1200千卡（所需量因人而异），而且最大的减体重量每周应在1公斤以内。

运动员进行减体重量的训练要求控制饮食。充分地调整营养是最低限度的条件，不应该极度地减少食量、极度脱水和限制饮水。研究表明，体操运动员实施长期减少糖和脂质摄取量，摄取基本能量60%的减体重计划后，脂肪量明显减少，而去脂体重并没有减少。与此同时，他们的耐力和肌肉的机能没有减弱，血液成分也在正常范围内。运动员的减体重，并不是在短时间内急剧减量，而是结合营养，至少在3周以上慢慢地减体重，才能获得良好效果。

4. 肥胖

所谓肥胖是指“体内过剩脂肪在皮下和内脏器官之间堆积的状态”。目前将身高和体重算出的指数（体重 / 身高 ^{2}），作为判断人体的肥胖度指标。尽管采用这种方法简便可行，但指数相同的肥胖者与肌肉量多的运动员在本质上是有区别的。肥胖的判断应从体脂%的大小判断，其标准成人男子是20%，女子是30%。此外，从形态判断体质指数为26.5，由标准体重判断肥胖度为+20%。这些判断肥胖度的标准与临床上的判断有所不同，在临床上根据脂肪所附着的部位，可判断为腹部肥胖型（上半身肥胖型）、臀部大腿部肥胖型（下半身肥胖型）。

关于肥胖者运动能力的研究表明，肥胖者由于行动缓慢，运动能力差。因此，把肥胖状态用体型指数表示的结果进行比较，可以认为肥胖者移动体重的动力性运动要比非肥胖者差，不移动体重的静力性运动与非肥胖者比较，肌肉力量无明显差异，而单位面积的肌肉力量则有明显差异。

从体成分的观点分析发现，肥胖者对跳跃运动的反应速度要慢于非肥胖者。其原因并不是神经机能反应慢，而是过剩脂肪堆积所产生的物理负荷的作用所导致。在肌肉力量方面，肥胖者单位体重的肌肉力量差，因此不利于进行单杠、支持体重的跑、跳和步行等运动。在身体快速移动的爆发力运动中，快速动作有利于大体重的作功，肥胖者的爆发力要比非肥胖者大。作为有氧耐力的指标，最大摄氧量的绝对值和去脂肪体重的相对值，肥胖者与非肥胖者相比较无明显差异，但单位体重的相对值较低。

肥胖者由于过剩脂肪的物理负荷作用，导致各项体能测试指标比非肥胖者差（有关肥胖者体力问题将在第十章中阐述）。

（肖国强）

第三章　体质与健康

【提要】体质包括身体形态、身体机能、身体素质和运动能力等，这些也是体质测试的内容。儿童、青少年、成人和中老年人，不同年龄、不同性别的研究反映不同年龄人群的身体健康及运动能力。虽然不同国家地区人群健康及运动能力的测试方法不同，但也可反映相应的体质健康及运动能力的水平。

一、体质健康的科学研究

身体运动能力的评价指标是什么?我国青少年的体质状况及发展规律如何?这对于全民健身运动指导具有重要意义。

我国大约有 14 亿人口，为了了解和掌握人民的身体体质状况，根据我国各民族的自身特点以及以往的科学研究，制定了我国青少年儿童生长发育与体质的评价标准。这些评价指标包括三个方面，即身体形态、身体机能和身体素质。

（一）体质评价指标

1. 身体形态

身体形态包括 7 项（身高、坐高、体重、胸围、上臂部皮褶厚度、肩胛部皮褶厚度、腹部皮褶厚度等）指标，比较全面评价儿童少年生长发育的状况、特点，是一种客观的形态学有效指标。身高和体重是身体形态中的最重要指标，可以反映人民的生活水平和社会经济水平的发展、卫生健康及体育事业的发展。虽然身高、体重主要受遗传因素的影响，但环境的变化也可使这些指标有明显的改变。身高、体重可反映社会经济水平的高低。

2. 身体机能

目前我国身体机能评定的指标主要包括脉搏、血压和肺活量三大指标。脉搏、血压和肺活量可反映心脏、血管和肺功能的发育状况。这些指标反映安静时心肺功能在不同生长时期的变化状况。年龄指标变化的特点表现为脉搏频率随年龄的增大而减少，血压随年龄的增大而增高，肺活量与血压的变化规律相同，随年龄的增大而提高。脉搏指标的脉搏数与心跳动的频率一致，血管随心室收缩、舒张而产生有规律的搏动。脉搏随年龄和性别变化而变化，这种变化规律与心血管系统随年龄的变化规律一致。血压反映心脏的收缩功能、血管动脉管壁的弹性及外周阻力的大小。儿童少年到成人血压的变化受形态、机能、内分泌腺等系统活动的影响，特别是从青春发育期到成熟期具有明显的变化特点，表现为青春性高血压。肺活量可评价肺功能，此指标的大小受形态、身体机能的发育程度、体育锻炼等因素的影响。此外，它也受年龄、性别、地区的影响。肺脏是身体摄取氧和排除二氧化碳的活动仓库，良好的气体交换是保证机体摄取充分氧的重要条件之一。

3. 身体素质

身体素质是指“人体在运动活动中所表现出来的力量、速度、耐力等机能能力”。在体质测试中，采用反映身体健康及基本运动能力的身体素质指标，即力量、速度、耐力等包括 5 项素质的测定。例如男子 1 分钟仰卧起坐（腰腹肌力量）以及屈臂悬垂，从 15～25 岁随年龄的增长而增加，18 岁以后增长缓慢，22 岁后则下降。女子的发展也基本相同。速度素质表现在 19～22 岁达到高峰，23 岁后则下降。反映下肢爆发力的立定跳远，随年龄增长而增大，19～22 岁为高峰，20～23 岁后开始下降。因此可以看出，肌肉力量素质无论是上肢、下肢都有相同的年龄变化规律。耐力素质（速度耐力），男子 21 岁为高峰，22 岁后则下降。女子 12 岁为高峰，此后下降。18 岁开始回升，21 岁高峰，22 岁后再开始下降。

（二）体质健康调查内容

1. 我国体质健康调查

我国体质健康调查监测内容包括体质检测和问卷调查两部分，体质测试包括儿童少年、青少年、成年人以及老年人等不同年龄组。下述不同年龄性别的监测内容（表 3–1～表 3–8）：

表 3–1　3～6 岁幼儿体质监测内容

身体形态
1. 身高（cm）
2. 坐高（cm）
3. 体重（kg）
4. 胸围（cm）
5. 上臂部皮褶厚度（mm）
6. 肩胛部皮褶厚度（mm）
7. 腹部皮褶厚度（mm）

续表 3-1

身体机能
8. 安静心率（b/min）
身体素质
9. 立定跳远（cm）
10. 网球掷远（m）
11. 坐位体前屈（cm）
12. 10m 折返跑（s）
13. 走平衡木　完成形式（1）前走　（2）横走　（3）未完成 完成时间（s）
14. 双脚连续跳（s）（如受试者完成不了，请填 99.9）

表 3-2　7～12 岁体质监测内容

身体形态
1. 身高（cm）
2. 坐高（cm）
3. 体重（kg）
4. 胸围（cm）
5. 腰围（cm）
6. 臀围（cm）
7. 上臂部皮褶厚度（mm）
8. 肩胛部皮褶厚度（mm）
9. 腹部皮褶厚度（mm）
身体机能
10. 安静脉搏（b/min）
11. 收缩压（mmHg）
12. 舒张压（mmHg）
13. 肺活量（ml）
身体素质
14. 握力（kg）
15. 坐位体前屈（cm）
16. 立定跳远（cm）
17. 男子斜身引体；女子仰卧起坐（t/min）
18. 50m 跑（s）
19. 50m× 8 往返跑（ min　s）

注：b/min 为 beat/min 的缩写，b/min= 次 / 分.

T/min 为 time/min 的缩写 t/min= 次 / 分.

表 3-3　13～19 岁体质监测内容

身体形态
1. 身高（cm）
2. 坐高（cm）
3. 体重（kg）
4. 胸围（cm）
5. 腰围（cm）
6. 臀围（cm）
7. 上臂部皮褶厚度（mm）
8. 肩胛部皮褶厚度（mm）
9. 腹部皮褶厚度（mm）
身体机能
10. 安静脉搏（b/min）
11. 收缩压（mmHg）
12. 舒张压（mmHg）
13. 肺活量（ml）
身体素质
14. 握力（kg）
15. 坐位体前屈（cm）
16. 立定跳远（cm）
17. 男子引体向上；女子仰卧起坐（t/min）
18. 50m 跑（s）
19. 女子 800m 跑；男子 1000m 跑（　min　s）

表 3-4　20～39 岁体质监测内容

身体形态
1. 身高（cm）
2. 体重（kg）
3. 胸围（cm）
4. 腰围（cm）
5. 臀围（cm）
6. 上臂部皮褶厚度（mm）
7. 肩胛部皮褶厚度（mm）
8. 腹部皮褶厚度（mm）

续表 3–4

身体机能
9. 安静脉搏（b/min）
10. 收缩压（mmHg）
11. 舒张压（mmHg）
12. 肺活量（ml）
13. 台阶试验运动时间（s）
1 分钟后脉搏（　　　）；2 分钟后脉搏（　　　），3 分钟后脉搏（　　　）
身体素质
14. 坐位体前屈（cm）
15. 握力（kg）
16. 背力（kg）
17. 纵跳（cm）
18. 闭眼单脚站立（s）
19. 男子俯卧撑；女子仰卧起坐（t/min）
20. 选择反应时（s）

表 3–5　40 ~ 59 岁体质监测内容

身体形态
1. 身高（cm）
2. 体重（kg）
3. 胸围（cm）
4. 腰围（cm）
5. 臀围（cm）
6. 上臂部皮褶厚度（mm）
7. 肩胛部皮褶厚度（mm）
8. 腹部皮褶厚度（mm）
身体机能
9. 安静脉搏（b/min）
10. 收缩压（mmHg）
11. 舒张压（mmHg）
12. 肺活量（ml）
13. 台阶试验运动时间（s）
1 分钟后脉搏（　　　）；2 分钟后脉搏（　　　）；3 分钟后脉搏（　　　）
身体素质
14. 坐位体前屈（cm）
15. 握力（kg）
16. 闭眼单脚站立（s）
17. 选择反应时（s）

表 3-6 60～69 岁体质监测内容

身体形态
1. 身高（cm）
2. 体重（kg）
3. 胸围（cm）
4. 腰围（cm）
5. 臀围（cm）
6. 上臂部皮褶厚度（mm）
7. 肩胛部皮褶厚度（mm）
8. 腹部皮褶厚度（mm）
身体机能
9. 安静脉搏（b/ min）
10. 收缩压（mmHg）
11. 舒张压（mmHg）
12. 肺活量（ml）
身体素质
13. 坐位体前屈（cm）
14. 握力（kg）
15. 闭眼单脚站立（s）
16. 选择反应时（s）

表 3-7 为问卷调查内容。

表 3-7（1） 幼儿问卷内容

幼儿本人情况
1. 出生时体重
2. 出生时身长
3. 出生时胎龄
4. 出生后 4 个月内喂养方式
5. 是否食用以下食品：油炸食品（炸鱼、炸薯片等）、甜食（糖果、巧克力）、方便面（干脆面）、碳酸饮料（可乐、汽水等）、洋快餐、膨化食品
6. 平均每周有几天会吃到以上食品
7. 是否参加体育类、文艺类特长班
8. 在家的主要看护人是谁
9. 通常每天睡眠（包括午睡）多长时间
10. 上幼儿园情况
11. 在幼儿园静态活动（如上文化课、看动画片、绘画等）情况

续表 3–7（1）

幼儿父母情况
1. 父、母亲出生日期
2. 父、母亲身高
3. 父、母亲体重
4. 父、母亲受教育程度
5. 父、母亲职业类型
6. 近半年内，父母是否平均每周参加 1 次以上（含 1 次）的体育锻炼

表 3–7（2） 学生问卷内容

1. 你母亲的文化程度
2. 你父亲的文化程度
3. 在过去 7 天（一周）里，你每天吃早餐吗
4. 在过去 7 天里，你不吃早餐的主要原因
5. 在过去 7 天里，你每天喝牛奶吗
6. 在过去 7 天里，你每天吃鸡蛋吗
7. 在过去 7 天里，你每天吃肉吗
8. 在过去 7 天里，你每天吃零食吗
9. 在过去 7 天里，你喝了汽水、可乐等碳酸饮料吗
10. 在过去 7 天里，你有几天在睡觉前还吃东西
11. 你是否讨厌吃某种食物
12. 你上学和放学时采用何种主要交通工具
13. 如果你是步行上学，平均每天从家到学校和从学校到家的累计时间
14. 如果你是自己骑自行车上学，平均每天从家到学校和从学校到家的累计时间
15. 在过去的 7 天里，你有几天参加 30 分钟以上的体力活动，并使你出汗、气喘吁吁
16. 你希望每周有几节体育课
17. 在平时一节体育课的时间里，你实际上锻炼或运动多少分钟
18. 在过去 7 天里，你平均每天用于体育锻炼的时间
19. 你每天早上起床的时间
20. 你午休时间有多长
21. 你每天晚上的睡觉时间有多长
22. 在过去 7 天里，星期一至星期五你平均每天用于做作业的时间有多长
23. 在过去 7 天里，星期六和星期日你平均每天用于做作业的时间有多长
24. 在过去 7 天里，星期一至星期五你平均每天看多长时间的电视和 / 或录像
25. 在过去 7 天里，星期六和星期日你平均每天看多长时间的电视和 / 或录像
26. 在最近的一个长假（寒假或暑假）中你平均每天看多长时间的电视和 / 或录像
27. 在过去 7 天里，你平均每天玩多长时间的电子游戏
28. 在过去 7 天里，你平均每天用多长时间的电脑

表 3–7（3）　成年人问卷内容

1. 文化程度
2. 您的职业类型
3. 您工作单位的性质
4. 您主要的工作场所
5. 近 1 年来，您参加本单位（村、镇）组织的运动会或单项比赛的次数
6. 您所在单位（村）是否有体育锻炼补贴
7. 您所在工作场所是否有公共体育活动场地、设施（包括健身路径等）
8. 您居住地点离工作场所的距离有多远
9. 您居住场所是否有体育活动场地、设施（包括健身路径等）
10. 您通常每周吃早餐的情况
11. 通常情况下，每周外出就餐（包括到亲朋好友家聚会等；超出平时饮食量）天数
12. 您是否食用以下食品：油炸食品（炸鱼、炸薯片等）、甜食（糖果、巧克力）、方便面（干脆面）、碳酸饮料（可乐、汽水等）、洋快餐、膨化食品
13. 您平均每周有几天会吃到以上食品
14. 您通常每天睡眠（包括午睡）多少时间
15. 您经常熬夜吗
16. 您是否感觉到有压力吗
17. 您认为自身的体质状况如何
18. 是否曾患过疾病
19. 是否参加过国民体质测试
20. 通常情况下，您使用的交通方式和时间
21. 通常情况下，您工作时的状态
22. 通常情况下，您在闲暇时间的体力活动情况

表 3–8　中国老年人体质测试标准测试卡

测试省　　　　　市

姓名　　　　　性别　　　　　年龄　　　　　周岁

出生日期　　　年　月　日　　　测试时间　　　年　月　日

一、询问项目（在符合受试者情况的答案处划“√”）

1. 您目前工作状况：（1）全日工作　（2）半日工作　（3）离退休
2. 婚姻状况：（1）单身　（2）已婚　（3）离婚　（4）丧偶
3. 健康状况对日常生活的影响：（1）没有影响　（2）有影响　（3）影响很大
4. 您余暇时间的主要活动内容：
（1）增强体质　（2）文艺活动　（3）两者均有　（4）没有规律
5. 您是否做到了每周参加 3 次以上（含 3 次）身体活动或锻炼？（1）是　（2）否
6. 您参加身体活动或锻炼的目的是；
（1）增强体质　（2）治疗疾病　（3）消遣娱乐　（4）参加比赛（5）其他

续表 3-8

7. 您经常从事身体活动或锻炼的主要场所是： （1）公园 （2）体育馆 （3）居室 （4）公路或街道 （5）空地 （6）其他
8. 您经常参加身体活动或锻炼的主要项目是： （1）慢跑 （2）游泳 （3）步行 （4）球类 （5）气功 （6）武术 （7）健身操、舞蹈 （8）插秧歌 （9）棋、牌、垂钓 （10）其他
二、测试项目
1. 身高（cm） 2. 体重（kg） 3. 腰围（cm） 4. 臀围（cm） 5. 上臂部皮褶厚度（cm） 6. 肩胛部皮褶厚度（cm） 7. 肺活量（mL） 8. 握力（N） 9. 摸背试验（cm） 10. 闭眼单腿站立（s） 11. 手眼协调能力（s） 12. 反应时（s） 1 次 2 次 3 次 13. 坐站实验 安静脉搏： （b/min） 运动持续时间： （s） 运动后即刻脉搏（b/10s） 运动后第一分钟脉搏（b/10s） 运动后第二分钟脉搏（b/10s） 运动后第三分钟脉搏（b/10s）

（引自：中国老年人体质调研. 国家体委科教司中国老年人体质调研组，1998）

2. 美国、日本体质调查

(1) 体质（体能）测试

20 世纪 70 年代以前，测试内容以运动能力测试为中心。70 年代以后，随着有氧理论的发展，运动不足及“成人病”发病率增加，由运动能力测试为中心逐渐转向健康体质的测试。其主要不同之处包括（表 3–9～表 3–10）：

1）有肌肉力量、耐力的测试。

2）用次最大运动负荷推测最大摄氧量（包括跑或走）。

3）坐位体前屈等测试对腰部具有安全性的保护。

4）可测量皮脂厚度，推测身体的组成。

表 3-9 与各种运动能力有关的体质测试

序号	1	2	3	4	5	6	7
测试指标	俄勒冈大学体质测试（1959）	爱荷华大学体质测试	印第安纳州体质测试（1944）	耶鲁大学体质测试（1957）	华盛顿州体质测试（1966）	美国健康教育体育休闲舞蹈学会青少年体质测试（1957）	日本文部省体质测试（1963）
力量	腿力						背力 握力
肌肉耐力	悬垂 俯卧撑	悬垂 腹肌	悬垂 腹肌	悬垂 俯卧撑 腹肌	悬垂 俯卧撑	悬垂 腹肌	
心肺耐力	600m 跑	长跑				600m 跑	台阶
灵敏							
爆发力			垂直跳	垂直跳 立定跳	垂直跳	立定跳	垂直跳
速度					50m 跑	50m 跑	
柔韧性					立位体前屈		立位体前屈
协调性				跨栏			

（引自：波多野议朗，体力测定概论，1994）

表 3-10 与健康体质有关的测试

	北美基督教青年会（1973）	美国健康教育体育休闲舞蹈学会（1979）	欧洲健康（1991）	亚洲青少年（1988）	美国运动医学会（1991）	健康保健联合会（1994）
循环机能（有氧耐力）	3 分钟台阶、跑台 PWC $\dot{V}O_2max$	12 分钟跑、走 小学生 9 分钟跑	耐力往返跑 PWC170	男子 1500m 女子 1000m	PWC 12 分钟跑 跑或走	PWC 3 级台阶 跑台
皮脂测量	上臂部、大腿前部 腹部、上臂部、 肩胛骨下角	上臂部、 肩胛骨下角	上臂前部 肩胛骨下角	上臂后部 小腿后部	男子：肩胛骨部 腹部、大腿部 女子： 上臂后部、大腿部	
力量 肌肉耐力	1 分钟仰卧起坐 （男子 36 kg 女子 16 kg）	1 分钟仰卧起坐	握力 30s 仰卧起坐 屈臂悬垂	1 分钟仰卧起坐 屈臂悬垂		腹肌 伸腿 单腿跳
柔韧性	坐位体前屈	坐位体前屈	坐位体前屈	坐位体前屈	坐位体前屈	

注：PWC，Physical Work Capacity，身体做功能力。

（引自：波多野议朗 体力测定概论，1994）

(2) 老年人日常生活中的身体活动能力（体质）测试

随着国民经济的高度发展，人民生活水平的不断提高，社会逐渐进入高龄化。据报道，2012 年我国平均每 7 人中即有 1 位 60 岁老人，而日本每 4 人中即有 1 位 65 岁老人。在这种老年人逐渐增多的社会中，健康而充满活力的生活是社会稳定的表现。老年人衰老指标包括活动年龄、体力年龄、生活年龄等。目前，世界各国均制定了老年人健康测定指标，虽然没有统一标准，但有如下共同特点。

测定项目：

1）体型：身高、体重

2）皮下脂肪：上臂部皮褶厚度、肩胛部皮褶厚度

3）姿势：脊柱弯曲度

4）身体活动能力：

老年人在日常生活中，应具备简单的自我生活能力，如起居、买东西等所必须具备的身体活动能力。其中包括第 1 套动作，即起居、家务活及身边的简单动作等 8 项指标；第 2 套动作包括控制自己身体活动的能力、进行身体活动的能力、参与社会活动能力等 9 项指标。

第 1 套动作测试指标

起居：起立动作时间；

上肢能力：握力、上肢上举角度；

手活动能力：插孔、夹豆、拍手掌频率；

腰部活动能力：立位体前屈、坐位体前屈；

第 2 套动作测试指标

移动能力：绕 8 字步行、单脚站立前直举腿；

平衡能力：睁眼单腿站立、身体前倾能力；

耐力及灵敏能力：膝关节屈曲耐力、坐位前臂屈伸、反应时、踏脚频率；

简易体质测定法，包括 6 项指标

30 秒起坐测试：下肢肌力；

屈臂测试：上肢肌力；

坐位体前屈：下肢柔韧性；

摸背测试：上肢柔韧性；

灵活性测试：速度、灵活性、平衡能力；

6 分钟步行测试：心肺功能。

体能测试表及评分成绩表见表 3-11、表 3-12。

表 3-11　老年人健康体力测试表

姓名：			
年龄：	性别：　男 / 女		
身高：　　　厘米	体重：		
测试成绩总表			
测试项目名称	测试内容	有待改善	一般
30 秒坐立测试	上肢肌力		
屈臂测试	上肢肌力		
坐位体前屈	下肢柔韧性		
抓背测试	上肢柔韧性		
灵活性测试	速度、灵活性及平衡能力		
6 分钟步行测试	心肺功能		

表 3-12　老年人坐立测试成绩指导表

男性			
成绩	69 岁以下	70~79 岁	80 岁以上
有待改进	14 次或以下	12 次或以下	8 次或以下
一般	15~18 次	13~17 次	9~14 次
良好	19 次或以上	18 次或以上	15 次或以上
女性			
成绩	69 岁以下	70~79 岁	80 岁以上
有待改进	12 次或以下	10 次或以下	8 次或以下
一般	13~16 次	11~15 次	9~13 次
良好	17 次或以上	16 次或以上	14 次或以上

二、各国体质测试研究

（一）中国体质测试研究

1. 第一次研究

1979 年 16 省市 7~22 岁共 183424（汉族）人参与体质测试（23 项）如下。

形态：身高、体重、胸围、坐高、肩宽、骨盆宽、手长、上肢长、下肢长、膝关节高、足长、大腿围、最大前臂围、最小前臂围等。

机能：脉搏、血压、肺活量。

运动能力：60 米跑、立定跳远、1 分钟仰卧起坐、400 米跑和引体向上。

2. 第二次研究

1985 年 29 省市 7~22 岁共 541929（汉族和 28 个少数民族）人参与体质测试（28 项）如下。

形态：身高、体重、胸围、坐高、肩宽、骨盆宽等。

机能：脉搏、血压、肺活量。

运动能力：50 米跑、立定跳远、1 分钟仰卧起坐（女子）、1000 米跑（中、大学男子）、800 米跑（中、大学女子）和引体向上（中小学男子斜身引体）、50 米×8 往返跑（小学）、立卧撑。

健康检查：视力、沙眼、心脏、肺、肝脏、肾脏、神经系统（大学）、牙齿（中小学）脊柱弯曲度（中小学）。

注：多病、体重轻（男子为 28.90%，女子为 36.16%）、视力不良（汉族为 34.26%，少数民族为 12.05%）。

3. 第三次研究

1990 年 30 省市 7~22 岁共 242667（汉族和 27 个少数民族）人参与体质测试（27 项）如下。

形态：身高、体重、胸围、坐高、肩宽、骨盆宽等。

机能：脉搏、血压（收缩压、舒张压）、肺活量、女子 9～18 岁初潮年龄、男子 11～18 岁初次遗精年龄。

运动能力：50 米跑、立定跳远、1 分钟仰卧起坐（女子）、1000 米跑（中、大学男子）、800 米跑（中、大学女子）和引体向上（小学男子斜身引体）、50 米×8 往返跑（小学）、俯卧撑。

健康检查：视力、沙眼、心脏、肺、肝脏、肾脏、神经系统（大学）、牙齿（中小学）、血红蛋白、蛔虫、脊柱弯曲度（中小学）等。

注：7～18 岁身高、体重增加，50 米、立定跳远成绩增加。疾病减少，但耐力下降、视力不佳增加。

4. 第四次研究

1995 年 30 省市 7~22 岁共 31 万各（汉族和 21 个少数民族）学生参与体质测试（27 项）如下。

形态：身高、体重、胸围（体格　坐高、肩宽、骨盆宽皮脂厚度）。

机能：脉搏、血压（收缩压、舒张压）、肺活量、女子 9～18 岁月经初潮年龄、男子 11～18 岁首次遗精年龄。

运动能力：50 米跑、立定跳远、1 分钟仰卧起坐（女子）、1000 米跑（中、大学男子)、800 米跑(中、大学女子)和引体向上(小学男子斜身引体)、50 米×8 往返跑(小学)、俯卧撑。

健康检查:5 项 [内科检查、视力和曲光异常、牙齿(中小学)、血红蛋白]。

1995 年与 1985 年比较如下:

形态:身高(图 3–1)、体重、胸围(图 3–2)。

机能:脉搏、血压(收缩压、舒张压)、肺活量。

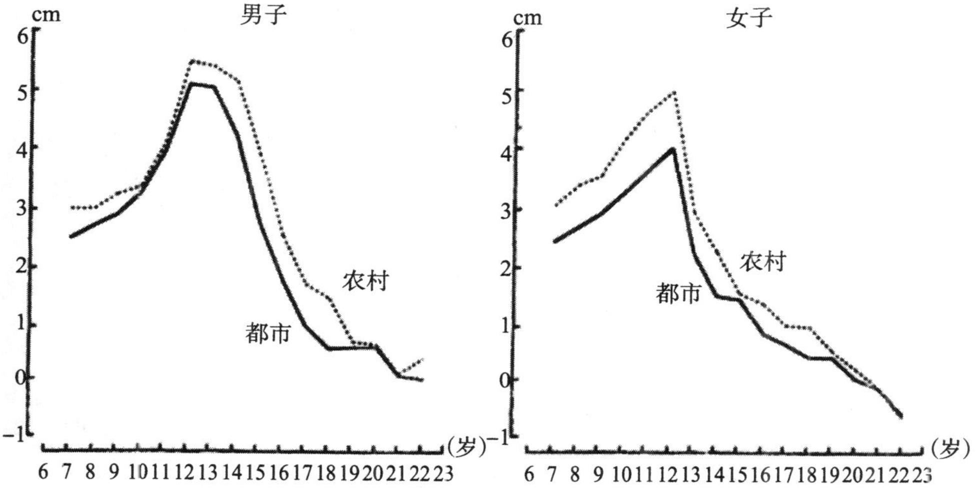

图 3–1 中国农村与城市青少年不同年龄身高差的比较(1985 年与 1995 年)

(引自:李晋裕等,2001)

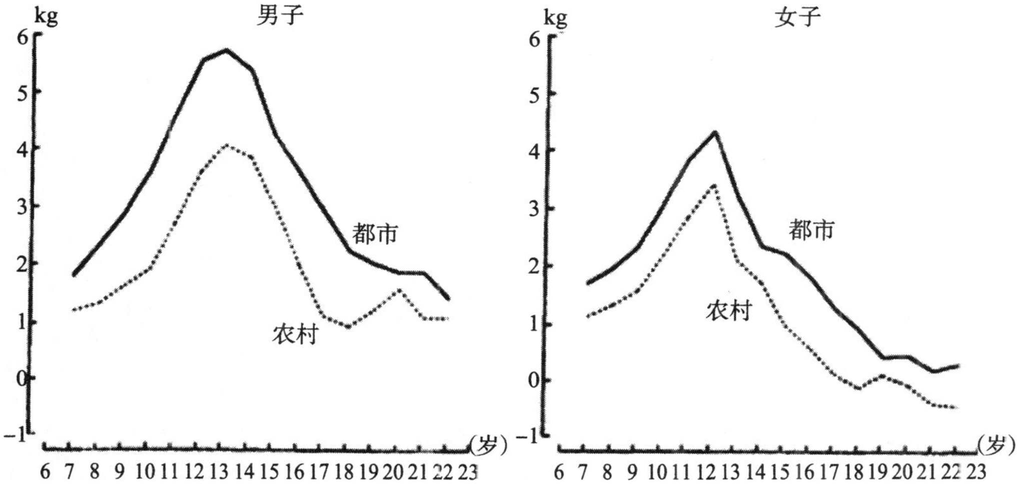

图 3–2 中国农村与城市青少年不同年龄体重差的比较(1985 年与 1995 年)

(引自:李晋裕等,2001)

运动能力：50 米跑（图 3-3）和立定跳远、1000 米跑（中、大学男子）和 800 米跑（中、大学女子，图 3-4）、引体向上（小学男子斜身引体）和 1 分钟仰卧起坐（女子）、50 米×8 往返跑（小学）和立卧撑。

健康检查：男子视力下降率由 1991 年的 28.7%上升到 1995 年的 34.5%；女子由 1991 年的 37.4%上升到 1995 年的 46.8%。

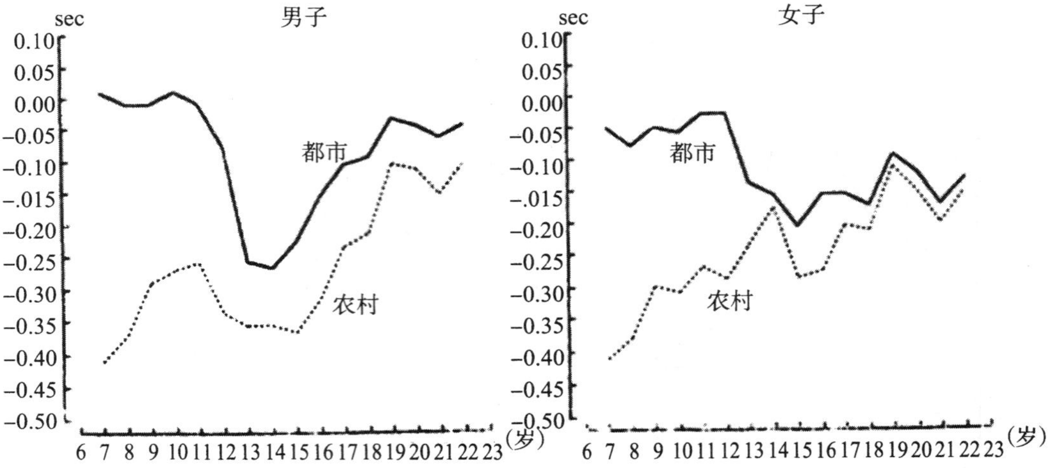

图 3–3　中国农村与城市青少年不同年龄速度差的比较（1985 年与 1995 年）

（引自：李晋裕等，2001）

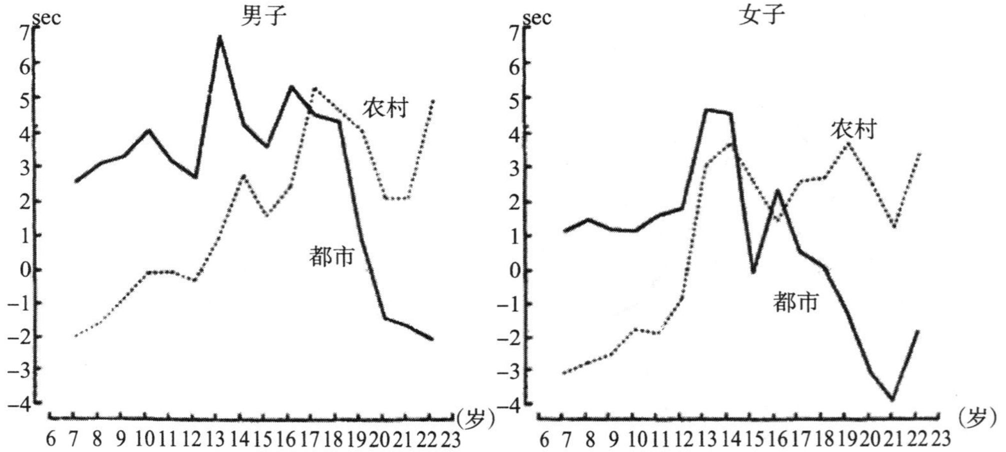

图 3–4　中国农村与城市青少年不同年龄耐力差的比较（1985 年与 1995 年）

（引自：李晋裕等，2001）

5. 第五次研究

2000 年 30 省市 7~22 岁共 31 万各（汉族和 21 个少数民族）学生进行体质测试（27 项）如下。

形态：身高、体重、胸围（体格、坐高、肩宽、骨盆宽皮脂厚度）。

机能：脉搏、血压（收缩压、舒张压）、肺活量、女子 9～18 岁月经初潮年龄、男子 11～18 岁初次遗精年龄。

运动能力：50 米跑、立定跳远、1 分钟仰卧起坐（女子）、1000 米跑（中、大学男子）、800 米跑（中、大学女子）和引体向上（小学男子斜身引体）、50 米×8 往返跑（小学）、俯卧撑。

健康检查：共 5 项 [内科检查、视力和曲光异常、牙齿（中小学）、血红蛋白]。

（二）日本体质（体力）测试研究

1. 1963—1998 年日本文部省旧体力测试内容

(1) 小学低年级学生运动能力测试（1～4 年级学生）

1）测试项目

①50 米跑
②立定跳远
③投球
④跳跃障碍
⑤持球绕圈跑

2）评价标准（表 3-13）

表 3-13 评价标准

男子

等级＼项目	50m 跑（s）	立定跳远（cm）	投球（m）	跳跃障碍（s）	持球绕圈跑（s）
1	8s 以下	180 以上	35 以上	8s 7 以下	12s 0 以下
2	8s 1～8s 5	170~179	30~34	8s 8~9s 4	12s 10~12s 10
3	8s 6～9s 0	160~169	36~29	9s 5~10s 2	12s 60~13s 10
4	9s 1～9s 5	150~159	22~25	10s 3~11s 2	13s 20~13s 80
5	9s 6~10s 0	140~149	18~21	11s 3~12s 3	13s 90~14s 70
6	10s 1~10s 5	130~139	14~17	12s 4~13s 8	14s 80~15s 70
7	10s 6~11s 0	120~129	11~13	13s 9~15s 3	15s 80~16s 80
8	11s 1~11s 5	110~119	9~10	15s 4~17s 1	16s 90~18s 30
9	11s 6~12s 0	100~109	7～8	17s 2~19s 2	18s 40~19s 90
10	12s 以上	99 以下	6 以下	19s 3 以上	20s 0 以上

续表 3–13

女子

项目 等级	50m 跑（s）	立定跳远（cm）	投球（m）	跳跃障碍（s）	持球绕圈跑（s）
1	8s 5 以下	170 以上	22 以上	9s 0 以下	12s 70 以下
2	8s 6~9s 0	160~169	19~21	9s 1~9s 8	12s 80~13s 30
3	9s 1~9s 5	150~159	16~18	9s 9~10s 7	13s 40~13s 90
4	9s 6~10s 0	140~149	13~15	10s 8~11s 8	14s 00~14s 60
5	10s 1~10s 5	130~139	11~12	11s 9~13s 1	14s 70~15s 40
6	10s 6~11s 0	120~129	9~10	13s 2~14s 6	15s 50~16s 30
7	11s 1~11s 5	110~119	7~8	14s 7~16s 2	16s 40~17s 40
8	11s 6~12s 0	100~109	6	16s 3~18s 0	17s 50~18s 90
9	12s 1~12s 5	90~100	5	18s 1~19s 8	19s 00~20s 60
10	12s 6 以上	89 以下	4 以下	19s 9 以上	20s 7 以上

（引自： 日本文部省体育局，平成 7 年度体力·运动能力调查报告书，1996）

(2) 1965 年小学高年级学生运动能力测试（5 ~ 6 年级学生）

测试项目和评价标准见表 3–14。

表 3–14 小学生体育测试运动能力测试评定表

表 3–14（1） 男子运动能力测试得分表

项目 等级	50m 跑（s）	跳远（cm）	投球（m）	斜身引体（次）	运球绕障碍跑（s）	连续跑坡（次）
20	8s 以下	370 以上	41 以上	50 次以上		
19	8s 1	354~369	40	48~49		
18	8s 2	358~363	39	46~47		
17	8s 3	352~357	38	44~45		
16	8s 4	346~351	37	42~43		
15	8s 5	340~345	36	40~41		
14	8s 6	334~339	35	38~39		
13	8s 7	328~333	34	36~37		
12	8s 8	322~327	33	34~35		
11	8s 9	316~321	32	32~33		
10	9s 0	310~315	31	30~31	18s0 以下	7 次以上
9	9s 1	304~309	30	28~29	18s1~19s0	6
8	9s 2	298~303	29	26~27	19s1~20s0	
7	9s 3	292~297	28	24~25	20s1~21s0	5

续表 3–14（1）

项目 等级	50m 跑（s）	跳远（cm）	投球（m）	斜身引体（次）	运球绕障碍跑（s）	连续跑坡（次）
6	9s 4	286~291	27	22~23	21s1~22s0	
5	9s 5	280~285	26	20~21	22s1~23s0	4
4	9s 6	274~279	25	18~19	23s1~24s0	
3	9s 7	268~273	24	16~17	24s1~26s0	3
2	9s 8~9s 9	262~267	23	14~15	26s1~28s0	2
1	10s~10s 1	256~261	22	10~13	28s1~30s0	1
0	10s2 以上	255cm 以下	21m 以下	9 次以下	30s1 以上	0 次

表 3–14（2） 女子运动能力测试得分表

项目 等级	50m 跑（s）	跳远（cm）	投球（m）	斜身引体（次）	运球绕障碍跑（s）	连续跑坡（次）
20	8s4	330 以上	27 以上	47 次以上		
19	8s 5	325~329	26	45~46		
18	8s 6	320~324	25	43~44		
17	8s 7	315~319	24	41~42		
16	8s 8	310~314	23	39~40		
15	8s 9	305~309	22	37~38		
14	9s 0	300~304	21	35~36		
13	9s 1	295~299	20	33~34		
12	9s 2	290~294	19	31~32		
11	9s 3	285~289	18	29~30		
10	9s 4	280~284	17	27~28	17s3 以下	7 次以上
9	9s 5	275~279	16	25~26	17s4~18s0	6
8	9s 6	270~274	15	23~24	18s1~19s0	
7	9s 7	265~269	14	21~22	19s1~20s0	5
6	9s 8	260~264	13	19~20	20s1~21s0	
5	9s 9	255~259	12	17~18	21s1~22s0	4
4	10s 0	250~254	11	15~16	22s1~23s0	
3	10s 1~10s 2	240~249	10	13~14	23s1~24s0	3
2	10s 3~10s 4	230~239	9	11~12	24s1~26s0	2
1	10s5~10s 6	220~229	8	9~10	26s1~28s0	1
0	10s7 以上	219cm 以下	7m 以下	8 次以下	28s1 以上	0 次

表 3–14（3） 运动能力级别评定表

性别 / 级	男子	女子	各项目必要最低分	参考
1 级	82~100	78~100	10 分以上	在 5 个项目中，即使有一个项目未达到最低分也应按照最低等级得分
2 级	63~81	60~77	7	
3 级	42~62	40~59	5	
4 级	23~41	22~39	3	
5 级	5~22	5~21	1	

（引自：松岛茂善，1995）

1）运动能力测试（参见表 3–14）

①50 米跑

②跳远

③投球

④斜身引体

⑤运球绕障碍跑 连续跑坡

2）体力诊断

①灵敏性：反复侧跑

②爆发力：垂直跳

③肌力：背力、握力

④耐力：台阶试验

⑤柔韧性：立位体前屈、坐位体前屈

3）体力诊断评价标准（表 3–15）

表 3–15 小学生体育测试体力诊断成绩评定表

表 3–15（1） 男子项目评定表

得分 / 项目	1	2	3	4	5
反复侧跳	23 分以下	24~30	31~38	39~45	46 分以上
垂直跳	22cm 以下	23~28	29~32	36~41	42cm 以上
背力	36kg 以下	37~56	57~77	78~96	97kg 以上
握力	9kg 以下	10~15	16~21	22~26	27kg 以上

续表 3–15（1）

项目 \ 得分	1	2	3	4	5
俯卧背起	35cm 以下	36~42	43~49	50~56	57cm 以上
立位体前屈	1cm 以下	2~6	7~11	12~16	17cm 以上
台阶实验	51.6 以下	51.7~62.8	62.9~74.0	74.1~85.2	85.3 以上

表 3–15（2） 女子项目评定表

项目 \ 得分	1	2	3	4	5
反复侧跳	24 分以下	25~30	31~38	39~45	46 分以上
垂直跳	17cm 以下	18~24	25~32	33~39	40cm 以上
背力	26kg 以下	27~43	44~61	62~78	79kg 以上
握力	8kg 以下	9~13	14~19	20~24	25kg 以上
俯卧背起	38cm 以下	39~44	45~52	53~58	59cm 以上
立位体前屈	3cm 以下	4~8	9~14	15~18	19cm 以上
台阶实验	44.8 以下	44.9~56.7	56.8~68.6	68.7~80.5	80.6 以上

表 3–15（3） 体力诊断综合评定表

阶段	男子		女子	
	10 岁	11 岁	10 岁	11 岁
A	26 以上	28 以上	25 以上	28 以上
B	22~25	25~27	22~24	25~27
C	18~21	20~24	18~21	20~24
D	15~17	17~19	15~17	17~19
E	14 以下	16 以下	14 以下	16 以下

（引自：松岛茂善，1995）

小学生体育测试的体力诊断成绩如表 3–15 所示，反映体力的指标共 5 类，各项目总和为 7 个指标，各项目按照成绩优劣分为 1～5 分，综合得分根据不同性别和年龄分为 A、B、C、D、E 5 个等级。

(3) 1963年中学生运动能力测试（12～19岁）

1）体力诊断测试

①灵敏性：反复侧跑

②爆发力：垂直跳

③肌力：背力握力

④耐力：台阶试验（男子40厘米，女子35厘米）

⑤柔韧性：立位体前屈、坐位体前屈

2）运动能力测试

①50米跑（男、女）

②跳远（男、女）

③投手球（男、女）

④引体向上（男）、斜身引体（女）

⑤ 选择项目（A、B、C三选一）

A. 1500米跑或1500米快走（男）
   1000米跑或1000米快走（女）

B. 200米蛙泳或自由泳（男、女）

C. 1000米滑雪（男、女）
   1500米滑冰（男）
   1000米滑冰（女）

3）体力诊断评价标准（表3–16～表3–17）

表3–16（1） 体力诊断各项目得分表

男子

项目＼得分	1分	2分	3分	4分	5分
反复侧跳	~31分	32~35分	36~41分	42~46分	47分~
垂直跳	~32cm	33~42cm	43~53cm	54~63cm	64cm~
背力	~71kg	72~107kg	108~143kg	144~177kg	178kg~
握力	~23kg	24~34kg	35~43kg	44~54kg	55kg~
台阶试验	~41.8	41.9~56.5	56.6~71.3	71.4~85.9	86~
坐位体前屈	~36cm	37~46cm	47~56cm	57~66cm	67cm~
立位体前屈	~4cm	5~11cm	12~18cm	19~24cm	25cm~

女子

项目＼得分	1分	2分	3分	4分	5分
反复侧跳	~23分	24~29分	30~35分	36~40分	41分~
垂直跳	~24cm	25~30cm	31~37cm	38~43cm	44cm~
背力	~45kg	46~66kg	67~88kg	89~109kg	110kg~
握力	~16kg	17~23kg	24~30kg	31~37kg	38kg~
台阶试验	~36.6	36.7~50.6	50.7~64.8	64.9~78.8	78.9~
坐位体前屈	~37cm	38~46cm	47~57cm	58~66cm	67cm~
立位体前屈	~5cm	6~11cm	12~18cm	19~23cm	24cm~

表 3–16（2） 不同年龄体力诊断的总得分表

男子

年龄＼阶段（分数）	A	B	C	D	E
	分	分	分	分	分
12岁	~20	19~18	17~14	13~11	10~
13岁	~23	22~20	19~16	15~13	12~
14岁	~24	23~21	20~17	16~14	13~
15岁	~27	26~23	22~19	18~16	15~
16岁	~27	26~24	23~20	19~17	16~
17岁	~29	28~26	25~22	21~19	18~
18岁以上	~29	28~26	25~22	21~20	19~

女子

年龄＼阶段（分数）	A	B	C	D	E
	分	分	分	分	分
12岁	~25	24~22	21~18	17~15	14~
13岁	~26	25~23	22~19	18~16	15~
14岁	~27	26~24	23~20	19~17	16~
15岁以上	~28	27~25	24~21	20~18	17~

表 3-17（1） 运动能力测试成绩评定表

男子

分数＼项目	50m	跳远	投手球	引体向上	1500m 跑	1500m 快走	200m 蛙泳	200m 自由泳	1000m 滑雪	1500m 滑冰
20 分	~6s4	6.00m~	40m~	21 次 ~	~5min00s	~8min30s	~2min55s	~2min55s	~5min00s	~2min38s
19	6s5	5.90m5.99m	39m	20 次	5min01s~5min05s	8min31s~8min35s	2min56s~3min00s	2min56s~2min30s	5min01s~5min03s	2min39s~2min40s
18	6s6	5.80m 5.89m	38m	19 次	5min06s~5min10s	8min36s~8min40s	3min01s~3min05s	2min31s~2min35s	5min04s~5min07s	2min41s~2min42s
17	6s7	5.70m 5.79m	37m	18 次	5min11s~5min15s	8min41s~8min45s	3min06s~3min10s	2min36s~2min40s	5min08s~5min12s	2min43s~2min45s
16	6s8	5.60m5.69m	36m	17 次	5min16s~5min20s	8min46s~8min50s	3min11s~3min15s	2min41s~2min45s	5min13s~5min18s	2min46s~2min49s
15	6s9	5.50m5.59m	35m	16 次	5min21s~5min25s	8min51s~8min55s	3min16s~3min20s	2min46s~2min50s	5min19s~5min25s	2min50s~2min54s
14	7s0	5.40m5.49m	34m	15 次	5min26s~5min30s	8min56s~9min00s	3min21s~3min25s	2min51s~2min55s	5min26s~5min34s	2min55s~3min00s
13	7s1	5.30m5.39m	33m	14 次	5min31s~5min35s	9min01s~9min05s	3min26s~3min30s	2min56s~3min00s	5min35s~5min45s	3min01s~3min06s
12	7s2	5.20m5.29m	32m	13 次	5min36s~5min40s	9min06s~9min10s	3min31s~3min35s	3min01s~3min05s	5min46s~5min58s	3min07s~3min13s
11	7s3	5.10m5.19m	31m	12 次	5min41s~5min45s	9min11s~9min15s	3min36s~3min40s	3min06s~3min10s	5min59s~6min14s	3min14s~3min21s
10	7s4	5.00m5.09m	30m	11 次	5min46s~5min50s	9min16s~9min20s	3min41s3min45s	3min11s~3min15s	6min15s~6min33s	3min22s~3min30s
9	7s5	4.80m4.99m	29m	10 次	5min51s~5min55s	9min21s~9min30s	3min46s~3min50s	3min16s~3min20s	6min34s~6min56s	3min31s~3min40s
8	7s6	4.60m4.79m	28m	9 次	5min56s~6min00s	9min31s~9min40s	3min51s~3min55s	3min21s~3min25s	6min57s~7min23s	3min41s~3min52s
7	7s7~7s8	4.40m4.59m	27m	8 次	6min01s~6min10s	9min41s~9min50s	3min56s~4min00s	3min26s~3min30s	7min24s~7min54s	3min53s~4min07s
6	7s9~8s0	4.20m4.39m	26m	7 次	6min11s~6min20s	9min51s~10min00s	4min01s~4min10s	3min31s~3min40s	7min55s~8min25s	4min08s~4min25s
5	8s1~8s2	4.00m4.19m	25m	6 次	6min21s~6min30s	10min01s~10min10s	4min11s~4min20s	3min41s~3min50s	8min26s~8min56s	4min26s~4min27s
4	8s3~8s4	3.80m~3.99m	23m~24m	5 次	6min31s~6min40s	10min11s~10min20s	4min21s~4min30s	3min51s~4min00s	8min57s~9min27s	4min48s~5min12s
3	8s5~8s6	3.60m~3.79m	21m~22m	4 次	6min41s~6min50s	10min21s~10min30s	4min31s~4min40s	4min01s~4min10s	9min28s~9min58s	5min13s~5min38s
2	8s7~8s8	3.40m~3.59m	19m~20m	3 次	6min51s~7min00s	10min31s~10min40s	4min41s~4min50s	4min11s~4min20s	9min59s~10min29s	5min39s~6min04s
1	8s9~9s0	3.20m~3.39m	17m~18m	2 次	7min01s~7min10s	10min41s~10min50s	4min51s~5min00s	4min21s~4min30s	10min30s~11min00s	6min05s~6min30s

女子

项目/分数	50m	跳远	投手球	引体向上	1500m 跑	1500m 快走	200m 蛙泳	200m 自由泳	1000m 滑雪	1500m 滑冰
20 分	~7s5	~4.80m	30m~	50 次 ~	~4min00s	~6min30s	~3min20s	~3min00s	~6min43s	~2min13s
19	7s6	4.70~4.79m	29m	48~49 次	4min01s~4min05s	6min31s~6min35s	3min21s~3min25s	3min01s~3min05s	6min44s~6min47s	2min14s~2min16s
18	7s7	4.60~4.69m	28m	46~47 次	4min06s~4min10s	6min36s~6min40s	3min26s~3min30s	3min06s~3min10s	6min48s~6min52s	2min17s~2min19s
17	7s8	4.50~4.59m	27m	44~45 次	4min11s~4min15s	6min41s~6min45s	3min31s~3min35s	3min11s~3min15s	6min53s~6min58s	2min20s~2min23s
16	7s9	4.40~4.49m	26m	42~43 次	4min16s~4min20s	6min46s~6min50s	3min36s~3min40s	3min16s~3min20s	6min59s~7min05s	2min24s~2min28s
15	8s0	4.30~4.39m	25m	40~41 次	4min21s~4min25s	6min51s~6min55s	3min41s~3min45s	3min21s~3min25s	7min06s~7min13s	2min29s~2min34s
14	8s1	4.20~4.29m	24m	38~39 次	4min26s~4min30s	6min56s~7min00s	3min46s~3min50s	3min26s~3min30s	7min14s~7min23s	2min35s~2min41s
13	8s2	4.10~4.19m	23m	36~37 次	4min31s~4min35s	7min01s~7min05s	3min51s~3min55s	3min31s~3min35s	7min24s~7min34s	2min42s~2min49s
12	8s3	4.00~4.09m	22m	34~35 次	4min36s~4min40s	7min06s~7min10s	3min56s~3min40s	3min36s~3min40s	7min35s~7min50s	2min50s~2min59s
11	8s4	3.90~3.99m	21m	32~33 次	4min41s~4min45s	7min11s~7min15s	3min41s~3min45s	3min41s~3min45s	7min51s~8min08s	3min00s~3min11s
10	8s5~8s6	3.80~3.89m	20m	30~31 次	4min46s~4min50s	7min16s~7min20s	3min46s~3min50s	3min46s~3min50s	8min09s~8min29s	3min12s~3min25s
9	8s7~8s8	3.65~3.79m	19m	28~29 次	4min51s~4min55s	7min21s~7min25s	3min51s~3min55s	3min51s~3min55s	8min30s~8min54s	3min26s~3min41s
8	8s9~9s0	3.50~3.64m	18m	26~27 次	4min56s~5min00s	7min26s~7min30s	4min16s~4min20s	3min56s~4min00s	8min55s~9min24s	3min42s~3min59s
7	9s1~9s2	3.35~3.49m	17m	24~25 次	5min01s~5min10s	7min31s~7min40s	4min21s~4min30s	4min01s~4min10s	9min25s~9min59s	4min00s~4min20s
6	9s3~9s4	3.20~3.34m	16m	22~23 次	5min11s~5min20s	7min41s~7min50s	4min31s~4min40s	4min11s~4min20s	10min00s~10min34s	4min21s~4min44s
5	9s5~9s6	3.05~3.19m	15m	20~21 次	5min21s~5min30s	7min51s~8min00s	4min41s~4min50s	4min21s~4min30s	10min35s~11min09s	4min5s~5min08s
4	9s7~9s8	2.90~3.04m	14m	18~19 次	5min31s~5min40s	8min01s~8min10s	4min51s~5min00s	4min31s~4min40s	11min10s~11min44s	5min09s~5min33s
3	9s9~10s0	2.75~2.89m	13m	16~17 次	5min41s~5min50s	8min11s~8min20s	5min01s~5min10s	4min41s~4min50s	11min45s~12min19s	5min34s~5min58s
2	10s1~10s2	2.60~2.74m	12m	14~15 次	5min51s~6min00s	8min21s~8min30s	5min11s~5min20s	4min51s~5min00s	12min20s~12min54s	5min59s~6min24s
1	10s3~10s4	2.45~2.59m	11m	12~13 次	6min01s~6min10s	8min31s~8min40s	5min21s~5min30s	5min01s~5min10s	12min55s~13min29s	6min25s~6min50s

表 3-17（2） 运动能力测试成绩评定表

级别	总分	各项目的最低分	备注
1 级	80~100	10 分以上	在 5 个项目中，即使有一个项目未达到最低分也应评定为最低级别
2 级	60~79	7 分以上	
3 级	40~59	5 分以上	
4 级	20~39	3 分以上	
5 级	10~19	1 分以上	

（引自：松岛茂善，1993）

(4) 1968 年成年人运动能力测试（30 ~ 59 岁）

30～59 岁成年人的体力测试，随着年龄的增加伴随着危险性增加，测定值下降，这是人体机能变化的自然规律（表 3-18）。

表 3-18（1） 成年人体力测试项目

测试内容	测试项目
1. 灵敏性	反复侧跑
2. 爆发力	垂直跳
3. 肌力	握力
4. 灵活性	运球绕障碍跑
5. 耐力	快步走
1500m（男）	
1000m（女）	

表 3-18（2） 男子体力测试得分表

得分	反复侧跑	垂直跳	握力	运球绕障碍跑	快步走	得分
20	43 分以上	41cm 以上	38kg 以上	16s0 以下	7min01s	20
19	41~42	39~40	37	16s1~16s5	7min02s~7min23s	19
18	40	37~38	36	16s6~17s1	7min24s~7min35s	18
17	39	35~36	35	17s2~17s7	7min36s~7min46s	17
16	38	33~34	34	17s8~18s2	7min47s~7min54s	16
15	37	32	33	18s3~18s8	7min55s~8min02s	15
14	36	31	32	18s9~19s4	8min03s~8min09s	14
13	35	30	31	19s5~19s9	8min10s~8min15s	13
12	34	29	30	20s0~20s5	8min16s~8min21s	12
11	33	28	29	20s6~21s1	8min22s~8min26s	11

续表 3-18（2）

得分	反复侧跑	垂直跳	握力	运球绕障碍跑	快步走	得分
10	32	27	28	21s2~21s6	8min27s~8min33s	10
9	31	26	27	21s7~22s2	8min34s~8min40s	9
8	30	25	26	22s3~22s9	8min41s~8min47s	8
7	29	24	25	23s0~23s7	8min48s~8min55s	7
6	28	23	24	23s8~24s6	8min56s~9min04s	6
5	27	22	23	24s7~26s1	9min05s~9min15s	5
4	26	20~21	22	26s2~28s2	9min16s~9min29s	4
3	24~25	18~19	21	28s3~31s0	9min30s~9min49s	3
2	21~23	16~17	19~20	31s1~35s2	9min50s~10min28s	2
1	20 以下	15 以下	18 以下	35s3 以上	10min29s 以上	1

表 3-18（3） 女子体力测试得分表.

得分	反复侧跑	垂直跳	握力	运球绕障碍跑	快步走	得分
20	49 分以上	61cm 以上	55kg 以上	13s0 以下	9min07s 以下	20
19	47~48	58~60	53~54	13s1~13s6	9min08s~9min35s	19
18	45~46	56~57	51~52	13s7~14s2	9min36s~9min57s	18
17	44	54~55	49~50	14s3~14s8	9min58s~10min16s	17
16	43	52~53	48	14s9~15s4	10min17s~10min33s	16
15	42	50~51	47	15s5~16s0	10min34s~10min48s	15
14	41	49	46	16s1~16s6	10min49s~11min00s	14
13	40	48	45	16s7~17s2	11min01s~11min11s	13
12	39	47	44	17s3~17s8	11min12s~11min22s	12
11	38	46	43	17s9~18s3	11min23s~11min32s	11
10	37	45	42	18s4~18s9	11min33s~11min42s	10
9	36	44	41	19s0~19s6	11min43s~11min52s	9
8	35	43	40	19s7~20s4	11min53s~12min03s	8
7	34	42	39	20s5~21s3	12min04s~12min14s	7
6	33	40~41	38	21s4~22s3	12min15s~12min26s	6
5	32	38~39	37	22s4~23s7	12min27s~12min40s	5
4	31	36~37	36	23s8~25s5	12min41s~12min58s	4
3	30	33~35	35	25s6~27s5	12min59s~13min20s	3
2	28~29	30~32	32~34	27s6~32s5	13min21s~13min58s	2
1	27 以下	29 以下	31 以下	32s6 以上	13min59s 以上	1

表 3–18（4） 不同年龄成年人体力测试得分表

年龄	男	女
20～29 岁	67 分以上	62 分以上
30～34	61～66	58～61
35～39	54～60	53～57
40～44	46～53	45～52
45～49	38～45	37～44
50～54	30～37	29～36
55～59	22～29	21～28
60 岁以上	21 分以下	20 分以下

2. 1998 年后日本文部省新体力测试内容

(1) 6～11 岁男女小学年级学生运动能力测试

握力、仰卧起坐、卧位体前屈、反复侧跳、20 米往返跑、50 米跑、立定跳远、投手球。

(2) 12～19 岁男女学生运动能力测试

握力、仰卧起坐、卧位体前屈、反复侧跳、耐力跑或 20 米往返跑二选一、50 米跑、立定跳远、投手球。

3. 1963—1998 年日本文部省旧与新体力测试对比

旧 6～9 岁男女小学年级学生运动能力测试：50 米跑、立定跳远、投球、跳跃障碍▲、持球绕圈跑▲。

新 6～9 岁男女小学年级学生运动能力测试：50 米跑、立定跳远、投球、反复侧跳●、20 米往返跑●。

旧 10～19 岁男女学生运动能力测试：50 米跑、运球绕障碍跑（10～11 岁）▲、投手球（10～11 岁投垒球）、耐力跑（1500～1000 米，12 岁以上）、反复侧跳、握力、跳远▲、斜身引体▲、连续跑坡（10～11 岁）、垂直纵跳▲、背肌力▲、立位体前屈▲、俯卧撑▲、台阶试验▲、立定跳远、投远球、跳跃障碍▲、持球绕圈跑▲。

新 10～19 岁学生运动能力测试：50 米跑、投手球、反复侧跳、耐力跑 1500～1000 米或 20 米往返跑●二选一、立定跳远●。

注：▲为删除项目。

●为新加项目。

4. 体力（体质）测试研究

以下资料引自1964年石河利宽及日本文部省体力测试（表3-19）。

(1) 个人资料：健康感、睡眠、吸烟、饮酒、家族病等。

(2) 医学检查：尿检、血检、肺活量、视力、心电图等。

(3) 生理学检查。

(4) 形态测定：身高、体重、胸围、坐高等，体成分包括体脂肪、体水分量、体钾量、骨龄等。

(5) 运动能力测试

50米跑、立定跳远、耐力跑（12岁以下男女600米，12岁以上男子2000米或1000米，女子1500米或800米）、引体向上（12岁以上男子）或屈臂耐力悬垂（女子或12岁以下孩子）、往返跑（10米往返跑）、仰卧起坐（30秒）、坐位体前屈、立位体前屈等。

表3-19 日本不同年龄组体质（体力）测试指标

测试指标	6~11岁	12~19岁	20~64岁	65~79岁
握力	●	●	●	●
立定跳远	●	●	●	
仰卧起坐	●	●	●	●
50m跑	●	●		
投垒球	●	●		
坐位体前屈	●	●	●	●
反复侧跳	●	●	●	
20m往返跑	●	●	●	
长跑		●		
快步走			●	
6min步行				●
10m障碍步行				●
睁眼单腿立				●
ADL（日常生活指标）				●

（三）美国的体质测试研究

美国保健、体育、卫生协会（American Alliance for Health，Physical Education and Recreation）1965 年制定体质测试项目如下（10~17 岁）。

（1）男子：引体向上（次数）

女子：屈臂悬垂（s）

（2）仰卧起坐　男子：最高 100 次，女子：最高 50 次

（3）往返跑（30 英尺 2 次往返跑，秒）

（4）立定跳远（厘米）

（5）50 码冲刺（秒）

（6）投垒球（厘米）

（7）600 码跑（分 秒）

美国保健、体育、卫生协会（American Alliance for Health，Physical Education and Recreation）1965 年制定健康体质测试项目如下（10~17 岁）。

（1）9 分钟跑

（2）屈膝仰卧起坐

（3）皮脂厚度（前臂三角肌部和肩胛骨下部之和）

（4）坐位体前屈

（四）欧洲体质测试研究

1983 年欧洲制定体质测试（Eurofit）呼吸循环耐力测试项目如下。

1. 功率自行车测试（PWC170），由心率-负荷强度判断体力水平。

2. 6 分钟跑，由 6 分钟跑的距离判断体力水平。

1983 年欧洲制定体质测试（Eurofit）运动能力测试项目如下。

（1）全身平衡能力

（2）手臂移动速度

（3）坐位体前屈

（4）立定跳远

（5）握力

（6）仰卧起坐（次 /30 秒）

（7）引体向上

（8）50 米反复跑

（张学炎，肖国强）

第四章　运动能力的医学评定

【提要】运动能力医学评定的程序包括医学诊断、运动能力诊断（主要是心肺功能），其中后者是以最大摄氧量间接测定的各种方法为主。确定选择适应自己身体活动的运动项目、强度、运动量及频率。不同形式的运动处方的实施应该建立在医学诊断和运动能力诊断的基础上。

一、运动能力的医学诊断

我们进行有计划的锻炼身体时，首先需考虑怎样进行运动?如何掌握运动强度?怎样才能达到运动的效果？同时应结合个人爱好、身体状况、机能水平来综合考虑，其中最重要的是要了解自己的心脏功能。

（一）医学诊断

在实施有计划的锻炼身体之前，应了解自己是否存在潜在的疾病，同时在运动时也要注意身体机能的变化，特别是关注运动是否对心脏有不良的影响，这就是我们通常所说的“医学诊断”（Medical check）。然后，需确定自己锻炼身体的运动量。我们应该了解自己的日常生活习惯，除了自己的兴趣和爱好外，应选择适应自身锻炼身体的运动项目、运动强度、频率及运动量，此外还应注意自己身体状况、心情及环境气候的变化情况。进行较长时间运动时需要坚强毅力，否则不能持续进行运动。运动强度选择也非常重要，至少要达到自己最大运动能力的60%～80%，但不经常运动的人、中老年人可能不适合。

在有计划进行身体锻炼之前，应进行必要的身体检查，重点观察心血管系统。测定安静时的心电图只能反映安静时的心脏功能，而本人在运动时，由于活动的肌肉需要大量供血而增加了心脏的负担，因此动态观察心脏在运动中的变化非常重要。医学诊断首先应测定安静时的呼吸机能，包括肺活量、肺通气量等，同时要测定心电图等指标，确定其是否可进行运动负荷测试。第二阶段为观察运动负荷测定时的心电图，特别要注意反映心肌缺血指标ST、ST的代偿变化，确定心脏是否缺血及其功能状态。第三阶段为体能测定。体能是通过一定的运动强度所能持续的时间来测定。如走或跑，采用某种负荷方式（跑台或功率自行车）测定受试者的最大运动能力，根据体能测定结果，确定运动处方，指导健身运动。实际上在测定最大运动能力时，受到各种因素的影响，很难测出最大运动能力。因此，在测定时必须随时注意受试者的反应，如胸痛、呼吸困难、心电图 ST 的变化、心率不齐、血压突然上升或下降等，倘若发现其中任何一项指标出现异常变化，应立即停止运动测试。对于体弱者或中老年人，为了安全，通常采用间接推测最大运动能力的方法，其公式如下：

$$中老年人最大心率 =（220-年龄）\times 0.9$$

进行最大运动能力测定时，需与受试者签订协议书，并向其说明在进行最大运动能力测定时身体的反应及危险性，在征得本人的同意后签名。在美国、日本和其他许多国家都严格遵循这一程序。

（二）体能诊断

在进行身体运动时，首先应考虑自己所能承受的运动负荷强度及运动负荷方法。因此，在计划长期锻炼身体之前，要进行身体运动能力的诊断。通常以本人最大运动能力为标准，确定最大运动能力以百分数（%）为指标。研究认为，为维持身体健康水平，至少应以最大运动能力的 60%～80%的强度进行运动，这种强度为最佳负荷强度。测定最大运动能力比较困难，通常将肌肉收缩发挥的最大肌力视为最大肌肉运动能力。而 1 平方厘米横断面积可发挥出 6~8 公斤的力量，单臂的总横断面积是 26 平方厘米，共可发挥 150~200 公斤的力量，据此两臂则可发挥出 400 公斤以上的力量。实际上这是不可能的，因为其尚未考虑到肌肉收缩时间及收缩时的能量问题。此外，肌肉收缩时还需与其他部位协调共同完成，通过气体交换和血液运输排出 CO_2（二氧化碳），并将 O_2（氧）通过血液运输到心脏及活动的组织、肌肉中等均影响肌肉力量的发挥。

哺乳动物的肺是通过气管和支气管吸入和排出气体，在肺泡中进行气体交换，由于“生理无效腔”的存在，安静时每次呼吸只能更新 14%的气体。人体的摄氧能力是影响运动能力的重要因素，在进行长时间运动时，由于向肌肉供氧受到限制，即使肌肉还有余力也不能继续进行运动。现阶段反映最大运动能力的指标之一为最大摄氧量（maximum oxygen uptake，$\dot{V}O_2max$）。如前所述，最大运动能力很难测定，由于目前还没有其他更好的方法，只能用最大摄氧量反映最大运动能力。

（三）运动能力诊断方法（详见第八章，此略）

（四）健身运动注意事项

健身运动之前应进行“医学诊断”，即使是健康的身体，也应进行仔细的诊断。

在进行运动时，如果出现异常现象及监测指标异常变化，要及时停止运动。如表 4–1 所示为心电图上观察到的 ST 明显下降、Ron T、血压异常上升或下降等现象。在运动中，长时间测定心电图、血压是不可能的，因此要根据受试者本人的自诉感觉，判断体内的生理机能的变化，决定是否停止运动。

表 4–1 停止运动的条件

心电图	1. 心室性频率（出现连续 3 次以上心室性收缩） 2. 心室颤动 3. 心房颤动 4. 明显缺血（0.2mV 以上的水平型或 ST 型下降） 5. 频发性期外收缩 6. R on T
症状	1. 胸部痛 2. 呼吸明显困难 3. 出现意识障碍（对声音的反应） 4. 步行失去平衡 5. 眼花 6. 面色苍白 7. 停止发汗、皮肤干燥（体温调节机能障碍） 8. 精疲力尽（不能按要求的速度进行运动） 9. 收缩压异常上升（超 230 mmHg 视为危险范围） 10. 收缩压下降(运动强度即使增加，血压仍然下降，表明危险症兆)

（引自：石河利宽，1990）

二、身体运动能力评定程序

在现代生活中，体育运动的存在价值观念随着人们生活水平的提高急剧增强。图 4–1 所示人类健康生活与体育运动的关系，由此可见，体育运动与健康、疾病治疗、体力水平、饮食营养、劳动生活、休闲生活等具有密切关系。

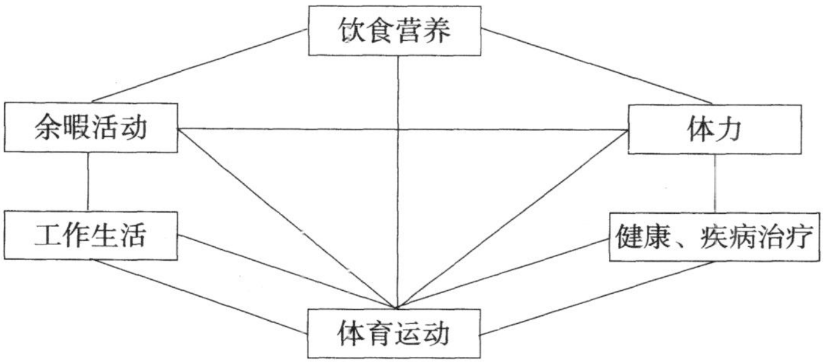

图 4–1 健康生活与体育运动的关系

我们进行体育锻炼时，应根据生活处方、运动处方、活动内容，甚至治疗疾病等需要选择运动项目。体育运动的效果因实施运动的时间、频率、强度、动机（兴趣）及个人的生活内容不同而异。现代社会的健身设备可将人体的健康体力情况进行科学诊断，制定运动处方，指导健身运动，进行科学监控。

（一）身体运动能力诊断系统

目前身体运动能力诊断系统已在世界各国中广泛开展。基本流程（图 4-2、图 4-3）分为医学健康诊断、生活营养调查、运动负荷试验、体力测试四部分。

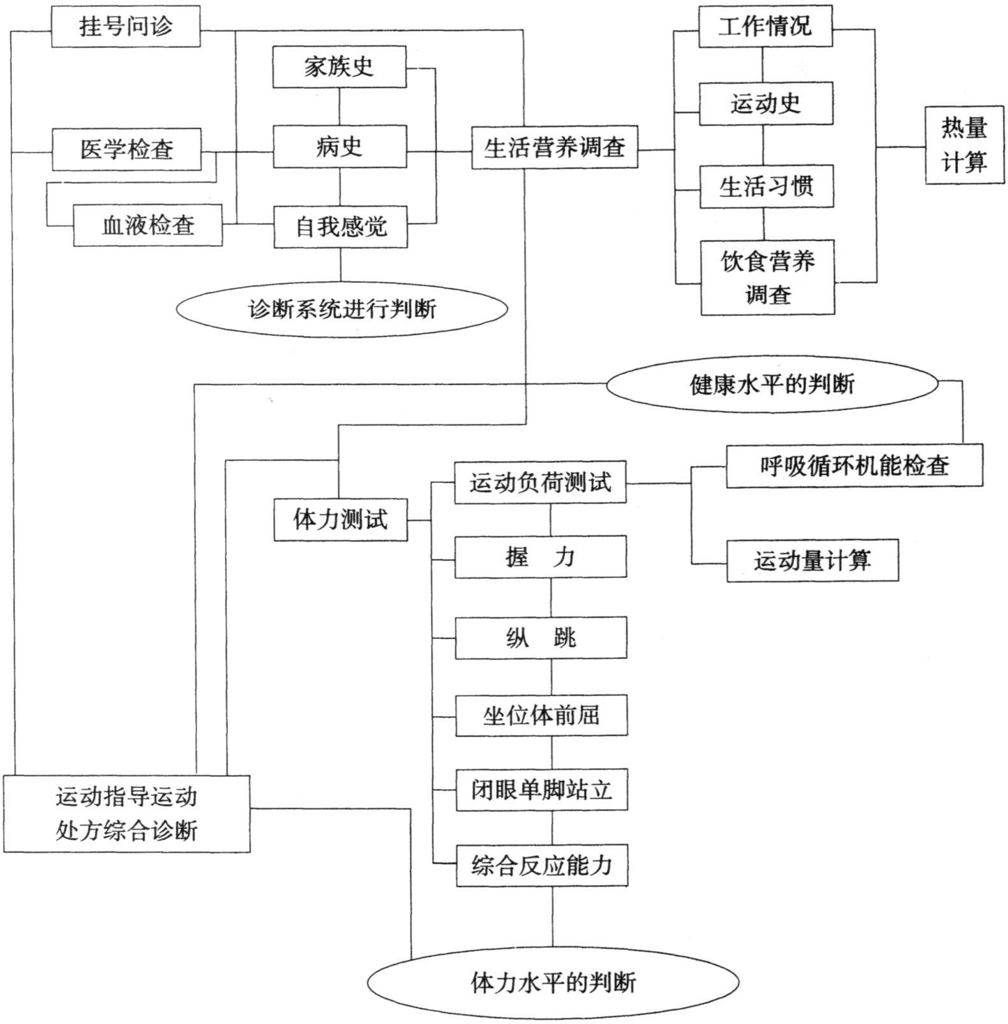

图 4-2　健康体力诊断系统

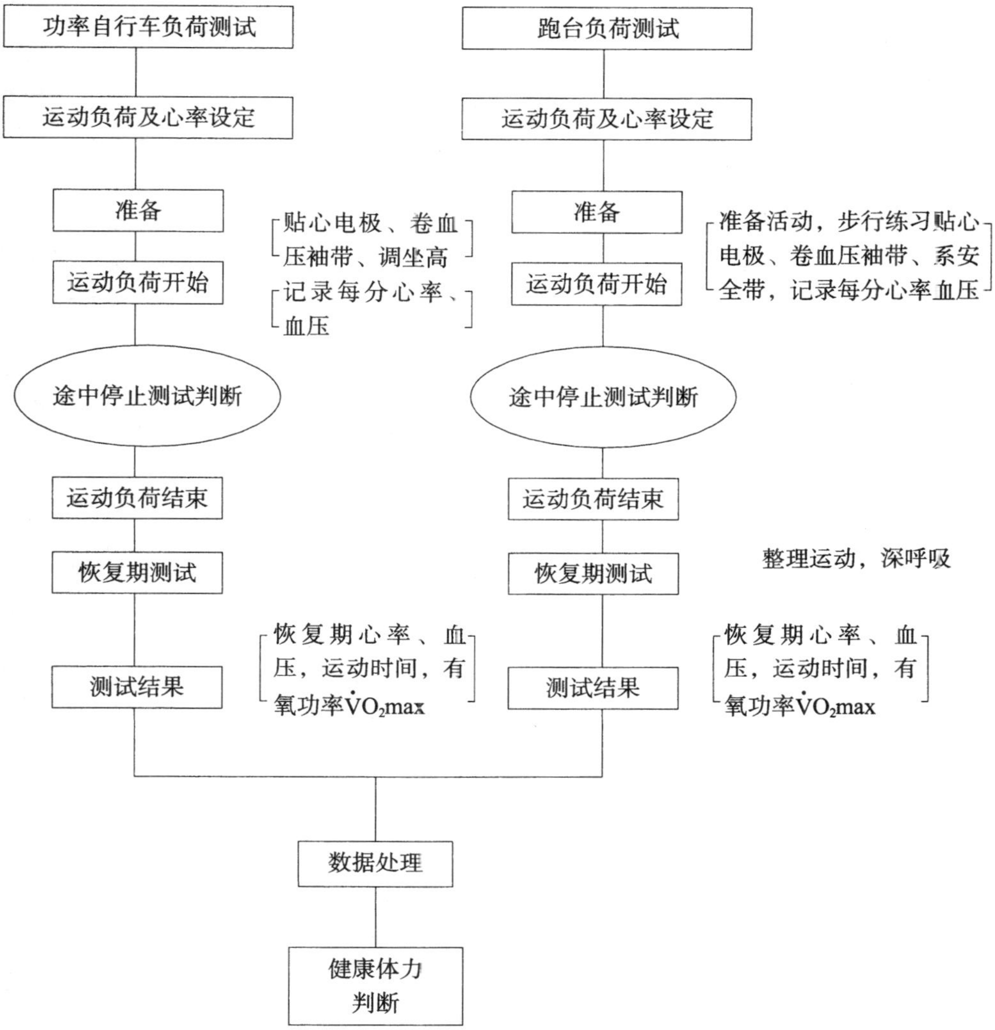

图 4–3 运动负荷测试流程

身体运动能力综合诊断系统可正确判断体力水平和健康水平，制定适宜个人的运动处方，指导运动。运动处方可根据表 4–2 选出 2～3 种项目进行锻炼，并根据不同年龄、性别提出此活动项目的实施时间、频率、强度。同时还要与个人的生活营养状况、体力水平（运动负荷试验、体力测试）相适应，并结合个人爱好、兴趣提出 1 个方案，健康指导人员、营养师、医生等将对该方案进行共同讨论，最终向锻炼者提供意见参考。

表 4–2　不同年龄、体力运动处方运动项目

年龄	强度小的体力运动		强度大的体力运动	
20 岁	足球	曲棍球	柔道	摔跤
	篮球	橄榄球	剑术	器械体操
	手球	空手道	武术	举重
30 岁	网球	棒球	击剑	冲浪运动
	羽毛球	射箭	登山	骑马
	垒球	气功	划船	板球
40 岁	乒乓球	瑜伽	长跑	排球
	排球	花样滑冰	野营	投掷
50 岁	自由泳	射击	步行	越野驶车
	保龄球	有氧操	慢跑	越野识途比赛
60 岁	仰泳	台球	散步	地滚球
	飞盘	钓鱼	太极拳	高尔夫球

健康体力诊断系统是医学和运动学的结合，其将静态健康评价与动态健康评价相联系，与医院的体检机构等有所不同。健康体力诊断系统的特点有以下几点：

(1) 运动负荷采用渐增负荷法，时间短、简便；

(2) 进行营养指导时，根据生活、运动习惯控制饮食内容；

(3) 进行运动内容指导时，根据生活、营养、健康水平、运动负荷测试的结果提出方案，由强制性指导变为积极性的、有选择性的指导；

(4) 消除疲劳的手段以积极性的休息、物理学处方为主；

(5) 调查访问及复查简便、可靠；

(6) 运动处方由电脑系统管理、制成及监控；

(7) 促进体育运动习惯的养成。

（二）身体运动能力诊断系统流程

身体运动能力诊断系统流程包括形态测定、医学检查、运动负荷、营养和生活、体力测定、综合判断（包括运动处方和指导内容）六个方面，其内容资料均通过电脑程序操作。其中具有代表性的是运动负荷测试和运动处方。

运动负荷测试方法可选择功率自行车、跑台或台阶实验三种方式中的任一种进行测试。功率自行车负荷可用渐增负荷法，时间较短。跑台测试是利用变换跑台的坡度和速度测试运动能力。台阶试验主要是改变台阶的高度或数量进行测试。测试中根据所记录的血压、脉搏数、运动时间及工作量，求出每公斤体重的最大

摄氧量。运动处方是根据运动能力和体力水平（主要是有氧耐力）而设计（表 4–3），可作为个人参考标准。

表 4–3　不同年龄组最大摄氧量评价标准（ml/kg·min）

年龄（岁）	性别 \ 评分	优 5	良 4	一般 3	较差 2	差 1
20~29	男子	62.9 以上	62.8~54.6	54.5~45.5	45.4~38.9	38.8 以下
30~39	男子	60.6	60.5~51.3	51.2~43.3	43.2~36.7	36.6
40~49	男子	58.1	58.0~48.7	48.6~40.8	40.7~34.2	34.1
50~59	男子	55.6	55.5~46.2	46.1~38.2	38.1~31.7	31.5
60~69	男子	53.1	53.0~43.7	43.6~35.7	35.6~29.2	29.1
20~29	女子	47.8	47.7~42.2	42.1~37.2	37.1~33.0	32.9
30~39	女子	46.1	46.0~40.5	40.4~35.6	35.5~31.3	31.2
40~49	女子	44.5	44.4~38.9	38.8~33.9	33.8~29.7	29.6
50~59	女子	42.7	42.7~37.2	37.1~30.6	32.2~28.0	29.9

（引自：Åstrand P. –O., 1961）

1. 运动处方的目的

运动处方的目的是为了增进健康的运动能力，指导人们在日常生活中的身体活动和消除运动不足。特别是对于中老年人，旨在使他们通过令人愉悦的适宜身体活动，养成良好的运动习惯，改善生活方式增强其对现代疲劳的耐受能力。

2. 体育项目的内容

运动处方应选择有氧耐力为主的项目，如步行、快步走、散步、慢跑、太极拳、气功、瑜伽、各种球类、骑自行车、游泳等项目。另外，年龄不同选择有氧耐力项目也应不同，此外还应结合个人的生活状况、爱好及价值观念来选择运动处方。

3. 运动强度

最大摄氧量是评价运动能力的有效指标。

在运动处方中，与最大摄氧量关系密切的指标有脉搏、心率、METS 等可作为评定健康体力的指标。根据不同年龄组的最大脉搏及安静时脉搏，算出运动量的百分率（%）。常采用“靶心率”为最佳运动负荷强度（表 4–4），其值为最大心率的 55%~60%。

表 4-4 目标心率（最大心率和平均心率）

年龄（岁）	20~29	30~39	40~49	50~59	60~69
最大值（b/min）	170	174	170	161	152
平均值（b/min）	155	152	149	141	135
靶心率值（b/min）	最大值的 55%~60%				

（引自：American College of Sports Medicine, 1976，依作者修改）

4. 持续时间及频率（次数）

为保持健康体力，每天运动时间至少 10～20 分钟，频率为一周 3～5 天。

（三）社区健身教室的实施与任务

健身指导员应掌握其成员参加健身教室活动之前的生活情况，包括身体状况、生活习惯及身体运动能力、每周活动量及近三天内的饮食内容。健身指导员的任务包括以下几个方面。

1. 医学诊断

（1）胸透、（2）肺功能检查、（3）尿液检查、（4）血液检查、（5）安静时的心电图测定、（6）血压测定、（7）运动负荷测试（功率自行车或跑台）。

2. 面授指导

（1）运动指导、（2）生活指导、（3）饮食指导。

对于上述的健身教室工作，需每月进行一次，每次时间大约 2 小时，包括 1 个半小时的运动测试和 30 分钟讲授测试，由健康管理和营养指导人员讲授健康状况、生活、饮食，指导运动。研究表明，每月即使进行一次健康指导，长期坚持亦可使成员们形成良好的运动、生活及饮食习惯，明显提高其健康水平。

健身教室的组织有多种形式，主要在于实施科学的监控和管理。健康教育及健身指导也可以说是健身运动的启蒙教育。通过参加健身教室学习和指导增强其意识，让其自觉地组织活动小组，特别是通过政府机构下至社区组织，将对中老年人的健身活动具有重要指导意义。健身运动受到自然环境、生活环境、不同地区的群众等因素的影响。因此，创建有效的全民健身指导方法极为重要。

3. 运动处方的设定

经过医生诊断，结合健康体力的测定结果（耐力、肌肉力量、柔韧性及身体平衡能力），可设定相应的运动处方（运动强度、持续时间、频率及运动量），并制定健康体力跟踪表，定期监测。研究认为运动强度为最大心率的 60%～90%，或最大摄氧量的 50%～80%，持续时间为 20～60 分钟，频率为每周 3～5 天的运动方案为有效的运动处方。可参考下列公式，对心率进行监测。

$$
THR = (MHR - RHR) \times \begin{cases} 0.6 & (\text{低强度}) \\ 0.7 & (\text{中强度}) \\ 0.8 & (\text{大强度}) \end{cases}
$$

THR = 目标心率　　　　MHR= 最高心率 =（220−年龄）

RHR= 安静时心率

注：THR 为目标心率英文缩写。

（肖国强）

第五章　运动处方

【摘要】运动处方是指为达到个人期望的身体运动能力目标，创建和维持健康体力，以适宜本人运动能力所确定的运动程序，包括运动方式、运动强度、运动量及应注意事项。有氧运动是指身体在不缺氧的条件下，长时间进行持续运动的能力。有氧健身运动强调运动强度、持续时间和频率的组合。肌肉运动分为动和静两种形式，需注意最大肌力的百分比和重复次数的结合。循环训练、健身活动及康复活动等均可作为运动处方应用于健身活动中。

一、运动处方的概念及分类

（一）运动处方

所谓处方（Proscription）是指医生诊断病人的病情，最终对其所开的药方。为开处方应收集各种情报，从个体的性别、年龄、病史及平时的生活状况，直到当天的病状、过程及临床检查均有必要进行仔细讨论。当前临床检查可通过尿、血液、血压、心电图及脑电图的检查及血管内造影，也可通过一部分组织的取样，在显微镜下观察，根据病情考虑可行的治疗处方。

近年来，随着人们生活水平的提高，运动处方渐渐引进了我国。如何制定合理有效的运动处方、怎样实施运动处方从而达到预期效果等问题引起了人们的重视。

运动处方应针对个人而制定。在实施运动处方时，应考虑个人基本资料、身体检查及体力测定的结果。除此以外，还应考虑其是否喜欢运动、运动的形式、掌握运动技术程度及生活环境状况等问题。身体检查项目包括临床医学检查和体力测定，特别是应进行必要的运动负荷测定。

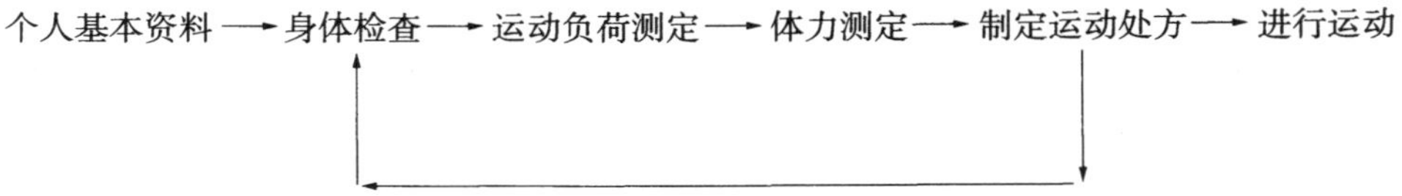

一般体力测定是指在体育馆或运动场进行团体的运动能力测定，在英语中叫作"performance"。我国的成人体质测定法由国家体育总局制定。在学校也有按照这一方法进行体质测定的。对于儿童少年、成年和中老年人，不同年龄期的体质测定方法应有所不同。在美国、欧洲、日本也有体质的测定方法，如日本文部省根据运动生理学家石河先生所设计的日本人体力测定方法。这种方法根据总得分数，结合体力年龄特点制定运动处方，经过一段时间实施后，再进行身体检查和体力测定来判定运动处方的效果（表 5–1）。

表 5–1 健康体力测试成绩

1. 壮年体力测试		
	反复侧跳	40 次
	垂直纵跳	41 cm
	握力 右手	41 kg
	左手	45 kg
	折返运球跑	20.2s
	1500m 快步走	9.9min
2. 最大摄氧量（功率自行车）		29 ml/（kg·min）

（引自：石河先生，1998）

（二）运动处方的分类

众所周知，医生所开的处方包括药的种类、服用量及服用方法等方面。在运动处方中也有运动形式、强度、持续时间及频率等问题。运动处方可按以下进行分类（表 5–2）。

表 5–2 运动处方的分类

1. 全身运动
   有氧运动（aerobic exercise）
   间歇训练（interval training）
   无氧运动（anaerobic exercise）
2. 局部肌肉运动
   动力性运动（isotonic exercise）
   静力性运动（isoimetric exercise）
3. 循环训练（circuit training）
4. 体育活动（sports exercise）
5. 康复活动（rehabilitation exercise）

1. 全身运动

(1) 有氧运动

有氧运动并不是身体某一部分的运动，而是指全身肌肉间歇活动的运动。全身运动需大量的氧，一部分氧在运动中通过有氧氧化过程放出能量而被消耗，剩下的氧通过氧债的形式，在运动后摄取氧来偿还运动中及运动后身体尚未恢复到安静时所欠下的氧量，可将这部分氧叫作运动后过量氧耗量。运动中的摄氧量和运动后氧债的比例由运动强度和持续时间来决定。比如快速短跑运动，最大限度发挥全身肌肉的运动，运动的能量绝大部分来源于无氧过程，但这种运动时间短而不持续。而像快步走和慢跑运动中，大部分的能量供应来源于有氧过程，因而能进行持续的长时间运动。

有氧运动是进行 4～5 分钟或更长时间的全身性持续运动，如耐力跑、慢跑、步行、骑自行车、划船、游泳等运动都是增强身体健康的有氧运动。

有氧运动强度用最大摄氧量的百分比来表示。因此，要知道个人的运动强度就应测定其最大摄氧量。什么叫作最大摄氧量？最大摄氧量是指在全身绝大部分肌肉参与并进行激烈运动时，身体机能达到最高水平时所摄取的氧量。采用活动跑台或功率自行车测定最大摄氧量时，直接测定最大摄氧量受到各种仪器、技术及实验条件的限制。在实际运用中，可采用运动中的心率和 12 分钟跑等间接测试方法。心率（或脉搏）和摄氧量在一定范围内呈直线相关，此外年龄不同，最大摄氧量也不同。年龄与心率也存在相关，年龄越小最高心率值越大，如老年人心率为 150 次 / 分接近其最大心率；而 20 岁年轻人运动强度为 70%的心率为 150 次 / 分，相当于 60 岁以上的 95%运动强度。运动中的心率与运动强度的关系因个体差异存在不同。

所谓 12 分钟跑是指测定 12 分钟内所跑距离的一种测定方法（参见第四章）。从跑的成绩可查出运动强度。在进行 12 分钟跑测试前，受试者应进行身体检查，如果其平时不习惯于跑，测定则无意义。不同年龄人在运动中可根据自己的主观感觉参照 RPE 量表查出心率及最大摄氧量的百分率（表 5–3）。

表 5–3 主观运动强度（RPE）的自我监控

RPE	强度% $\dot{V}O_2max$	强度感觉	每分钟脉搏数				
			60	50	40	30	20（岁）
–19	100%	非常非常累	155	165	175	185	190
–18							
–17	90%	非常累	145	155	165	170	175
–16							
–15	80%	累	135	145	150	160	165
–14							
–13	70%	稍累	125	135	140	145	150
–12							

续表 5-3

RPE	强度% $\dot{V}O_2max$	强度感觉	每分钟脉搏数				
			60	50	40	30	20（岁）
–11	60%	稍轻松	120	125	130	135	135
–10							
–9	50%	非常轻松	110	110	115	120	125
–8							
–7	40%	非常非常轻松	100	100	105	111	111
–6							
–5	30%	特别轻松	90	90	90	90	90
–4							
–3	20%		80	80	75	75	75

（引自伊藤朗，依作者修改）

实施运动处方时要考虑到强度和时间两个因素。如果强度过大，对于老年人和不习惯于运动的人来说，容易在运动中发生受伤等问题。反之，强度过小则没有效果。此外，持续时间过长易疲劳，过短则没有效果。

那么强度和持续时间哪一个更重要？从训练的效果来看，强度更为重要。研究通过一对单卵双生儿进行改变强度和持续时间的训练，即一人以最大摄氧量的 90%强度进行 6 分钟训练，另一人以最大摄氧量的 60%强度进行 9 分钟的自行车训练。每天进行一次训练，3 周和 9 周后观察训练效果发现，前者与后者比较，出现了 2 倍的训练效果。由此可以看出，如果用较弱的强度进行训练，想要得到较高的训练效果，必须持续较长时间。

运动处方中的运动强度根据不同的对象，可分为低、中和高三种强度。低强度训练是为平时不太运动的人而设定的。在分别以 70%最大摄氧量强度进行 5 分钟运动、60%最大摄氧量强度进行 15 分钟运动、50%最大摄氧量强度进行 30 分钟运动以及 40%最大摄氧量强度进行 60 分钟运动后，研究结果发现，超过最大摄氧量的 50%～60%后，无氧代谢的比例增大，血液中的乳酸浓度增加，同时血压升高，心肌的氧供应不足。因此，年轻人适宜以 90%最大摄氧量进行 5 分钟的训练处方；20 岁的年轻人适宜以 70%最大摄氧量强度，心率 150 次 / 分的运动处方；而老年人、肥胖人、心肌供氧不足的人（心电图的 ST 下降）、血压高的人以及糖尿病患者适宜以 50%最大摄氧量强度进行 30 分钟或以 40%最大摄氧量强度进行 60 分钟较弱强度运动。如 60 岁以上的老年人以 50%最大摄氧量强度运动时，心率为 110 次 / 分。而以 40%最大摄氧量强度运动时，心率则为 100 次 / 分。用这种强度进行运动，可以说不是跑步而是徒步走或快走运动。进行这种运动应从较长时间进行徒步走运动开始。

从低强度过渡到中等强度的训练过程因人群不同而异，年轻人用1～2个月的时间进行过渡期的训练，而心脏病、高血压的患者也有一直采用轻度持续的训练。

中等强度训练可采用80%最大摄氧量强度进行5分钟，以70%最大摄氧量强度进行7分钟，以60%最大摄氧量强度进行30分钟或以50%最大摄氧量强度进行60分钟的训练。在以80%最大摄氧量强度进行的训练中，无氧代谢占较大比例，因此这种运动处方适用于年轻人，此时的心率为165次/分。但作为年轻人的最适宜的训练强度应以70%最大摄氧量强度进行15分钟运动，而以60%最大摄氧量强度［相当于心率为120～130次/分（相当于慢跑速度）］应进行30分钟的运动。在长跑中这种慢跑叫作快乐健身跑（jogging）。若中老年人选择50%最大摄氧量强度进行30分钟的慢跑，心率则应为110次/分，此强度相当于1小时快步走的速度。

如本书作者进行每周2次5000米慢跑，时间大约为40分钟，跑中呼吸频率为一步一呼吸，并采用两步一呼吸来调整呼吸中的缺氧状态。运动强度控制心率130～140次/分，运动10分钟后心率进入130次/分水平，全程几乎控制在140次/分范围。此外，3次快步走5000米，时间大约1小时，心率为90～100次/分。5年来坚持这种运动，基本上能够知道自己跑或徒步走的步频和步幅、呼吸和心率的控制，将运动控制在有氧运动之中。

对于年轻人，进行高强度训练需要半年以上的时间，而对于中老年人则需要1年以上。高强度训练是以90%最大摄氧量的强度进行5分钟，80%最大摄氧量进行15分钟。70%最大摄氧量进行30分钟，60%最大摄氧量进行60分钟的训练。以90%最大摄氧量强度进行5分钟的训练，相当于年轻人心率170～175次/分时的快跑速度。在90%最大摄氧量以下的强度进行快跑，最多只能坚持约30分钟，相当于年轻人马拉松竞赛中的75%最大摄氧量强度状态。因此，青年人、中老年人用各自最大摄氧量的70%强度进行30分钟训练，年轻人心率为150次/分，中老年人为110～120次/分。以这种强度的跑，在跑中呼吸正常，心情特别好，是一种值得推广的运动处方。以60%最大摄氧量强度进行60分钟跑，是一种慢而长时间跑的运动处方。60分钟体育锻炼对于有时间的人来说当然是可行的，而对于一般较忙的公务员、教师、工人来说，除节假日外无法实现。

高强度的训练并非最大强度训练。对于运动员来说，比这种高强度的训练还要大。石河先生研究了21名40岁以上的马拉松爱好者，测定结果表明，在5000～10000米跑的中途是以82%最大摄氧量强度进行的，而后半时间则以88%最大摄氧量强度进行。经过长年训练发现，也有60岁以上的人进行训练，其效果并不弱于年轻人，但是高强度训练对于中老年不适宜，而中等强度是其最佳选择。

频率为一周中进行训练的次数。研究表明训练1次可有效果，而训练2次、3

次、6次其效果更明显。进一步观察每周训练6次和每周训练1次的效果显示，每日进行1次训练要比每周进行1次效果好。对于一般体力较低的人，没有进行过充分训练的人宜选择每周1～2次。经过充分训练后，可选择每周3～4次。运动员或希望进行高强度训练的人，适宜每天训练，由于进行激烈运动后，糖原的恢复需要24小时，因此，即使再增加频率也不会有更好效果（像每天进行2次训练等）。

（2）间歇训练和无氧运动

有氧运动的能量消耗主要来源于慢肌纤维的糖原，而快肌纤维的糖原则不消耗，因此这种运动不能训练到快肌纤维。而当运动所需要的氧量超过最大摄氧量时，则以无氧代谢为主，快肌纤维参与运动，此时为无氧运动。无氧运动与50%～60%最大摄氧量或以下强度的有氧运动相结合形成慢肌纤维与快肌纤维的组合，在这种运动中，间歇期间的氧债渐渐减少，心率为120～150次/分以下，心输出量也逐渐减少，心肌收缩力量减弱。当心率下降时由间歇期的有氧运动转入无氧运动，心率增加。

在间歇训练中，快、慢肌纤维都被募集，通过有氧运动改善了心输出量和线粒体内酶的活性，同时通过无氧运动也改善了无氧酵解供能能力。研究表明，单卵双生子进行相同量的自行车渐增负荷运动（有氧运动）和间歇运动，在10分钟的运动中并未见到其最大工作量和最大摄氧量有差异性变化。因此间歇训练具有无氧训练和有氧训练两种训练效果。但应注意的是，因间歇训练中含有无氧训练对年轻人和有体力的中年人可采用，而对中老年人不适宜。

运动时间不超过10分钟的全力跑是一种以无氧供能为主的无氧运动，在其训练期间可插入几次间歇训练进行反复跑。这种训练不但能提高有氧供能能力，也能提高无氧供能能力。快肌纤维参加的运动对增强力量、速度和爆发力具有很好效果，但运动时间短，不能增加最大摄氧量。研究指出，青年男子组进行5秒的快速跑训练，间歇25～55秒，进行20～40次，每周训练3～4次。8周训练后，其体重、大腿围、肌力、垂直纵跳、蹬台阶速度（测定法）、25米快跑成绩均明显提高，而且高能磷酸化合物有关酶的活性（如ATP酶、CP等）也增强，但最大摄氧量和快肌纤维的比例并未改变。

无氧训练比较适宜青年人，而老年人应该避免，因为这种运动易造成损伤，且在运动中血压快速上升可导致危险增加。

2. 局部运动

局部运动是指使身体某一部位进行的运动。其能量代谢较少，因此不需要大量动员呼吸循环机能。这种运动持续时间的长短依局部运动肌肉的负荷强度所决定。局部运动可分为动态和静态两种。动态运动是指肌肉反复进行收缩和放松的运动。肌肉在舒张时血液停留在肌肉中，肌肉收缩时则将血液推出经静脉返回心脏，因此具有促进局部血液循环和消除疲劳功能，被称为“肌肉的唧筒作用”，广播体操便是这种运动。

静力性运动是指肌肉持续收缩的运动。静态肌力（通常称为肌力）的运动强度用最大肌力的百分率（%）表示；在进行动态运动时，用最大限度的反复次数（最大反复次数）表示。为增加肌肉力量，常采用最大反复次数30次以下的运动，例如单杠引体向上练习。采用杠铃或其他举重项目进行练习时，可通过增大负荷重量减少反复次数，提高上肢和肩部肌力。

而为促使血管发达、增加肌肉抗疲劳（发展肌肉耐力），可采用比较轻的重量负荷、反复60次以上，并能维持较长时间的运动。例如研究通过以最大肌力的1/4、1/3、1/2负荷进行前臂运动直到力竭，1天1次，每周6次，结果表明以最大肌力的1/4负荷进行训练可获得最好的效果。

在无负荷状态下进行训练是没有效果的，因此适宜的负荷非常重要。长跑运动是以腿部支撑身体跑的运动，该运动中运动员的上肢是在无负荷条件下做摆臂运动，因而其耐力并没有增加。在增加肌肉力量和耐力训练中，负荷大小是不同的。因此，训练需考虑这两种因素。

穆勒（Muler）和赫廷（Hetting）研究了对抗阻力的静力性运动，受试者在座位上进行腿部伸屈运动，结果表明：

（1）负荷强度在最大肌力40%以上；

（2）单次运动时间以最快速度（2～3秒）进行，持续时间是最大收缩时间20%以上；重量负荷则为最大肌力的2/3。

（3）每天进行一次训练。

进行静力性运动时，由于肌肉收缩压迫末梢毛细血管而增加了血管阻抗力，因此对血压高的人不利。但这种运动负荷较轻，且容易进行，因此即使在家中亦可进行从而提高肌肉力量。目前，动力性阻抗运动（保持一定量的动静相结合肌肉力量练习）对防止中老年人骨质疏松非常重要。目前对于动力性阻抗运动能否改善高血压仍有争议，有可能某种运动处方可改善高血压。

3. 其他运动

循环训练是摩甘（Morgan）等人创建的一种运动训练方法（图5-1），即采用一组持续运动，内容包括6～12种项目，运动项目间无间歇，共进行3组。在制定运动处方时，运动时间为1分钟（或30秒）的项目也可反复几次。运动训练效果可由完成相同运动量所使用时间的多少来评定，时间少则运动能力提高。由于在这种循环训练中，每一种运动项目大多选择最大反复次数为30～40次，因此是提高肌肉力量、肌肉耐力的适宜训练方法；并且项目间无间歇，身体各部分肌肉运动一个动作接着一个，也是一种能提高呼吸循环机能的全身训练方法。然而这种训练具有时间短、强度大的特点，体力弱的人进行一组运动后便不能继续而停止。

图 5–1 循环训练项目

(引自：Morgan，R.E. and Adamson. G. T.，1957)

体育活动是利用休息时间进行的，一种保持心情愉快的运动。而竞技运动是一种以战胜对方、以提高运动成绩为目的的运动。因此，后者动机非常明确，运动员训练具有拼搏的特点。一般的体育活动，锻炼者是非常愉快地参与其中，因而可消除精神疲劳，且有规律进行这种活动还可增强体力。

进行体育活动应该考虑到参与者的爱好、活动设备、场地、朋友参与以及体育项目的难易程度。不喜欢竞技体育活动的人，可以选择在野外自然环境中进行体育活动，如登山、郊游、自行车、滑雪、野营等。

运动作为治疗的辅助手段，在临床上越来越被重视。对于某种疾病并不只是服药，采用运动处方可有效改善其愈后的身体状况。目前下列疾病均采用康复运动。

(1) 心脏疾病。(2) 肢体不自由：脑性麻痹、脑中风、外伤引起的脊髓损伤、骨折、髋关节脱臼等。(3) 糖尿病。(4) 精神病。

由于病情不同，且病的轻重不同，因此运动处方应因人而异，制定适合个人的运动处方使其早日恢复健康。长期卧床患者可出现意志消沉，同时体力下降，对于这些患者所实行的运动处方需在专门的医院和康复医疗设施中实施。

二、健身运动的生理学基础

健身运动的生理学基础是有氧运动。有氧运动增进人的健康体力，这种运动是以下肢运动为主，并维持一定的运动强度，可刺激呼吸循环系统，促进新陈代谢，与此同时能协调上下肢和躯干平衡，增强身体健康。有氧运动有以下效果：

1. 改善呼吸循环系统机能

健身运动可增进摄氧能力，提高最大摄氧量。虽然最大摄氧量受遗传因素影响较大，但仍可通过后天的健身运动得到改善、提高。研究表明，健身运动可提高最大摄氧量的20%～30%，原因可能是运动可提高和改善最大通气量、一次通气量和氧的摄取率，同时改善呼吸效率。此外红细胞和血流量增加，也可提高氧的运输能力。

健身运动可以增大心脏重量、容积。所谓“心肌肥大”就是有氧训练的效果，表现为左心室容积增大，心脏机能改善，每搏输出量增加，安静时、最大运动时的心率减少；同时还能降低动脉血压，增加红细胞和血流量，提高氧运输能力。

2. 改善肌肉机能

运动训练效果受性别、运动形式等影响。力量训练可获得明显效果，即产生肌肉肥大，主要是肌纤维肥大，结缔组织肥厚，即肌纤维增殖现象。肌纤维包括快肌纤维和慢肌纤维，力量训练可明显地使快肌纤维增粗（快肌纤维是发挥速度和力量的肌纤维）。然而训练只能增加肌纤维的横截面积而不能增加其数量。此外训练还可使毛细血管增生，血压稳定，改善有氧供能、肌肉力量及耐力，提高肌肉弹力，增加关节活动范围。

力量训练可导致肌肉肥大，非肌肉量增大。在力量训练的最初阶段，肌纤维并没有增大，而是由中枢神经传出的神经冲动增加。这是由于注意力集中，激活并参与运动相关较低的肌纤维，提高肌纤维活动水平。肌肉力量增大具有一定限度，在力量训练的最初阶段，生理作用所占比重较大，在力量训练的后期阶段，心理作用所占比重较大，因此在生理和心理限度范围内改善肌肉机能均是有益的。

3. 减肥效果

健身运动可减少血脂、胆固醇浓度，减少体脂肪和改善胰岛素敏感性。

4. 预防骨折

健身运动可维持骨量，延迟骨质疏松和增强肌肉韧带的柔韧性。

5. 消除疲劳

运动具有消除疲劳的作用，使人感到轻松愉快。

三、锻炼身体的原则

锻炼身体的训练原则至今尚未统一，除身体状况外，还受时代和社会体制的影响。要想获得健康的身体，训练需遵照科学知识，采取有规律的循序渐进的方法。奥佐林（Ozolin）的训练原则如下。

（一）训练原则

1. 全面性：训练以发展心、身平衡为目的，不能单一发展。尽量考虑有节奏的活动。

2. 自觉性：本人应自觉实行训练的目的和方法。

3. 渐进性：开始训练时运动量要小，随着体力增加应逐渐增加训练强度、持续时间和频率。

4. 反复性：训练一次没有效果，要有规律、反复进行训练。

5. 个别性：训练要有个体差异、个别对待。

6. 超负荷（over load）：这种训练方法对于竞技运动员是最基本的训练原理。没有超负荷训练就不可能提高运动能力，而对于健康体力的人，则需要坚持适宜的超负荷原则。

（二）时间、强度和频度

强度是指运动的强度，时间是指一次持续运动的时间，而频度则是指单位时间内重复的次数。健身活动内容可随着时间和次数变化。我们应根据这三种条件进行组合，制定最佳健身训练计划。持续训练可提高健康体力，在一段时期内有计划地进行健康体力测试，监测身体各项健康体力指标的变化，根据所测试结果制定新的超负荷训练计划。

（曹家凌，肖国强）

第六章 运动与营养、能量代谢

【提要】人体的营养物质包括糖、脂肪、蛋白质、无机盐和维生素等，其中糖和脂肪为运动时的主要能源物质。无氧供能系统包括非乳酸供能系统和乳酸供能系统。在有氧供能系统中，糖原、脂肪是主要的有氧代谢供能物质。运动时有氧代谢和无氧代谢同时存在，或以有氧供能为主，或以无氧供能为主。有氧、无氧供能系统同时存在，相互作用，为肌肉收缩和 ATP 再合成提供能量。

一、营养及其作用

人体的营养物质包括糖、脂肪、蛋白质、无机盐和维生素等。其中肌肉收缩时的供能物质是糖、脂肪和蛋白质。通常蛋白质作为供能物质极少，主要是糖和脂肪作为运动时的能源物质。身体发育和组织消耗的补充物质是蛋白质、脂肪和无机盐，而对身体调节及代谢起重要作用的是无机盐和维生素。无论哪种营养物质都具有其所特有的作用，因此我们每天必须摄取充足而平衡的营养物质，我们将每天应摄取的营养物质量称为营养需要量。营养需要量因年龄、性别及身体活动量等的不同而异。

葡萄糖是糖在血液中的存在形式，过多时可通过合成糖原储存在肌肉（肌糖原）和肝脏中（肝糖原）。空腹时正常的血糖浓度为 3.61～6.1mmol/L，过多便合成脂肪储存在脂肪组织中。每克糖的能量为 4kcal。糖被脑和神经系统作为唯一的能源。

脂肪可由食物中的糖、脂质和蛋白质合成。即使不摄取脂肪，只吃米、面食物和水果，多余的能量也可在体内合成脂肪，作为脂肪组织储存于体内。为使肌肉量增大，过多摄取的蛋白质也可转变为脂肪存在体内。1 克脂肪在体内氧化可产生 9kcal 能量，约是糖和蛋白质的 2 倍。脂肪组织并不全部是脂肪，还包含有细胞膜等实质部分，脂肪占脂肪组织约 85%。

蛋白质和糖质、脂肪不同，在体内不能完全分解。蛋白质中的重要成分是氮，可由尿、粪便、皮肤、毛发等排出体外。在体内蛋白质保持动态平衡，称为氮平衡。蛋白质是构成肌肉、组织的重要成分，其分解和合成同时进行。1 克蛋白质产生的能量为 4kcal。

水并不是营养素，但水在输送营养物质和代谢产物的过程中起着重要作用。水的代谢极为重要。水在体内不能转换成能量，所以水不能转变为脂肪。

二、身体运动的能源

运动时肌肉收缩的主要能源是糖和脂肪。我们可用呼吸商的变化说明运动时的能源物质。呼吸商是指单位时间内所呼出的 CO_2 和吸入 O_2 的比值。由安静到中等强度慢跑的运动中，呼吸商由安静时 0.75 逐渐上升到 0.85 左右。呼吸商在 1.0 以下持续稳定时，表明体内以有氧供能为主，其中糖和脂肪各占一半。随着运动强度逐渐增大，呼吸商也变大，逐渐变成 1.0，此时机体表现为 100%的糖供能。如果运动强度继续增大，达到最大有氧运动能力时，呼吸商可达到 1.1 以上，此时供能物质以糖供能为主，并伴随着缺氧状态。近年来，减体重的健身运动更加引人注目，中等强度运动可使体脂肪燃烧，达到减肥的目的，因而应将运动时的呼吸商控制在 1.0 以下。脂肪的燃烧需要一定的时间，在持续 1 小时以上的中等强度运动中，运动开始前 20 分钟糖和脂质的利用率各占一半，随着运动时间的延长，脂肪燃烧比例逐渐增大。因此，保持健康体力的运动时间应持续在 20 分钟以上，或在 40 分钟左右。这种运动以有氧供能为主，无氧供能很少，每升血液中血乳酸浓度可维持在 2 毫克分子，同时可减少体脂肪量。

在步行运动中，若每分钟消耗 1 升氧，排出 CO_2 量为 0.85 升，则呼吸商为 0.85 时，此时糖和脂质的燃烧比率各为一半，消耗 1 升氧产生能量为 4.86kcal，则 1 小时步行消耗 60 升的氧相当于 291.6kcal 能量。1 克脂肪组织的供能为 7.7kcal，1 小时的步行可减少 18.9 克脂肪组织减少 36.5 克糖。事实上，长时间持续运动由于脂肪的利用率增加，会出现脂肪组织的减少量稍稍增加。

三、能量的产生

人和动物一样，从外部摄取食物，经过消化、吸收、储存和消耗，以维持其生命活动。在社会高度发达、物质丰富生活水平提高的今天，运动时的能量消耗率成为新的研究问题。下面我们谈谈运动时能量如何消耗。

运动离不开骨骼肌收缩。肌原纤维是组成肌细胞（肌纤维）的重要成分，其含有粗微丝和细微丝，两者互相平行交叉排列。当肌肉收缩时，细微丝向粗微丝方向平行插入；肌肉放松时，细微丝返回原位。骨骼肌收缩时需要能量供应，其能量来源于储存在肌肉中的能源物质，包括肌糖原、脂肪等以及直接供能物质三磷酸腺苷（ATP）。这些能源物质在分解过程中释放能量，供身体运动。

肌肉收缩时，在能量供应过程中包括需氧和不需氧两种形式，前者称为有氧过程

(aerobic)，后者称为无氧过程（anaerobic）。如果肌肉收缩时能量供应只是通过有氧过程，我们的很多活动都将受到限制。如 100 米跑和短距离游泳运动员在出发之前，只做了几次深呼吸，肺和血液中的氧量，甚至全身氧量也不过 2 升，像这种运动实际所利用的氧量是极少的，因此仅通过有氧过程无法完成，而绝大部分需依靠无氧供能作用。

（一）ATP 供能

肌肉收缩时的直接能源物质是 ATP。ATP 的三个磷酸中有两个高能磷酸，一个普通磷酸（无机磷酸，pi）。ATP 分解成 ADP（二磷酸腺苷）和无机磷酸，放出能量供肌肉收缩。这一过程是在无氧条件下进行（表 6–1）。

表 6–1　肌肉收缩时能量供应的过程

无氧过程（在肌细胞浆内）		
ATP	$\underset{}{\overset{\text{ATP 酶}}{\rightleftharpoons}}$	ADP + Pi + 能量（肌肉收缩）
2ADP	$\overset{\text{MK}}{\rightleftharpoons}$	ATP = AMP
CP	$\overset{\text{CPK}}{\rightleftharpoons}$	C+Pi + 能量（ATP 再合成）
葡萄糖（糖原）	$\longrightarrow$	2La + 能量（ATP 再合成）
有氧过程（在线粒体内）		
食物（糖原、FFAD 等）+ O_2		CO_2 + H_2O + 能量（ATP 再合成）
MK：肌激酶		
CPK：磷酸肌酸激酶		
La：乳酸		
FFA：脂肪酸		

（二）CP 供能

在肌肉中除了 ATP 之外，还有一种高能磷酸物质为 CP（磷酸肌酸）。在 ATP 分解为 ADP 之后，CP 可分解为 C（肌酸）和无机磷酸，放出能量供 ADP 合成 ATP，这一过程也是在无氧条件下进行。虽然肌肉中 ATP 的含量有限，但 ATP 可以再合成，因此在激烈运动中，ATP 不会减少，但 CP 会随着运动强度增加而减少。

（三）糖原供能

糖原是体内的另一种供能物质，在肌肉中占1%以上。糖原的分解包括无氧过程和有氧过程。前者为无氧分解，即糖原在分解过程中经6或7个环节后，形成丙酮酸，放出能量供ATP再合成，是肌肉收缩的间接供能物质。糖原开始分解成葡萄糖时，1毫克分子葡萄糖可形成2毫克分子乳酸，放出约57 kcal热量，其中1/3被利用于高能磷酸的再合成。这种化学变化过程可以从肌肉中乳酸的增加以及乳酸进入血液引起血乳酸增加的现象中看到（参见表6-1）。在强度小的运动中，肌肉或血液中的乳酸浓度增加不多，表明肌肉中氧供应比较充足。

人体在运动时所需要的氧量超过本人最大摄取氧能力（最大摄氧量）的50%~60%，乳酸浓度就会急剧增加。肌肉中乳酸浓度高于血液中的乳酸浓度意味着乳酸由肌肉向血液中移动。乳酸是酸性代谢产物，其浓度的增加是有限的。因此，运动时血乳酸浓度达到安静时的10倍左右，人就很难继续进行运动。

糖原在有氧条件下，由丙酮酸经有氧氧化与辅酶A（Coenzymed A，COA）结合，形成乙酰COA，并在线粒体中进入Krebs的回路，经电子传递系统，最后完全氧化分解成水和二氧化碳，放出能量供肌肉收缩。由糖原分解成葡萄糖时，1毫克分子的葡萄糖完全氧化所产生的能量约为690 kcal，其中400 kcal的能量以高能磷酸形式存在于39毫克分子的ATP之中。糖原在有氧氧化过程中所产生的能量是无氧氧化过程的13倍。在有氧氧化过程中所产生的CO_2通过呼吸排出体外，而水通过呼吸或尿排出体外。总之，糖原依是否有氧气参与为条件进行有氧或无氧分解，所放出的能量供ATP再合成。糖原是肌肉收缩的间接供能物质。

（四）脂肪供能

脂肪也是供能物质。在有氧条件下，脂肪要经过有氧氧化过程分解成水和CO_2，放出能量供ATP再合成。因此，脂肪也是肌肉收缩的间接供能物质。脂肪在分解过程中，首先分解成脂肪酸（FFA）和甘油，脂肪酸在线粒体内经β氧化生成乙酰辅酶A后，再经三羧酸循环释放出大量能量供ATP再合成。

脂肪和糖原不同，其只进行有氧分解而不进行无氧分解。蛋白质也可作为能源物质利用，但一般在运动时几乎不被利用。在运动中需要大量能量供应时，ATP、CP这些具有高能磷酸化合物被首先分解。可见ATP是直接供能物质，而糖、脂肪是间接供能物质。

如上所说，ATP再合成的能量来源于有氧和无氧，也就是说使用氧的ATP再合成是有氧再合成，使用无氧的ATP再合成是无氧再合成。这样的理解容易造成我们的误解，即在无氧条件下使ATP再合成，其组织处于无氧状态，这种运动就是无氧运动。事实上，在机体不使用氧的情况下，ATP 的再合成也在进行，并且组织也不一定缺氧。此外组织即使在有氧情况下，不使用氧的糖酵解供能也可使 ATP 再合成。实际上我们的身体并不缺氧，线粒体是有氧氧化的主要部位，在相对氧不足的状态下，糖酵解供能使 ATP 再合成也在进行。健身运动应实施有氧运动，健身强度宜选择“无氧阈”的运动强度，约为 60%最大摄氧量，心率在每分钟 120～150 次 / 分，在这种低运动强度中，乳酸浓度也在 2～4mmol/L。然而在最大摄氧量达到较高水平的运动中，乳酸堆积很多，这是由于肾上腺素的大量分泌，使糖分解加强，导致乳酸浓度升高，因此可见乳酸的生成不仅仅是因为缺氧，还受其他因素的影响。

四、能量的供给机构

人体运动时的直接供能物质及能量供给机构如图 6–1、图 6–2 所示。无氧供能系统包括非乳酸供能系统和乳酸供能系统。非乳酸供能系统也称为 ATP–CP 供能系统。此系统在无氧的条件下供能，使 ATP 再合成，表现为瞬间供给大量的能量，但其量极少，适合于供能最大强度运动时约 8 秒，如跳跃、投掷、短距离冲刺等大强度运动。乳酸供能系统是指糖原在没有氧的状态下分解成乳酸，释放能量供 ATP 再合成，称为糖酵解（glycolysis）。其并不像非乳酸供能系统那样能产生巨大能量，且供能时间极短，30～40 秒的激烈运动后便消失，成为中距离跑运动的主要能源，在足球、篮球等竞技运动中也是重要的能源。如果乳酸堆积过多，则阻碍肌肉收缩，而运动结束后，乳酸在肝脏中合成糖原，一部分在心肌和骨骼肌中作为能量被利用。有氧供能系统是指糖原、脂肪和蛋白质在肌纤维的线粒体中经三羧酸循环，结合氧分解出水和 CO_2 而产生能量。这一过程是人活动的最基本供能系统，供能时间可达 2～3 分钟，成为长跑和休闲体育活动的主要能源。充分发挥有氧供能系统的作用对于维持和增进健康具有重要作用（表 6–2）。上述运动时肌肉收缩的能量供能系统虽然分工明确，各自发挥不同作用，但实际运动时，它们是同时存在，或以有氧供能为主，或以无氧供能为主。有氧、无氧供能系统同时存在，相互作用，为肌肉的收缩和 ATP 的再合成提供能量。

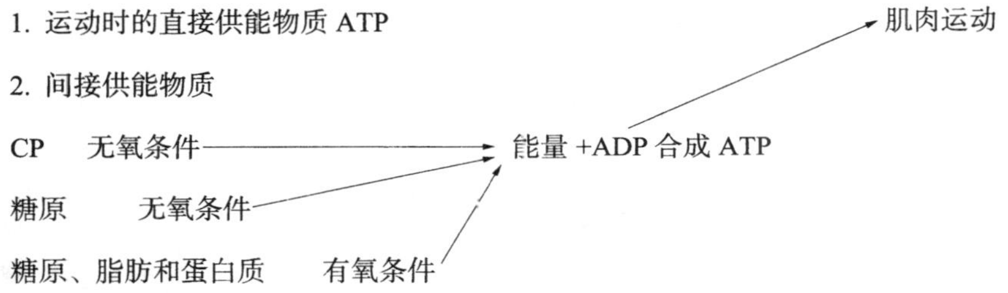

图 6–1　肌肉运动时的能量供应

- 供能系统
  - 无氧供能系统
    - 非乳酸供能系统：ATP–CP
    - 乳酸供能系统：糖酵解
  - 有氧供能系统：糖原、脂肪和蛋白质

图 6–2　能量的供给系统

表 6–2　能量供应系统的特征

非乳酸能量的供给机构	乳酸能量的供给机构	有氧能量的供给机构
无氧	无氧	有氧
非常快	快	慢
CP	糖原	糖原、脂肪、蛋白质
使 ATP 再合成能量极少	使 ATP 再合成能量少	使 ATP 再合成能量极大
在肌肉中储存量少	代谢产物乳酸易产生肌疲劳	疲劳代谢产物少
适于短跑、跳、投掷等爆发力的短时间运动	适于 1～3 分钟的运动	适于长跑和长时间的运动

（引自：Fox，1979）

如图 6–3 所示，运动过程中不同功能区域反映运动时的强度、时间与能量供应的比例关系。①区是运动时间在 30 秒以内的运动，②区为 30 秒 ~1 分 30 秒的运动，③区为 1 分 30 秒 ~3 分钟的运动，④区为 3 分钟以上的运动。随着运动时间的延长，有氧供能系统供能比率越大，相反，时间越短非乳酸供能系统供能比率越大。在爆发力的运动中，非乳酸供能系统参与比率越大，反之氧供能系统参与比率越多。时间很短或很长的运动，非乳酸供能系统或有氧供能系统可单独发挥作用，而乳酸供能系统却不能单独发挥作用，可见有利于健身运动的运动区域在④区。

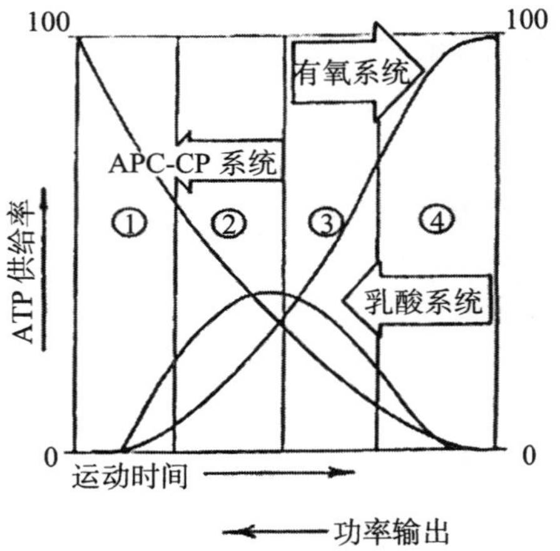

图 6–3　运动过程中不同功能区域

（引自：Fox，1979）

（曹　姣）

第七章 运动与循环系统

【提要】循环系统由心脏和血管组成。循环系统的中心是心脏，通过心脏的收缩和舒张、动脉血管的弹性以及血管内的静脉瓣膜作用维持血液循环。主动脉管壁弹性、心脏收缩力大小、小动脉管壁弹性（外周阻力）以及血流量变化是形成动脉血压的主要因素。体育锻炼对于增强心脏及血液的运输功能、维持正常血压具有重要作用。

一、心脏

以心脏为起点的循环系统可分为大循环和小循环。大循环也称为体循环，动脉血由左心室射入动脉血管输送到全身，并将静脉血返回到右心房。小循环也称为肺循环，由右心室射出的静脉血，通过肺毛细血管在肺部进行气体交换，使静脉血变为动脉血返回左心房。

人体血量为体重的6%～8%，成人的血流量大约为5升。循环系统的中心是心脏，通过心脏的收缩和舒张、动脉血管弹性，以及被称为肌肉泵的血管内静脉瓣膜的作用维持血液循环。

人体在安静时不同部位的血量不同，运动时循环血量进行血液重新分配。随着运动强度的增加，80%的血量都集中在运动肌肉中。这是由于运动时骨骼肌做功而使内脏的循环血量逐渐减少所致。皮肤的血量虽增加，但达最大运动时减少。脑的循环血量不变（图7-1）。

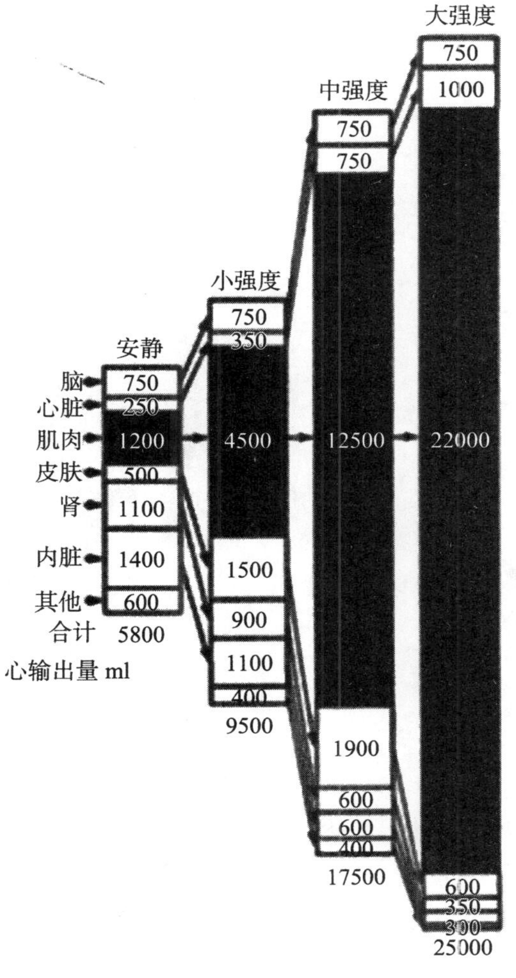

图7-1 安静时和不同运动强度时的血液分配变化

（引自：Chapman & Mitchell，1965）

如图 7–2 所示，心脏是由厚的心肌构成，其大小比本人的握拳稍大（250～300 克）。心脏由横纹肌构成，健康人安静时心率为 60～70 次 / 分，即心脏收缩 60～70 次 / 分。最大运动时成人心率可达 200 次 / 分，青少年可达约 220 次 / 分。心脏是由延髓发出的交感神经和副交感神经支配，两者的作用相反，也就是说心脏的活动是由交感神经的兴奋、副交感神经的抑制共同完成。心脏的兴奋是由窦房结起搏，通过自动节律性装置将兴奋传导心房和心室，因此心脏具有自动节律性传导特征。如果我们不通过骨骼肌的收缩，而是自己想象使心率上升到 120 次 / 分以上或下降到 50 次 / 分以下是很难办到的。心脏由于存在自动节律性传导装置，因而其跳动节奏不受主观所控制。长期坚持体育活动人的心脏跳动缓慢，产生“窦性心动徐缓”，即安静时的心率或最激烈运动时的心率都比一般人约少 20 次 / 分。心脏由两个心房和两个心室所构成。经常锻炼人的心室较大，特别是左心室壁较厚。马拉松运动员的左心室容量大，心输出量大；举重运动员左心室肥厚，心肌收缩力强；具有健康体力的人，安静时心率较慢，心肌收缩有力，每分心输出量增大，其原因可能与长期坚持体育锻炼可导致心副交感神经加强，心交感神经作用减弱有关。

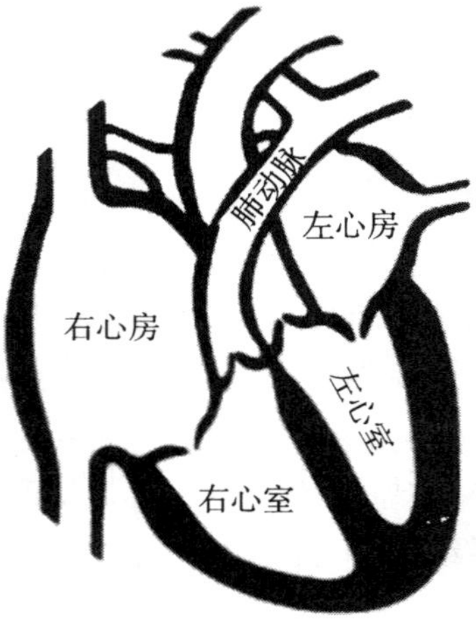

图 7–2　心脏的结构

从本质上讲，心脏是一耐力性肌肉组织，耐力性肌肉通过训练只能呈中等程度增粗。因此，即使经过长期大强度训练过的运动员心脏也不会变得很大。此外由于心脏是一个中空性器官，心壁肥厚不只是向外侧，也要向内侧，所以从外观很难看出心脏的大小变化，在这种情形下，即使采用 X 光线对心脏大小测试也不能做到正确判断。运动对人体心脏影响并不十分清楚，而研究大多通过动物实验来观察运动对心脏的影响以推测人体心脏的变化。动物研究发现，训练组的心脏要比无训练组的增大，重量也增加，由此可推测运动对人体心脏也能产生这种影响。研究表明，长期进行大强度运动可引起心肌肥大。心肌肥大可按下式判断：

心脏体重比 = 心脏的重量 / 体重

即使在同种类动物中，野生动物的心脏指数要比家畜的大。将野生动物圈起饲养，其指数减少。杂种犬的心脏体重比值要比格雷伊猎犬（Greyhound）的小得多。鸡的心脏小而飞鸟的心脏大。心脏也和其他肌肉一样，经过大强度的负荷刺激后可引起肌肉肥大。最早发现血液循环原理的威廉·哈维（Wiliam Harvey，1628）指出："人的强壮肌肉就像具有马力一样，身体肌肉坚韧而强壮，心脏粗壮而致密，布满丰富的纤维，心房和动脉厚实、强而有力。"人的心脏一定要经过大强度工作负荷才能肥大，但其过度负荷也会造成病理性瓣膜症现象。其原因首先是由于大动脉管壁狭窄、血流阻力增加，心脏必须增大工作负荷。其次是大动脉闭锁不全使心脏在扩张期发生血液逆流，心脏必须增加射血量，要求心脏必须付出过量的负荷，引起心脏肥大。

在不同的竞技比赛运动中，由于心脏瓣膜缺陷而引起心脏的过度负荷不同，其心脏肥大的程度也不同。1899 年瑞典亨申（Henschen）医生采用叩诊法，发现滑雪运动员的心脏都较大，提出了"运动员心脏"概念，并认为这种肥大的心脏是一种生理性现象。

阿尔伯特（Albert S.Hyman）博士介绍了 4 名运动员的心脏特征，他利用 X 线和荧光板画出心脏的位置，并让他们站在有刻度的板壁前照相，比较他们心脏的特征。如图 7–3 所示（正常心脏的容积为 A、B、C 者），可看出其与体重的大小有关。也就是说，一般身体大的人，其心脏也大。D 者的心脏大小却与身体大小不一致，这是病理性心脏扩张的结果。然而 D 者在运动结束后，心脏变为更大。这些人的心脏对于运动的反应并不同，从心脏–心指数（心脏影面积与体表面积的比）观察到，除 D 者的心脏 35%为病理性扩张外，其余的均正常。70 岁老人克拉伦斯（Clarence De Mar）在去世之前一直坚持长跑，死后的解剖结果表明他具有一个健康的心脏。

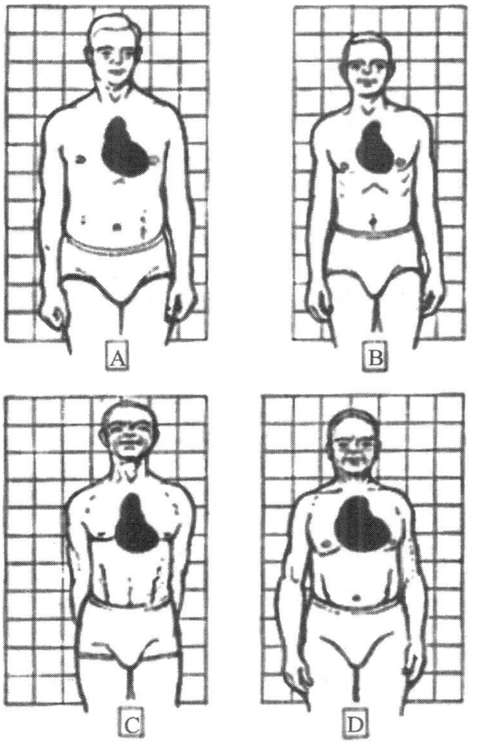

图 7–3　运动员心脏

（引自：P.Karpovich.Sinning，1971）

心脏过度扩大可造成心脏疲劳现象，推测可能是由于疾病使心脏功能减弱。但大多数研究者认为，健康的身体不会因身体训练而导致心脏损坏。心脏的疲劳并不是由于长期肌肉工作的累积造成病理性慢性心脏疲劳。心脏肥大只是心肌的发达，也就是运动性肥大。但是研究认为，激烈的身体运动可引起急性心脏疲劳。人们担心身体活动会引起心脏疲劳，甚至激烈运动可导致死亡，然而具有健康心脏的人，若不进行身体活动心脏功能可能减弱，而进行身体活动可防止其这种现象出现，使心脏更加健康。

研究表明，长期坐办公室及司机人群中，心血管疾病者多于体力工作者，这是由于不爱运动的人血浆胆固醇含量高的原因。血浆中的胆固醇在血管内膜积聚形成块状，部分阻止了血液流通，使血液凝固形成血栓，这种现象成为“动脉粥样硬化症(atheroma)”。

运动不足并非是引起动脉粥样硬化的唯一原因，如女子比男子活动少，而其动脉粥样硬化患病率却比男子低。至今动脉粥样硬化的原因并不完全清楚，但可通过减少胆固醇的摄取量，摄取植物性的不饱和脂肪防止动脉粥样硬化。此外，精神疲劳也可以改变身体内部的化学变化过程。合理控制饮食并进行身体活动可使胆固醇水平降低，防止和降低动脉硬化引起的心血管病的发生。

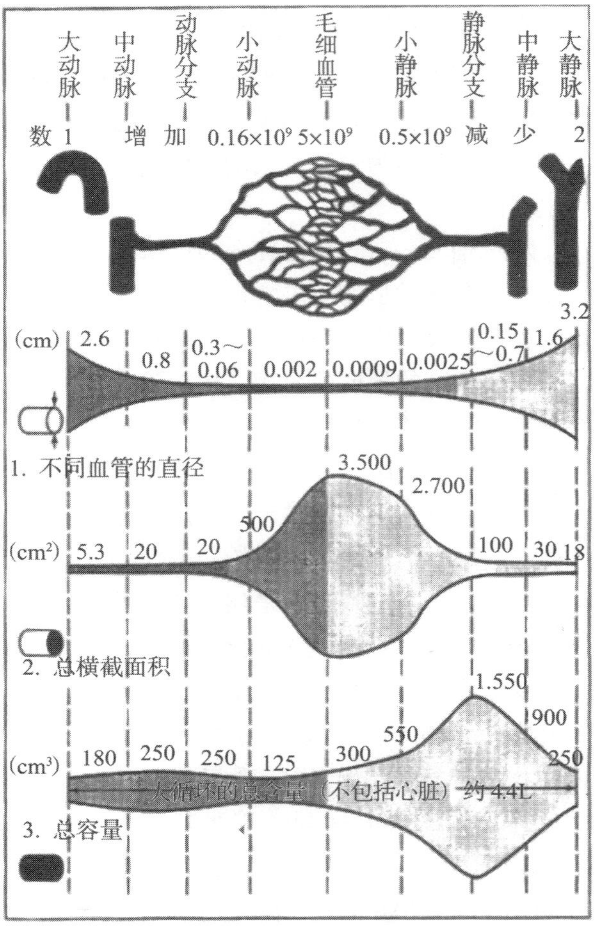

图 7–4 不同血管、横截面积和容量

（引自：Siberrang & Dsspoulos，1992）

二、血管系统

血管系统的特征如图 7–4 所示。由左心室射出的血经大动脉、中动脉、小动脉进入毛细血管。血液由心室射出，由于动脉血管的弹性回缩、小动脉的外周阻力，使血液不断地流动循环。毛细血管缺乏这种动力，毛细血管的血流量少，但数量多、横截面积大，血流速度变慢有利于气体交换。静脉血管接近体表，血管壁薄，容易被挤压。静脉血管为防止血液滞溜和回流，静脉瓣膜发挥作用，在肌肉的挤压作用下，使血液不停地送回心脏。

三、血液

血液由血浆和血细胞组成。血浆占血液的 55%，几乎是水构成的液体。血细胞由红细胞、白细胞和血小板所组成。正常男子红细胞平均值为 500 万 /mm^3，女子为 450 万 /mm^3。成人男子血红蛋白正常值为 120~160g/L，女子为 110~150 g/L。进入血液中的氧绝大部分与红细胞中的血红蛋白结合为氧合血红蛋白（HbO_2）被运输到组织。在动脉血中 1 克血红蛋白可结合 1.34 毫升氧，因此，100 毫升动脉血中氧含量大约 20 毫升。在组织中的氧被消耗，静脉血中氧含量减少。动脉血与静脉血氧含量的差称为动静脉差，可作为反映各器官组织活动程度的指标。肌肉中的动静脉氧差在安静时为 5ml/dl，最大运动时为 18ml/dl。

运动时肌肉中产生大量的二氧化碳（CO_2），大多数以重碳酸盐的形式存在，其他的与 Hb（血红蛋白）、血浆蛋白结合，通过静脉血运送到肺部分解成 CO_2 排出体外。

血红蛋白与一氧化碳（CO）结合力很强，吸入少量的 CO 可影响血红蛋白与氧的结合。因此，不吸烟可防止氧的运输机能下降，保持健康体力。

四、氧的运输

人体获得氧的动力是氧分压。分压是指在混合气体中某气体具有的压力。氧分压随吸入气通过呼吸道进入气管、肺泡、动脉血和静脉血的结构顺序而下降。各气体在气体交换处，由各自的分压促使气体交换。通过血红蛋白氧的解离曲线，可以说明血红蛋白与氧的结合和分离关系（图 7-5）。当氧分压是 100 毫米汞柱（mmHg）时为动脉血的氧分压。而氧分压是 40mmHg 时为静脉血的氧分压。当血红蛋白氧饱和浓度为 100 时，表明动脉血中的氧含量为最大氧含量。动脉血氧饱和浓度为 98%或达不到 100%时，由肺动脉向肺静脉迂回流动。当静脉血氧饱和浓度为 75%时，可引导氧的运输方向。氧的解离曲线受温度的上升、CO_2 分压增加、pH 值下降等因素的影响，曲线向右移动。在大强度运动训练后，机体产生运动性疲劳，如果适当地吸入高浓度的氧，可出现疲劳明显改善甚至消除的生理现象。因此，健身活动后吸入高浓度的氧具有一定的积极性作用。

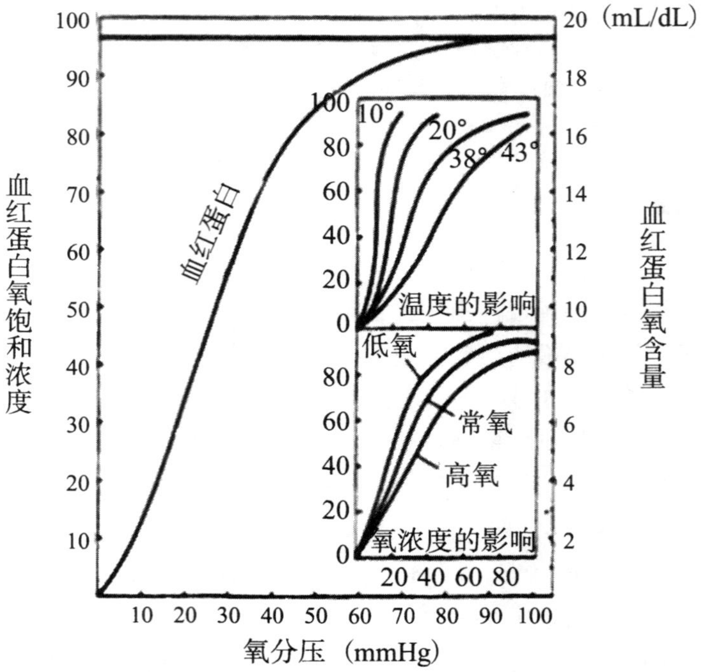

图 7–5　血红蛋白氧的解离曲线

(引自：宫下、石井编著，1983)

如图 7–5 所示，在海拔平原时动脉血氧饱和浓度几乎是 100%，超过此浓度血红蛋白也不可能再结合氧。在高原进行运动，氧分压即使下降，氧的饱和浓度并未立即下降。如在 1500 米高处氧分压下降，氧气稀薄，但血红蛋白氧含量并没有变化。因此，高原训练其高度宜选择在 2500 米左右，对于提高血红蛋白结合氧的能力具有很好效果。

五、心输出量

每分钟由心房或心室射出的血量称为每分心输出量 (Q)，由心室每收缩一次所射出的血量称为每搏输出量 (SV) (通常以一侧心室为单位)。

每分心输出量 = 每搏输出量 × 心率

= 每搏输出量 × 心率 × 动静脉氧差

每分心输出量是由每搏输出量和心率所决定。随着运动强度的增加，每搏输出量和心率在一定范围内逐渐增加。在中等强度中，每搏输出量可达到最高值，随后以心率的增加来增加心输出量。安静时正常人的每搏输出量为 70 毫升，心率为 70 次/分，则每分输出量为 5 升。人的循环血量大约 5 升，安静时全身血量在 1 分钟内可在全身循环一次。

心输出量受不同姿势的影响（表 7–1），坐位姿势的心输出量要比卧位姿势少 2L/min 左右，而站位姿势的心输出量较前两种姿势均少。其原因是由于重力作用使得由下肢的回心血减少。由于下肢的静脉回流滞留，使站立时的股动静脉氧差增加。长时间卧床不起容易引起脑贫血，其原因就是由于心输出量的减少。

表 7–1　仰卧位和站立位时心输出量的比较

	摄氧量 (ml/min)	肺动静脉氧差 (ml/min)	心输出量 (L/min)	股动静脉氧差 (ml/L)
仰卧位	263	37	7.1	41
站立位	266	53	4.4	123

（引自：Reeves et al. 1961）

身体姿势由卧位转入站位时，重力作用对心血管系统产生了上述作用，为了避免其对心血管系统影响，血管的运动神经活动性加强，腹部、脚部的血管紧张性增强，从而减少了这些部位血液和淋巴液的蓄存量。循环系统得到调节，血管变狭窄而使血液充分回流，以保证正常的心输出量。当人站立时，血液在腹部滞溜，而回心血减少。因此，长时间站立后，每搏心输出量减少，即使以心率增加也不足以满足正常心输出量水平，产生头晕、眼花和呼吸不适等现象。当出现心率加快刺激呼吸不适，可通过呼吸的调节（如呼吸短促），使机体获得氧，促使血液回流，减轻身体不适现象。此外，骨骼肌的收缩有助于挤压静脉血管，促进静脉回流。在静脉血管中有瓣膜（肌肉泵），可以防止血液倒流，使血液向心脏方向流动。

我们站在水漫踝部的水中，水的压力使踝部的毛细血管中蓄积的血液减少，同时腹部蓄积的血液也减少，人即产生非常舒服的感觉，这是由于回心血增加的原因。

人体在激烈跑步后突然停止运动，就会感到头晕、眼花甚至晕倒。其原因是因为在进行激烈运动时，血液重新分配，使全身大部分血液集中在活动的骨骼肌中，当突然停止运动时，肌肉的挤压作用消失，加之重力作用使回心血减少，导致心输出量减少，引起大脑缺氧，视网膜缺血，使人体产生头晕、眼发黑以致晕倒，这种现象称为“重力休克”。因此，在激烈运动结束后不要突然停止运动，应该慢慢减下速度。所谓运动结束后要进行整理运动，调整呼吸，其目的就是为了防止出现“重力休克”现象。一旦出现“重力休克”现象，应该继续进行小运动量的活动，或使其平躺仰卧，有利于血液回心。因此，保持健康的体力可加强机体对于站立姿势循环机能的调节能力。

在高温环境下，由于皮肤血管扩展，大量的血液集中在皮肤部位，每搏心输出量减少而心率增加。而在等长收缩运动中，例如静力性运动，由于肌肉的持续收缩压迫血管，引起血压上升。

在低氧环境下，由于氧脉搏（每搏输出量中的含氧量）减少，使心输出量增加。在这种环境中，低浓度氧的血液使末梢血管扩张，每搏输出量减少而心率增加，在运动中也会出现这种生理变化规律。

具有健康体力的人，有氧耐力比较好，安静时的每分输出量比一般人大，心率低。在进行激烈运动时，一般人每搏输出量、心率和每分输出量分别为 100 毫升、200 次 / 分和 40 升，而有氧耐力好的人则为 150 毫升、180 次 / 分和 30 升。表明三指标均受到训练的影响。有氧耐力好的人，等量运动负荷时或安静时各指标可出现能量节省化，而在进行最大运动负荷时，则以少的能量消耗发挥最大的能力。

世界优秀长跑运动员的最大心输出量为 35～40L/min。最高心率不受训练的影响，所以其每搏心输出量是常人的 2 倍（大约 200 毫升）。因此每搏心输出量的大小是影响有氧耐力性项目的一个重要因素。

每搏心输出量是由心室舒张期充满的血液量和心室收缩期射出血液量的力量所调节。根据斯塔林（Starling）的心脏法则，心肌的收缩力量与心肌纤维的初长度成正比，所以在舒张期心室的充盈度增加，心肌纤维可被拉长，增加每搏心输出量。

在激烈运动中，心肌收缩频率越高，心肌纤维并不能被充分拉长。因此，在心肌收缩期如果不能充分地射出血液，就不能增加每搏心输出量。

在运动中心肌的收缩力量主要受交感神经和儿茶酚胺等激素的调节。有氧耐力训练可提高心肌的收缩力量，同时也可改善神经系统和内分泌功能。

我们常用体重除最大心输出量的值来作为心脏功能指标。通过比较儿童和成人、不同国籍不同体格人的心脏功能发现，儿童时期的数值最大，随着年龄增长其数值逐渐减少。儿童时期因身体没有完全发育成熟，儿童进行运动时应该在充分保护的条件下进行，特别是在室外进行体育活动、游戏时，要充分注意运动环境的安全措施。通常认为儿童的心脏功能要比成人好，但儿童不要过早参加长距离运动（如马拉松跑），10 岁后参加有氧长跑较好。不同年龄时期的心输出量个体差异很大，确实也有心脏功能很弱的儿童，必须特别注意，不能强迫所有的孩子进行激烈运动。

六、血压

血压是指由心脏射出的血液对主动脉管壁的侧压。主动脉管壁的弹性、心脏收缩力大小、小动脉管壁的弹性（外周阻力）以及血流量的变化是形成动脉血压的主要因素。由于小动脉血管的阻力大，血流较慢血压急速下降，脉搏逐渐减少形成稳定血流。静脉系统的血压较小。在压迫上臂部位，阻止上臂的动脉血流后使压力逐渐减少，当血液开始流动时，听到动脉管壁的第 1 声振动声音时的水银血压计的高度（mmHg）称为收缩压（高压）。此后压力逐渐下降，声音逐渐变小，直到声音消失时的血压成为舒张压（低压）。安静时正常人的收缩压为 80～120mmHg，舒张压为 60～80mmHg，压差在 40mmHg 范围内。血压随心脏的收缩而变化，安静时心脏的收缩期比舒张期短，平均动脉压 = 舒张压 +1/3 脉压。不同性别年龄的血压平均值如表 7–2 所示。血压随年龄的增加而增加，年轻女性比男性稍低，老年人男女之间差别小。

表 7–2　不同性别、年龄血压的平均值（mmHg）

年龄		15 ~ 19	20 ~ 29	30 ~ 39	40 ~ 49	50 ~ 59	60 ~ 69	70 以上
男子	收缩压	118.1	123.0	128.0	132.5	139.7	145.7	146.6
	舒张压	68.3	74.0	80.2	83.7	85.8	85.5	81.8
女子	收缩压	109.5	112.5	116.4	127.6	137.4	143.4	148.6
	舒张压	66.1	67.9	72.5	78.4	83.1	83.7	81.1

（引自：世界卫生组织，1999）

（一）影响血压的因素

1. 心脏的收缩力

心脏的收缩力主要是指心输出量。心输出量的增加可加快血流速度，使血压增加。

2. 血管阻力

血管阻力增加时，血压如果不增加，血流就不能通过末梢毛细血管。血管阻力增加现象，表现在寒冷时血管收缩内径变细，以及动脉硬化时血管弹性下降、血管内粥状物堆积、血管内出现凹凸现象等均可导致血管内径变细，血压上升。

3. 血液水成分减少

由于血液水成分减少，红细胞增加，使血液和血管之间的摩擦阻力增加，导致血流阻力增加，如运动时大量出汗、脱水等。在海拔水平面训练，红细胞数量几乎不变，而进行高原训练可增加红细胞数量，导致血流阻力增加。

4. 过量摄取盐

过量摄取盐大量饮水后，血液量增加可导致血压上升。

5. 外界因素

外界因素包括环境、气候、食品等。

6. 主观因素

主观因素包括情绪、心理等。

（二）日内周期血压的变化

通过对 540 名健康男女成人 24 小时内血压变化的研究表明，清晨 4 时为最低值，然后急速上升，中午到下午 6 时为两个高峰，此后急速下降。这种规律存在于不同年龄、不同性别的人中（图 7–6）。

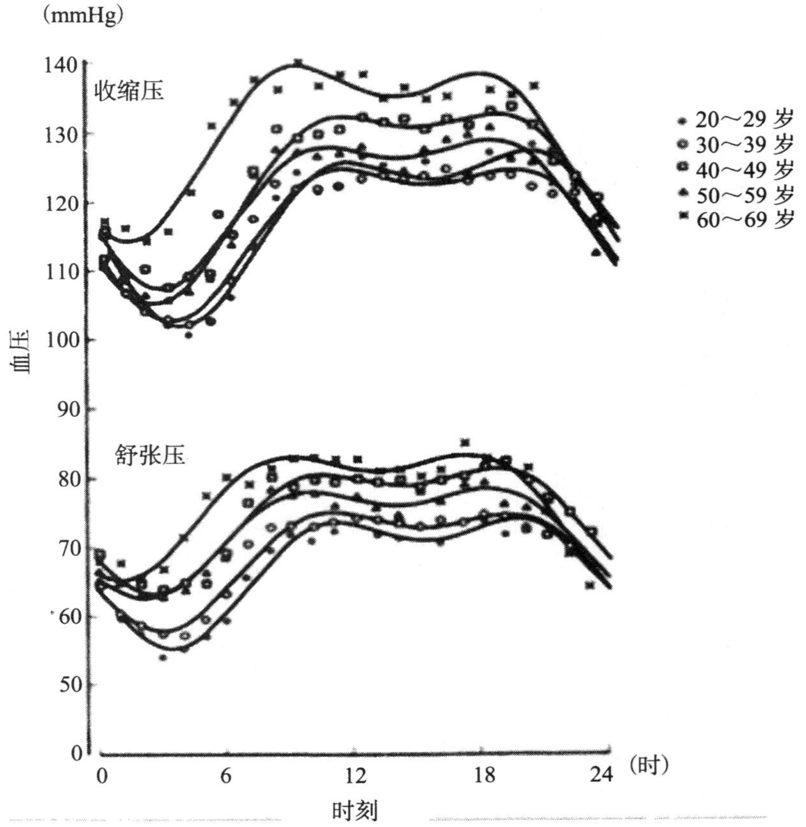

图 7–6　健康成年人男子日内周期血压的变化

（引自：Hayeshi et al，1992）

（三）运动对血压的影响

1. 功率自行车负荷运动对血压的影响

通常在全身的运动中，心输出量增加引起血压上升。这是由于脾脏的收缩使血液重新分配，循环血量增加，交感神经兴奋、肾上腺素分泌以及血液内环境发生变化。在进行功率自行车负荷运动时，由于坐位状态下人没有体重的移动和地面的反作用力刺激，运动员疲劳状态时（250W 负荷）的收缩压可达 220mmHg。运动结束后收缩压可下降 60mmHg，采取仰卧姿势较快恢复。低压除运动结束后稍下降外，均保持稳定状态。一般健康年轻人在这种运动中的收缩压也达 220mmHg，因此，为了防止出现重力休克现象，运动结束时不要突然停止运动，而应该进行空负荷或轻量负荷的整理运动。

一般在运动中测定血压比较困难，可采用功率自行车进行。即受试者进行蹬车负荷运动，保持上肢放松，身体固定，同时两手扶车把，测得运动中的血压。有学者通过保持 3 种不同运动负荷强度的定量负荷（时间均为 6 分钟），分别对 10 岁、15 岁、20 岁和 44 岁 4 组男女受试者的安静时和运动结束后血压进行测试，研究显示，男、女均随着年龄、运动负荷量的增加，收缩压升高。在 3 种负荷中，最大强度负荷时 10 岁儿童少年的收缩压只上升到 120mmHg，而 40 岁中年人的收缩压却上升到 180mmHg。因此，从儿童少年到中年时期运动中的血压变化安全性高，而中年后的男子进行激烈运动时，收缩压上升得很高，所以应特别注意其血压变化。女子在进行这 3 种运动时，随年龄和运动强度的增加，收缩压也上升，但没有男子明显。因此，女子在进行运动时，血压上升程度次于男子。

2. 活动跑台运动对血压的影响

在活动跑台上运动时，由于跑台的移动速度、倾斜角度的变化，与功率自行车相比较特点不同。运动员采用布鲁斯（Bruce）方法测试表明，收缩压上升少而变化较大，低压比安静时低而压差大，运动结束后血压变化小。这是由于跑步运动中自身体重的负荷，同时跑台的反作用力刺激作用影响所导致。因此，使用跑台进行有氧跑健身运动要比功率自行车效果好。在步行或跑步运动中，身体的重心上下移动较少，而地面的反作用力刺激较大，这种刺激与心脏收缩、血流变化共同作用引起血压的周期性变化。

3. 静力性运动对血压的影响

在等张收缩性运动中，如跑、走等可使与动作有关的肌肉中的血管扩张，引起血压下降。麦克杜格尔（McDougall）对 5 人进行举重练习（用 repetition maximum 的

90%重量进行反复运动)，用直接法测得的结果显示其血压可达480/350mmHg。收缩力量越大、参与肌肉量越多、反复运动次数越多的运动越能引起血压上升。举重运动使血压上升的原因是由于大量肌肉的收缩、憋气或怒吼两者作用而导致。与此同时，胸内压上升。因此，中老年人或高血压患者应避免这样的运动。

运动时血压上升是由于运动时肌肉和冠状动脉的血管扩张，减少了血管阻力，但主要是心输出量的增加。在一定范围内，运动强度越大，心输出量越多，血压上升也更明显。在人体血管未发生动脉硬化时，血管的弹性大，运动时心室射出的血量增加，使主动脉管壁膨胀，动脉血管的弹性回缩力将血液流动的能量由动能转变为势能储存在管壁中，并缓冲了动脉血管的膨胀力，也就是说使收缩压不至于上升过高。若血管出现动脉硬化现象，血管的弹性下降，在心输出量增加时可导致血压升高。中年男子血压增高现象比女子明显，其原因是由于中年女子的动脉硬化发生率比男子低。

奥斯特兰德（Åstrand, R. O.）等研究者发现，血压上升受不同运动项目、运动方式所影响。例如在运动强度相同（以摄氧量为基准）的项目中，上肢运动时血压要比下肢运动时高。其原因是上肢运动肌肉群中血管的容积比下肢少，血管扩张的容积范围减少。在运动中肌肉反复地进行收缩和舒张可使血管扩张，降低血管阻力。

在静力性动作中，为了维持某种姿势，收缩压和舒张压均上升。静力性运动由于能量消耗少，运动中的心率为120次/分，心率增加得不多，但血压明显上升，收缩压和舒张压分别超过160mmHg和100mmHg。静力性运动由于肌肉持续地收缩，压迫肌肉中的血管，增加了血流阻力，导致血压上升。肌肉收缩的强度不同，血压上升的幅度也不同。以最大肌肉收缩力的50%持续收缩时，肌肉中的血管几乎全部被挤压，血压上升的幅度最大。在动力性的动作中，心率增加的同时血压也增加。

德特雷（Detry, J. M. R，1972）等对长时间运动中心率变化的研究发现，以80%最大心率的强度进行2分钟重复性间歇运动，血压逐渐下降。这是由于长时间运动后，体温上升，皮肤血管扩张，血管阻力下降。因此，在运动中体温上升，身体出汗时，血压不会太高。反之，在冬天寒冷日运动时，皮肤血管收缩，血压易升高，所以要充分注意血压的变化。

4. 运动能否防治高血压

运动是否能够预防和治疗高血压？通过对平常喜欢锻炼与不喜欢锻炼的中老年人组进行实验研究发现，运动对中老年的血压具有一定的预防和治疗作用，而对于正常血压的青年人研究可能意义不大。

浅野和吉村对中老年马拉松选手的调查（1976年）发现，马拉松选手不同年龄的收缩压比一般人要低，大动脉脉波速度较慢。动脉硬化后，脉波在动脉血管内传播的速度加快，可推测长跑者产生动脉硬化的现象较少。萨尔庭和格里历（Saltin B and GrimLy G，1968）的研究结果却不同，他们对在年轻时期作为竞技选手、退役之后从事办公室工作的人与仍然从事体育活动的人进行比较发现，这两组之间安静心率无显著性差异。中老年长跑锻炼者，甚至现在还进行有规律的体育锻炼人的血压并不高。因此，倡导体育活动保持中老年人血压正常。

哈里斯（Harris W. E，1967）等对 30～66 岁的正常男子 363 人，每周 3～4 次慢跑进行了 12 周实验。结果显示，完成训练计划者腹部围度减少 1.4 英寸，收缩压和舒张压分别下降 11.4 mmHg 和 7.8 mmHg。汉森（Hanson, J. S.,1968）对中年男子（46~51 岁）7 人进行了 7 个月的体操、慢跑和球类的综合性训练，每周 3 次，每次 1～1.5 小时。研究发现，除一人的血压比训练前高外，其他 6 人均未发生变化。也有研究报告指出，高血压者经过训练后出现血压下降变化。例如波伊尔和卡施（Boyer J. L.and Kasch F. W，1970）报告，对 23 名中年男子高血压者（舒张压高于 95 mmHg）和 22 名中年男子正常者（收缩压和舒张压低于 90 和 140 mmHg）进行间歇慢跑每周 2 次，持续 6 个月的训练，运动强度为 60%～70%最大心率。结果显示，高血压组收缩压下降了 13.4 mmHg，舒张压下降了 11.8 mmHg。正常组的舒张压下降了 6 mmHg，收缩压没有变化。弗格森（Ferguson, R. J，1973）对中年男子高血压者（收缩压 140~159 mmHg，舒张压 90~95 mmHg）37 人和正常血压者 128 人进行了 6 个月的综合性训练，具体为每周 3 小时的徒手操、慢跑和排球活动，同时在计划中还包括 20～30 分钟游泳活动。即使在家中也要进行 10～15 分钟的徒手操练习活动。结果发现，安静时的收缩压、舒张压和次最大负荷运动时的舒张压均下降，而且高血压组要比对照组下降更明显。片冈（1977 年）对 106 名女子进行了同样的研究，经 3 个月的实验计划后，研究结果显示，训练前血压高者下降了，而低者却上升了。约翰逊和葛罗弗（Johnson, W. P and Grover, J. A，1967）对 4 名高血压者进行了 4 周慢跑训练，得到了血压没有下降的相反结果。

上述研究结果表明，有规律地进行体育活动，血压发生下降现象，似乎可以防止高血压，可是也有相反的结果，从理论上并没有绝对肯定也不能肯定高血压者进行运动可使安静血压下降。但运动对高血压有良好影响的研究是显而易见的。

原因其一是运动可消除精神疲劳。快节奏、高压力日常生活易导致精神疲劳，这种状态是交感神经兴奋、毛细血管收缩的结果，导致血压升高。正如到医院里测血压，也许血压会上升，这里有一种很微妙的心理现象，紧张可刺激交感神经兴奋、肾上腺素分泌等引起血压升高。运动可以消除日常生活中的疲劳，调节人的心情，而易诱人入睡。

其二，运动可减肥。肥胖者不但脂肪多，而且也多倾向于高血压。对 40～59 岁男子 5249 人血压与肥胖度之间关系的研究报道，收缩压和舒张压随着年龄的增加而上升，表明老龄化导致血压上升。标准体重在 20%以上的肥胖者，其收缩压和舒张压最高，而标准体重在 20%以下者，其收缩压和舒张压最低。与此同时，每公斤体重的最大摄氧量最低组的高血压者多（收缩压 152mmHg 以上），通过对其一年的跟踪调查表明，最大摄氧量数值的变化与血压的变化相关。

其三，运动可改善脂肪代谢，降低胆固醇浓度。动脉硬化出现时，在动脉的内膜和中膜之间沉积胆固醇，大动脉呈粥状硬化症，血管内面发生凹凸状态，甚至发生溃疡和血栓现象，小动脉壁肥厚，内径变窄。这些变化与血液中的胆固醇和中性脂肪浓度增高有关。运动如果能够减少血液中的胆固醇和中性脂肪含量，就有可能在某种程度上防止动脉硬化。然而运动是否能减少血液胆固醇含量研究结果尚未统一。罗谢尔（Rochelle，1961）研究报道，对6名成年男子进行每周5次2英里跑练习，持续5周。结果发现100毫升血液中的胆固醇平均减少了20毫克。而霍罗兹（Holloszy，1964）对35～55岁的男子进行了为期6个月的慢跑和体操训练，尽管其中性脂肪减少，但体重、胆固醇和磷脂质没有变化。

有研究证明，由于胆固醇中的固醇（sterol）核的侧枝即使可作为能源，实际上在运动中并不被消耗。可是海勃林克和卡谢尔（Hebbelinckh and Casier，1966）选取大鼠通过活动跑台的研究指出，运动中胆汁酸的排泄增加，胆固醇的分解也增加。因此可知，在运动中即使胆固醇不能成为能源，但由于运动促进了胆固醇的分解，可使胆固醇的含量处于低水平状态。提示注意饮食和运动使体重不增加是非常重要的。此外，中性脂肪作为运动中的能源是非常重要的。如果运动与饮食相结合，就有可能使胆固醇、中性脂肪减少，抑制动脉硬化的发生。

在饮食方面要避开过多摄取胆固醇等高热量食物。尽量进行能量消耗较大的有氧运动，注意身体不要发胖。我们一旦患有动脉硬化，便很难恢复到正常水平，因此预防动脉硬化非常重要。人到中年以后血压容易升高，所以应该积极地进行体育活动，避免静力性运动，如慢慢地举重、拉推等，这些动作可使血压上升。而全身运动如跑、步行等能量消耗大，有利于减肥和增强脂肪代谢，可能成为防治高血压的运动。快速跑的运动使血压增高，不应实施。速度不快，全身微量出汗的慢跑运动有益于血压稳定。网球、高尔夫球等以跑、走为基本的运动，只要不进行比赛，避免心理性紧张都是健康的运动。应注意的是，血压高的人不要在寒冷地方进行体育活动。中老年人在室内运动时，应注意适宜的温度，不要在寒冷和冷水池中运动，防止血压上升。高原生活的高血压者，应该在医生的指导下服用降压剂，注意饮食。适当地进行散步，同时注意防寒。低血压症者运动时不要产生疲劳，因为这类人在入睡时，血压的调节能力下降。

（曹　姣）

第八章　运动心率与健康

【提要】心率是指心脏跳动的频率，通常是指心脏每分钟搏动的次数。心率主要受遗传因素的影响，但也受后天因素的影响。定量负荷运动可反映心脏功能能量节省化，极限负荷运动反映心脏功能最大化。有氧健身运动与其说运动能使最大心率提高，还不如说重要在于使安静时的心率减少，增强心脏，保持健康长寿。

一、心率的起源

心率是指心脏跳动的频率，通常是指心脏每分钟搏动的次数。正常成人在安静时心率为 60～100 次 / 分之间。将手指并齐放在左胸乳头下，可感觉到心脏的跳动。通常在运动结束后，用右手的食指和中指轻放在左腕的桡动脉处，测定脉搏来代替心脏的跳动次数。这种脉搏的跳动是由于流动的血液在大动脉内对管壁的压力及其容积的变化使管壁产生搏动，这种搏动称为动脉脉搏。心脏的跳动与脉搏的搏动大体是一致的。因此，我们常用脉搏反映心率的变化状况。

心率是心脏跳动的一种物理变化和生理变化过程，它是心脏的生命特征。既能反映心脏的功能，又能监测和监控人体运动。心率是心脏的跳动频率，那么心跳的起源是在心脏的哪个部位?心脏为什么能在心脏生存的条件下，能一直不停地收缩和舒张?如第七章所述，人体的心脏有右心房、右心室和左心房、左心室，回流心脏的血液由上下腔静脉进入右心房、右心室，再通过肺动脉将静脉血在肺泡进行气体交换，使其变为动脉血，通过肺静脉进入左心房、左心室，再将动脉血通过动脉血管输送到组织细胞。由于心房和心室的交替收缩和舒张，心脏昼夜不停地跳动着。有人计算过，如果正常人每分钟心脏跳动 72 次，当它搏动到 25 亿次时，他已经是 70 岁了。为什么我们的心脏能够不停地跳动，即使我们在睡眠中它也仍在跳动？我们在生活中也常常看到，广东人吃鱼要买活鱼，就是为了新鲜。即使是剖开肢体部分的鱼，仍然带着跳动的心脏。为什么离体的心脏在一定的条件下仍然像活着一样搏动呢？原来心脏是由心肌构成的一个中空器官，心脏的大小和其本人的拳头一样。在右心房处有一个心搏启动点，称为窦房结。由窦房结细胞向心房、心室及心室肌细胞发出信号，构成了一个特殊的传导系统，包括窦房结、结间束、房室结、房室束和浦肯野氏纤维，使心肌能够自动地、按照一定的节律产生收缩和舒张运动，称为自动节律性。因此，心脏能够在人的一生中，永远不停地、有节奏地收缩和舒张。心脏自动的收缩和舒张的能力不受人的意志或思想所控制。正常人在安静时的心率约为 75 次 / 分，心理活动、情绪变化或许可使心率稍有增加，约为 100 次 / 分，却很难上升到 100 次 / 分以上。通过调节呼吸的动作可使心率减慢，但很难下降到 50 次 / 分以下。即使暂停几十秒的呼吸，却暂停不了心脏的跳动。人体运动的肌肉称为骨骼肌，如走路、跑步等受大脑的控制，受我们的意识调节步幅的大小、速度的快慢以及腿部肌肉收缩力量的大小变化。由于骨骼肌不具备心肌自动节律性的生理特性，可以暂停收缩和舒张，但可进行持续紧张地收缩而导致肌肉疲劳或出现痉挛等异常现象。心肌除了自动节律性的生理特征外，还具有横纹肌和平滑肌的特征，收缩和舒张的交替之间插有休息空间。心肌与骨骼肌的收缩有相同的特征，即在受到刺激时都会收缩，但心肌产生一次兴奋后，在绝对不应期期间给予刺激不会使肌肉发生再次收缩，这样就能够一生保持自动节律性地收缩和舒张，以及保持收缩和舒张的交替间休息空间。心脏的跳动是生命的源泉，心脏跳动将新鲜血液运输到组织细胞，又将体内的代谢产物输送到体外。生命在于运动，而运动可以能够延缓心跳走向生命终点的时间。如果通过有氧运动，或是适宜的身体活动，能使我们的心脏减轻负担，也就是使心脏的做功效率得到能量节省化效果，使安静时心率能维持在 50～60 次 / 分，心跳搏动有力而缓慢，人的寿命就能延长。我们的心脏跳动频率毫无疑问受遗传因素的影响，爸爸妈妈、爷爷奶奶的心脏跳动缓慢的基因可传给后代。如在一个家族中的 5 姊妹，他们的年龄都在 90 岁左右，最大的特点是安静时的心率为 45～50 次 / 分以下。年龄接近 90 岁，心脏也衰老了，心率自然就缓慢了，可是他们在中年时候的心率仍然是 50～60 次 / 分。他们后代的一个家庭中 5 个孩子，在 50 岁以后，无论是否喜欢体育活动，安静时心率均为 50～60 次 / 分。如果能够继续跟踪第三代的心率变化，也许更有意义。当然后天的生活环境、良好的生活习惯及适宜的身体活动也是非常重要的，但得天独厚的先天性遗传，爸爸妈妈给了我们一个好的心脏，是其他任何因素都不能胜过的。研究报道，动物的心脏跳动 20 亿次可能会死亡。据此可知，乌龟心率为 6 次 / 分，因而可生存过百年。老鼠心率约为 500 次 / 分，心跳速度快，故生存的时间就短。身材高大的动物比如大象心跳比较慢，生存的时间就长。而人呢？如果安静时的心率是 75 次 / 分，当 80 岁时其心率大概已经跳了 33 亿次，如果安静时的心率 60 次 / 分以下，将会发生怎样的变化？这些自然界的生命规律难道不能引人好好思考吗？

二、影响心率的因素

早在 1944 年，格瑞比尔（Graybiel et al. Am. Heart J.）测定了年龄为 20 岁男性飞行学员 1000 人静卧基础状态下的心率。结果显示，基础心率个体差异在 38～110 次 / 分，平均心率是 63.8 次 / 分，而心率超过 100 次 / 分只有 3 名。他们将心率超过 100 次 / 分或低于 40 次 / 分的视为心率异常。我国将正常成人安静时心率定为

60～100 次 / 分，平均 75 次 / 分。而美国心脏学会则定为 50～100 次 / 分，平均 60 次 / 分。正常成人安静时心率在 60～100 次 / 分。但每个人之间都有个体的差异，心率反映窦房结起搏细胞的去极化频率。心率如果大于 100 次 / 分反映窦房结起搏细胞活动快，称为窦性心动过速，若小于 60 次 / 分反映窦房结起搏细胞活动缓慢，则称为窦性心动过缓。通过实验发现，窦性心动过速或窦性心动过缓都是由于自主性神经系统活动的改变而发生。我们的心率最易受各种因素变化的影响而发生心脏跳动加快、加强现象，表现为心率的增加。年龄、性别、体型身材、个人情感变化、衣食住行、环境变化以及体位姿势和运动等因素均影响心率的变化。

（一）不同年龄对心率的影响

刚出生的婴儿安静时的心率大约 130 次 / 分。此后随着年龄的增长逐渐减少，直到成年人和老年人逐渐减少心率。不同年龄组的差异也是非常明显的。随着年龄的增加，不仅安静心率减少，而且最高心率也减少。从 1938 至 1967 年近 30 年间，8 位不同研究者调查了 25~60 岁不同年龄组的最大心率变化（表 8-1）。结果显示，安静时小孩和老年人的心率较高，而青年和中年人的心率较低。可以说，只要身体没有其他不适的感觉，心率为 60～100 次 / 分均为正常。在基础状态条件下，女子的心率比男子多 7～8 次 / 分。

表 8-1　不同年龄的最大心率

年龄（岁）	15~	25~	35~	40~	45~	50~	55~
最大值（b/min）	200	200	190	180	170	160	150

（引自：Haskell，W. L.，and Fox，S. M.，1969）

（二）锻炼和非锻炼者的心率

经常锻炼的人的安静心率比非锻炼者低。1928 年，霍格维夫（Hoogerwerf, S.,）采用心电图测定了参加第九届奥运会的 26 名运动员的心率，结果显示，其平均心率为 50 次 / 分，最低心率为 30 次 / 分。为此，在运动员中也发现了心率为 30 次 / 分的最低下限值。人体进行运动时，心率必然增加，而最高值应该是在最激烈运动时所测得的。也就是说，最高值应该是在全身大部分骨骼肌参与运动的条件下，最大摄氧量达到最高水平时所测得的心率。这可通过心率遥测，采用活动跑台或功率自行车进行测定。以往的研究结果认为，20 岁可达到心率的最高值，此后随着年龄的增加最高值心率逐渐减少。图 8-1 所示不同年龄摄氧量与心率的关系，可以看出在一定范围内不同年龄的摄氧量和心率之间几乎直线相关。然而最高心率随年龄增加而下降，其直线斜率减小。如前所述，锻炼者安静心率减少，但其最高心率与非锻炼者相比较，并无明显差异。非锻炼者即使进行训练，最高心率也不会再提高。因此，与其让训练提高最大心率，还不如重在减少安静心率。

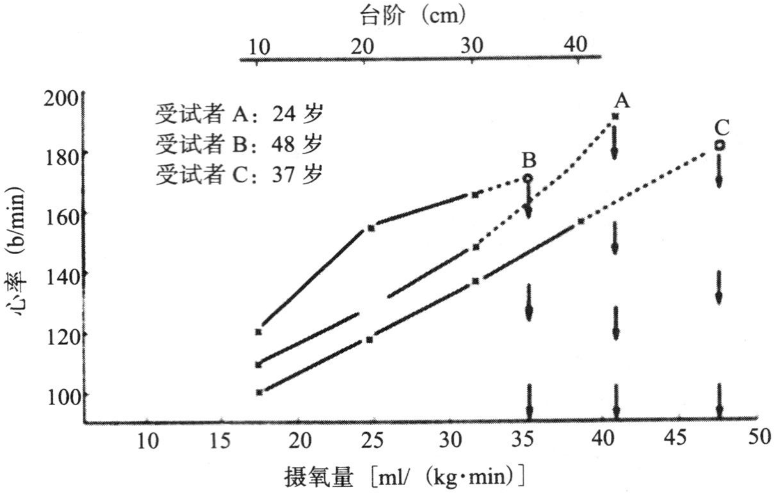

图 8–1　台阶实验的心率推测最大摄氧量

（引自：McMillan，1974）

（三）极限负荷运动和定量负荷运动时心率的变化

我们可以用安静时的心率评定人的心脏功能在一定条件下是否正常。同时也可以用运动中的最高心率反映心脏功能的强弱。通常认为在激烈运动中，心率越高完成运动负荷的功率也就越大，这种测定方法称为极限负荷运动。实践中，可用这种简单的测定方法来评定运动能力的高低。锻炼者的最高心率并没有非锻炼者高，而最大心输出量却多，因此，锻炼者的最大摄氧量比非锻炼者大，说明用心率单个指标并不能科学地反映心脏功能。然而要测定最大摄氧量和心输出量需要用昂贵的仪器，但我们可以采用简单的极限负荷运动方法的同时，再采用定量负荷运动方法进行测试，就能简单、较好地判断心脏功能。

受试者采用相同的方法进行定量负荷运动，如在活动跑台上走或跑、蹬功率自行车或上下踏台阶运动等；设定定量负荷，如最大心率的%或最大功率的%；并在时间相同等条件下进行运动。判断的标准为能量节省化，即心率低者为优秀。通过观察非锻炼者、短距离和长距离锻炼者三组受试者安静时和定量负荷运动时的心率变化发现，非锻炼者安静时心率最高，运动中心率也最高，而长距离锻炼者安静时和运动中心率均最低，这种心率变化现象即使在三种不同定量负荷运动中也是一致的。长距离锻炼者表现为在长跑时其心脏缓慢而有力地收缩和舒张，身体获得充足的氧，而常人心脏跳动很快，同等运动负荷能量消耗更大。

三、心率在锻炼身体中的运用

（一）用运动后心率的恢复评定健康体能

采用极限负荷运动和定量负荷运动时的心率变化可评定心脏的功能。特别是定量负荷运动可以反映心脏的健康水平。运动中的心率变化可采用心率遥测仪测定。此外还可通过哈佛氏台阶实验，根据恢复期脉搏（或心率）的变化，方便而简单地判断心脏功能。

哈佛台阶测试

通常采用 1 次 /2 秒频率进行蹬踏台阶（台阶高度：男子 40cm，女子 33cm），也就是 30 次 / 分，进行 5 分钟的升降运动，5 分钟后要求受试者坐位，测定运动后第 1 分钟——90 秒（P_1）、第 2 分钟——150 秒（P_2）和第 3 分钟——210 秒（P_3）的脉搏。如下列得分公式所示，将恢复期的脉搏放入 P_1、P_2 和 P_3 中，然后根据公式计算运动后恢复期脉搏的得分数，评价心脏功能。公式的分子为运动时间（300 秒），如果运动时间不能坚持 5 分钟，可用小于 300 秒的时间。受试者得分数多，脉搏增加少，反之得分数少，脉搏增加多。

$$得分 = [300/2\times (P_1+P_2+P_3)] \times 100$$

（二）用无氧阈心率把握身体活动量

目前在竞赛运动项目中，将最大摄氧量（maximum oxygen uptake，$\dot{V}O_2max$）、乳酸阈（Lactate Threshold，LT）和通气阈（Ventilatory Threshold，VT）作为推测有氧能力的指标已被广泛应用。LT、血乳酸堆积（Onset of Blood Lactate Accumulation: OBLA）是采用运动中的血乳酸测定的。这种方法是一种损伤性方法，从静脉中抽取大量血液，在运动中难以操作，即使采用微量取血法，也较难得到运动员的配合。在实验室条件下测定这些指标，则需要特殊的实验仪器、测定技术，难用于运动现场。因此采用 LT 时心率为 100～120 次 / 分时的跑步速度作为非损伤性方法监控有氧运动强度，并维持在约 30 分钟，可作为一种运动处方应用于运动实践（详见第九章）。

（肖国强）

第九章　最大摄氧量与健康

【提要】最大摄氧量受先天的遗传因素影响，而后天的训练、环境等因素很难改变。身体健康的人应该具备相适应的摄氧能力。最大摄氧量是有氧运动能力的基础，是影响竞技运动的重要因素之一，利用最大摄氧量%作为适宜强度实施健身运动处方，对于增强骨骼肌运动、促进心肺功能及延缓人体老化等具有重要的意义。

一、最大摄氧量

最大摄氧量（$\dot{V}O_2max$）是指运动时的摄氧量所能达到的最高值，“人体在进行有大量肌肉参加的长时间激烈运动中，心肺功能和肌肉利用氧的能力达到本人极限水平时，单位时间所能摄取的氧量称为最大摄氧量”。

目前测定有氧耐力的方法是世界上所公认的测定最大摄氧量方法。在运动中最大摄氧量出现时，即使运动负荷增加最大摄氧量也不会增加，因为其水平已经达到最高限度。因此，可以认为最大摄氧量是反映身体有氧供能系统的最大能力。通常测定最大摄氧量的方法是采用活动跑台和功率自行车，运动时间为几分钟到十几分钟，达到力竭运动时所测到的最大摄氧量值。由于运动非常激烈，心率可到达 180 次 / 分左右，因此受试者达到力竭时必须注意安全。

最大摄氧量与体重大小有密切关系。因此从运动项目的整体来比较，采用绝对值即最大摄氧量是用升 / 分（L/min）表示，而从运动项目的个体来比较，采用相对值即最大摄氧量是用毫升 /（公斤体重·分）［ml/（kg·min）］表示。有氧耐力性项目运动员的最大摄氧量值男子可达 85ml /（kg·min）、女子可达 74ml /（kg·min）。而一般健康年轻男子为 3L /min、女子为 2L /min，相对值男子为 50ml /（kg·min）、女子为 40ml /（kg·min），如表 9–1 所示。

表 9-1 普通人和不同项目运动员的最大摄氧量

运动项目	年龄（岁）	男性 ml/（kg·min）	女性 ml/（kg·min）
普通人	10~19	47~56	38~46
	20~29	43~52	33~42
	30~39	39~48	30~38
	40~49	36~44	26~35
	50~59	34~41	24~33
	60~69	31~38	22~30
	70~79	28~35	20~27
棒球 / 垒球	18~32	48~56	52~57
篮球	18~30	40~60	43~60
自行车	18~26	62~74	47~57
皮艇	22~28	55~67	48~52
橄榄球	20~36	42~60	---
体操	18~22	52~58	36~50
滑冰	10~30	50~63	---
马术	20~40	50~60	---
定向运动	20~60	47~53	46~60
壁球	20~35	55~62	50~60
划船	20~35	60~72	58~65
滑雪			
高山滑雪	18~30	57~68	50~55
越野滑雪	20~28	65~94	60~75
跳跃滑雪	18~24	58~63	---
足球	22~28	54~64	---
速滑	18~24	56~73	44~55
游泳	10~25	50~70	40~60
田径			
长跑	18~39	60~85	50~75
	40~75	40~60	---
铁饼	22~30	42~55	---
铅球	22~30	40~46	---
排球	18~22	---	40~56
举重	20~30	38~52	---
摔跤	20~30	52~65	---

最大摄氧量与竞技运动项目的成绩密切相关，特别是周期性运动项目，例如长跑、马拉松、自行车运动、滑雪和划船等周期性长距离运动项目，有氧耐力是影响运

动成绩的重要因素，最大摄氧量越大越利于运动成绩的提高。最大摄氧量也影响周期性项目中的短距离项目，如100米到800米的跑赛项目，训练和比赛中、运动中的反复冲刺均需利用有氧氧化和缓冲酸性物质的能力。在混合性的项目中，例如球类、体操和搏击等，动作的间歇和反复快速的运动都需要具备有氧能力用于疲劳的快速消除和体能恢复。

二、影响最大摄氧量的因素

（一）运动项目

运动员的最大摄氧量水平比普通人高，因运动项目的不同而异。

（二）年龄

最大摄氧量水平随年龄的增加而下降。即使是运动员也避免不了年龄的生物学衰减规律，如图9-1所示，运动员随着年龄的增加最大摄氧量下降很大，然而以20岁的值为基准的相对衰减率进行比较，普通人和运动员之间无明显差异。

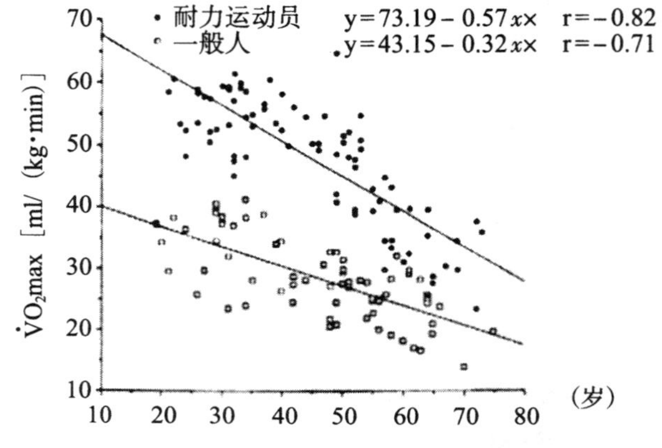

图9-1 耐力项目锻炼者和一般女性不同年龄与最大摄氧量的关系

（引自：Tanka H，et al.1997）

（三）性别差异

健康成人女子的最大摄氧量水平要比男子低20%～25%，然而有氧耐力性项目女子运动员的水平比男子低10%。研究报道，女子最大摄氧量的绝对值是男子的

59%～78%，而最大摄氧量的相对值是 68%～86%，去脂体重的相对值为 84%～98%，血红蛋白浓度值男子为 120~160g/L，女子为 110~150g/L。

（四）遗传因素

最大摄氧量的 25%～50%受遗传因素影响（图 9-2），单卵双生子、双卵双生子与通常兄弟之间比较，最大摄氧量水平的变化类似。单卵双生子（A 和 B）的最大摄氧量水平比较一致，而双卵双生子之间的差异性较大。博卡德（Bouchard C，et al.）等人的研究指出，耐力训练后最大摄氧量增长的个体差异在 0%～43%范围，而单卵双生子如图 9-3 所示，最大摄氧量增长率比较一致。

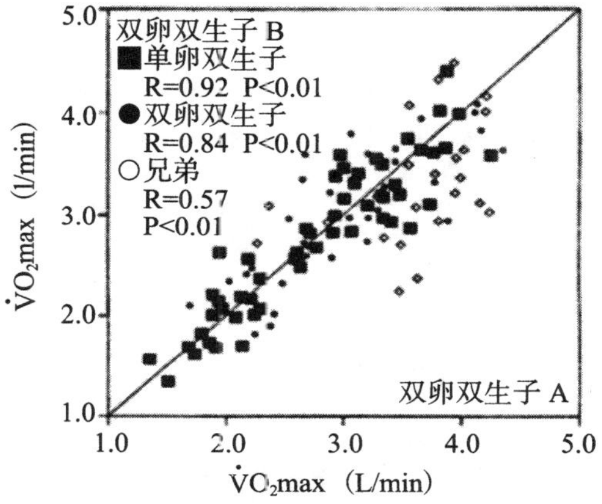

图 9-2　单卵双生子和双卵双生子以及兄弟之间最大摄氧量的关系

（引自：Bouchard C，et al.，1986）

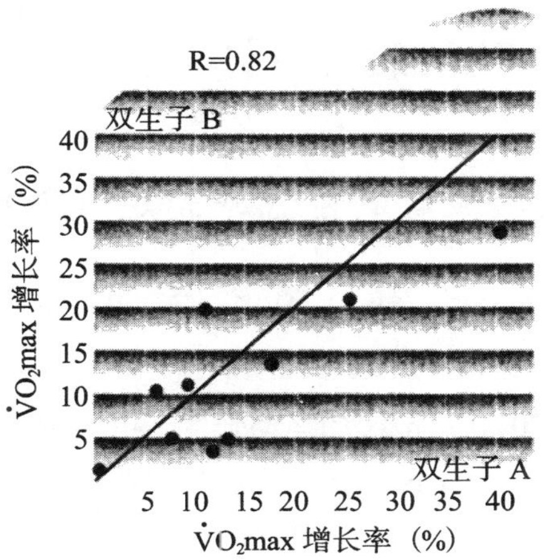

图 9-3　单卵双生子 20 周有氧训练的效果

（引自：Bouchard C，et al.，1990）

（五）心肺功能及肌纤维类型

呼吸机能包括每分通气量、肺容量、氧的运输能力（主要指血红蛋白浓度）；循环机能包括心输出量、每搏心输出量、心率和心肌收缩力；血液对氧的摄取能力（动静脉氧分压差）以及肌纤维类型（骨骼肌中快肌 FT 和慢肌 ST 纤维比例的不同）见图 9–4 所示。

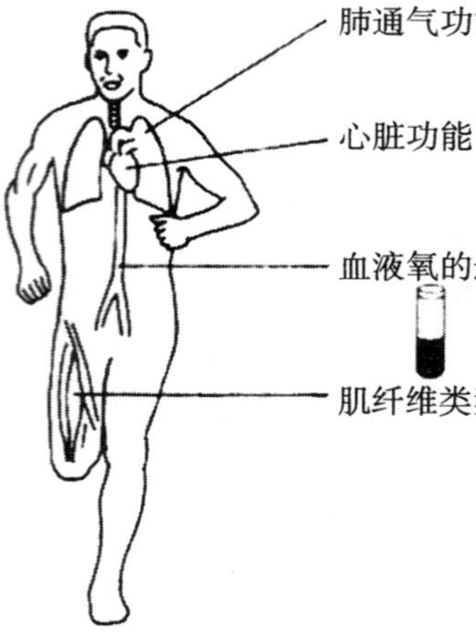

图 9–4　影响最大摄氧量的因素

（引自：Bassertt DR and Howley ET，2000）

三、最大摄氧量在锻炼身体中的运用

（一）利用最大摄氧量的百分率制定锻炼身体的运动处方

最大摄氧量的百分率（%$\dot{V}O_2max$）是指在运动中将最大摄氧量作为 100%，利用最大摄氧量比例的能力。这是一种运动强度的指标，可反映个体的体能以及作为制定运动处方的根据。例如 70%$\dot{V}O_2max$ 的运动强度，虽然个体差异、体能差异不同，但每个人都可以将自己 70%$\dot{V}O_2max$ 的运动强度用来评定锻炼后的体能状况、健康水平是否提高。在设备缺乏的情况下，可采用心率与最大摄氧量的关系间接推测最大摄氧量。如图 9–5 所示不同年龄的心率与最大摄氧量的关系。由图可以看到最大摄氧量随着年龄的增加而逐渐下降。年龄不同最大摄氧量的水平不同，应根据自己的最高水平，选择适宜自己的锻炼身体运动强度，即% $\dot{V}O_2max$，通常为 60%～80%$\dot{V}O_2max$。50 岁中老年人最大摄氧量时的心率为 165 次 / 分，可视为最高心率，60% $\dot{V}O_2max$ 时的心率为 100～120 次 / 分。用这种心率持续快步走或慢跑 10、20 或 30 分钟，每周 3～4 次进行体育锻炼。锻炼身体应根据自己的体能选择持续时间，或运动时的心率（即运动强度）。从图中可以看到，%$\dot{V}O_2max$ 推测的心率较适用于心率在 100 次 / 分以上的运动，同时这种心率在快走和慢跑等周期性的运动项目中能持续稳定，而在球类等混合性的运动项目中，因其有快慢变速、身体的动作不固定会影响心率的持续稳定。

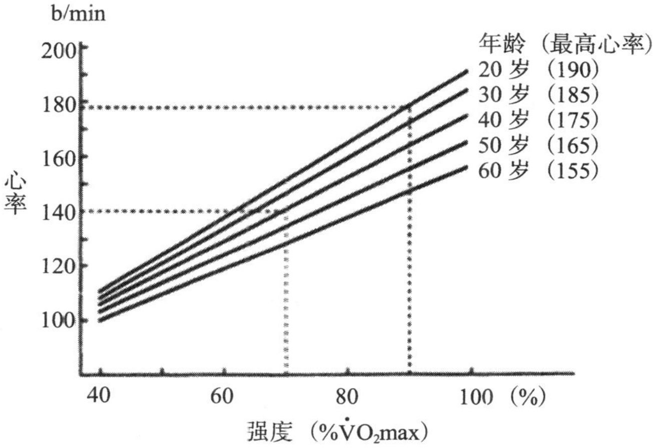

图 9–5 不同年龄运动强度与心率的关系

（二）用主观运动强度推测运动时的心率（Borg scale）

当我们选择好运动时的心率值进行锻炼身体时，可用心率遥测表来控制运动时的心率。最简单的方法是在运动中或停止运动即刻测心率，即左手食指和中指放置右手的桡动脉处触觉脉搏的跳动。通过测定 10 秒脉搏跳动次数乘 6 所得数值作为一分钟的心率。这种方法在慢步走的运动中可以做到，而在慢跑中较难，由于运动中身体的不稳定可能难以触觉到脉搏的跳动，因此可以暂停运动在静止状态下测定 10 秒的脉搏数。

运动中的心率常被用来作为反映生理机能的指标。美国运动医学会和日本体育科学中心推测次最大运动时心率和不同年龄的变化值，以自己的主观感觉推测运动时的强度称之为主观运动强度（Rating of Perceived Exercise, RPE），该表由 Brog 在 1982 年创立而提倡，此强度可分为 6~20 共 15 个级别（表 9–2）。在运动中受试者的主观感觉数和其摄氧量、心率的相关系数为 0.8～0.9，因此可用主观运动强度推测其心率和%$\dot{V}O_2max$，如30岁年龄阶段，感到稍累的心率是145次/分，大约是$\dot{V}O_2max$的70%（表9–3）。

表9–2 主观运动强度表

6	
7	非常非常轻松（Very, very light）
8	
9	非常轻松（Very light）
10	
11	稍轻松（Fairly light）
12	
13	稍累（Somewhat hard）
14	
15	累（Hard）
16	
17	非常累（Very hard）
18	
19	非常非常累（Very, very hard）
20	

（引自：Borg, G. A. V, 1982）

表9–3 主观运动强度（RPE）的自我监控

RPE	强度% $\dot{V}O_2max$	强度感觉	每分钟脉搏数				
			60	50	40	30	20（岁）
–19	100%	非常非常累	155	165	175	185	190
–18							
–17	90%	非常累	145	155	165	170	175
–16							
–15	80%	累	135	145	150	160	165
–14							
–13	70%	稍累	125	135	140	145	150
–12							
–11	60%	稍轻松	120	125	130	135	135
–10							
–9	50%	非常轻松	110	110	115	120	125
–8							
–7	40%	非常非常轻松	100	100	105	111	111
–6							
–5	30%	特别轻松	90	90	90	90	90
–4							
–3	20%		80	80	75	75	75

（依伊藤朗，作者修改）

在健身运动和康复中可用这种简单的表预测运动强度，实施运动处方。运动中出现呼吸困难，可根据自己的呼吸深度和频率、或心脏跳动的感觉、身体整体或局部的感觉、疼痛等主观症状推测运动强度。我们可用呼吸调整步伐，用呼吸的效应感知体内的变化，用这种主观感觉与心率相对应，推测心率的变化，感知运动强度。例如我们在安静时吸入或呼出的气体量大约 500 毫升，这部分气体称为潮气量。在快步走中，呼吸很自然，一步一呼吸（如左脚第一步吸，然后第二步呼），潮气量逐渐增大。在慢跑中也是一步一呼吸或两步一呼吸（如左脚第一和第二步吸，然后第三和第四步呼）。当一步一呼吸时，身体的能量消耗不大，摄入身体中的氧能够满足运动时所需要的氧，此时身体不缺氧。当这种稳定的状态持续后，我们很自然由一步一呼吸转为两步一呼吸，也就是深吸深呼。人体自然吸气或呼气之后，尽最大吸气或呼气所吸入或呼出的气体量称为补吸气量或补呼气量，前者为 1500～2000 毫升，后者为 900～1200 毫升。当两步一呼吸持续 3～5 次循环时，人体可能出现缺氧状态，此时需要较快地深吸深呼方式，人体就由两步一呼吸主动地、很自然地转换为一步一呼吸，通过及时调整呼吸方式和步频，使机体获得充分的氧，以满足运动时所需。当这种运动时的摄氧量能满足运动时的需氧量时，人体又由一步一呼吸很自然地转换为两步一呼吸。有氧运动即在较长时间维持这种“真稳定状态”（一步一呼吸途中，特别是转入两步一呼吸开始后），在有氧状态下摄取的氧量能够满足运动时所需，同时大量二氧化碳可及时呼出，从而使心肺功能维持在健康水平。因此我们如果能有意识地调整呼吸与步频，使机体在获得充分氧的稳定状态下进行健身锻炼，并持之以恒将可增进健康。

四、最大摄氧量的测定方法

测定运动时的摄氧量必须先测定安静时的摄氧量。测试最大摄氧量时要求受试者在测试之前不要进行激烈运动，禁止吸烟和饮酒，并在饭后 2～3 小时进行测试。运动负荷之前，等配戴呼吸面罩适应之后，测试 5～10 分钟安静时的摄氧量，然后再测试运动时和运动结束后恢复期的摄氧量（运动后过量氧耗）。测定运动结束后恢复期的摄氧量通常需 30 分钟。运动时的摄氧量包括安静时部分，因此要减去该部分，前者是复合（gross）摄氧量，后者是净（net）摄氧量。图 9-6 中的 A、B、C 各为安静时、运动时和恢复期的摄氧量，运动时的摄氧量可按下述公式计算。

复合（gross）摄氧量：

B+C（L）或（B+C）/（30–10）（L/min）

净（net）摄氧量（或需氧量）：

X=B+C–A×（60–10）/10（L）

或 X=［(B+C–A）×（60–10）/10］/（30–10）（L）

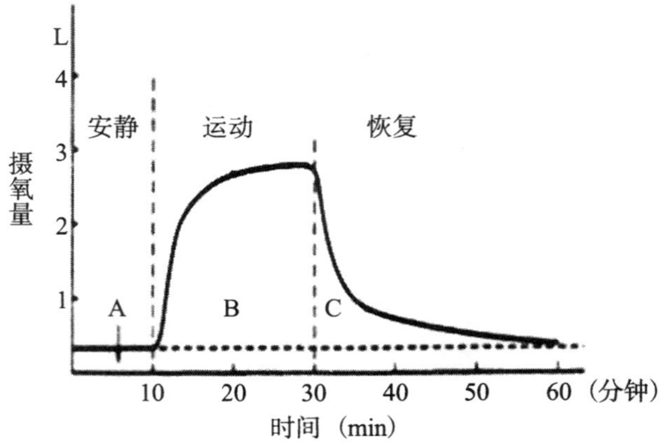

图 9–6　运动时摄氧量的变化

A. 安静时的摄氧量；B. 运动时的摄氧量；C. 恢复期的摄氧量

（一）最大摄氧量直接测定法

测定$\dot{V}O_2max$有多种运动负荷方法。通常采用渐增负荷运动测定，负荷器械有活动跑台（treadmill）、功率自行车（bicycle ergometer）和蹬台阶（step）。无论采用哪种渐增方法都应使受试者运动到力竭为止，运动负荷时间为 10～20 分钟。在运动中要求负荷速度不能太快或太慢，太快则呼吸循环系统落后于运动系统，太慢则易引起腿部肌肉疲劳，特别是采用功率自行车时，表现为不能维持蹬车速度。运动负荷方式分为渐增负荷法和间歇法。判断$\dot{V}O_2max$的主要标准是机体出现运动负荷量增加而摄氧量不增加（leveling off）。在测试时受试者常常出现不适应现象，导致运动不能完成。因此，$\dot{V}O_2max$的判断包括：（1）摄氧量不再继续增加而出现平台时；（2）呼吸商大于 1.10；（3）心率大于 180 次 / 分；（4）血乳酸浓度在 8mmol/L 以上。这 4 种条件中任何 3 种条件同时出现即可确定为最大摄氧量。然而即使$\dot{V}O_2max$出现平台时，这些指标不一定都能稳定，如有时运动负荷继续增加，而摄氧量却不增加，或血乳酸浓度也可超过 8mmol/L。这 4 点对于儿童少年和中老年人不适合。

采用活动跑台进行渐增负荷运动如表 9–4 所示。

表 9–4　Bruce 方法

持续时间	速度	斜度
3min	1.7mph	10%
3min	2.5mph	12%
3min	3.4mph	14%

续表 9-4

持续时间	速度	斜度
3min	4.2mph	16%
3min	5.0mph	18%
3min	5.5mph	20%
3min	6.0mph	20%

（引自：Morehouse，L. E，1972）

表 9-5 Morehouce 方法

持续时间	速度	斜度
5min	3.0mph	5.00%
1min	7.0mph	5.00%
1min	7.0mph	8.75%
1min	7.0mph	12.50%
1min	7.0mph	16.25%
1min	7.0mph	20.00%

（引自：Morehouse，L. E，1972）

表 9-6 Taylor 方法

持续时间	速度	斜度
15min	3.5mph	10%
休息 5min		
3min	7.0mph	0%
休息 5min		
3min	7.0mph	2.5%
休息 5min		
3min	7.0mph	5%

（引自：Taylor，H. L.，et al，1955）

注：mph 为每小时英里。

表 9-7 McArdle 方法

持续时间	运动负荷	圈数
2min	150watts	60rpm
2min	180watts	60rpm
2min	210watts	60rpm

（引自：McArdle，W.D.，et al.，1973）

渐增负荷运动 Bruce 方法（表 9–4 未达到力竭时可继续递增运动负荷），渐增负荷运动莫尔豪斯（Morehouce）方法（表 9–5），最大运动负荷期第 3 分 30 秒～4 分，4 分 30 秒～5 分各收集 2 个气体样本，达最大运动负荷期内每 30 秒采集 2 个气体样本，以及泰勒（Taylor）方法（表 9–6）均采用功率自行车进行渐增负荷运动。渐增负荷运动麦卡德尔（McArdle），凯斯（Katch）和佩哈尔（Pechar）方法（表 9–7）从 180 watts 开始，要求每 2 分钟增加负荷 30 watts，踏车转数为 50 圈 / 分（rpm），心率在 175 次 / 分时可开始收集气体。间歇负荷运动奥斯特兰德（Åstrand）方法见（表 9–8）（每 5 分钟的最后 2 分钟收集气体，最后一个运动负荷时的第 2.5 分钟开始每分钟收集气体）。

表 9–8　Åstrand 方法

持续时间	运动负荷	圈数
5min	2kg	60rpm
休息 10min		
5min	3kg	60rpm
休息 10min		
5min	3.5kg	60rpm
休息 10min		
5min	4.0kg	60rpm

（引自：Åstrand.P.-O，1956）

（二）最大摄氧量间接测定法

$\dot{V}O_2max$ 可根据预测值推测，这是一种安全的测定方法。心脏的功能因人而异，推测最大摄氧量不能单从年龄、性别来判断。此外老年人、体弱的人或心电图和血压有异常的人不能进行最大运动负荷，可根据摄氧量与心率的关系采用次极限运动负荷进行测定，即从年龄预测的最大心率相对应的摄氧量来推测最大摄氧量。

最高心率（次 / 分）＝220–年龄

其式的最高心率除了随着年龄的直线增加而下降外，还随性别和训练的状态而变化。

1. 奥斯特兰德 – 利明（Åstrand–Ryhming）的计算图推测最大摄氧量

在进行次极限运动负荷时，根据心率可采用奥斯特兰德–利明的计算图推测最大摄氧量（图 9–7），并且可根据表 9–9 评定体力水平。采用次最大负荷运动方式，如利用台阶实验或功率自行车，进行稳定状态的负荷运动一般持续 6 分钟，可根据最后

2分钟的平均心率推测摄氧量。进行台阶实验时，首先要测定体重，再以 25 次 / 分的速度进行上下踏台阶运动（台阶高度男子为 44cm，女子为 33cm），据表由体重连接心率推测此时的摄氧量。进行功率自行车负荷运动时，可根据功率负荷数，女子和男子分别从 600kg/（m·min）和 900kg/（m·min）开始进行负荷运动，直到第 6 分钟结束，通过连接功率和心率推测摄氧量。

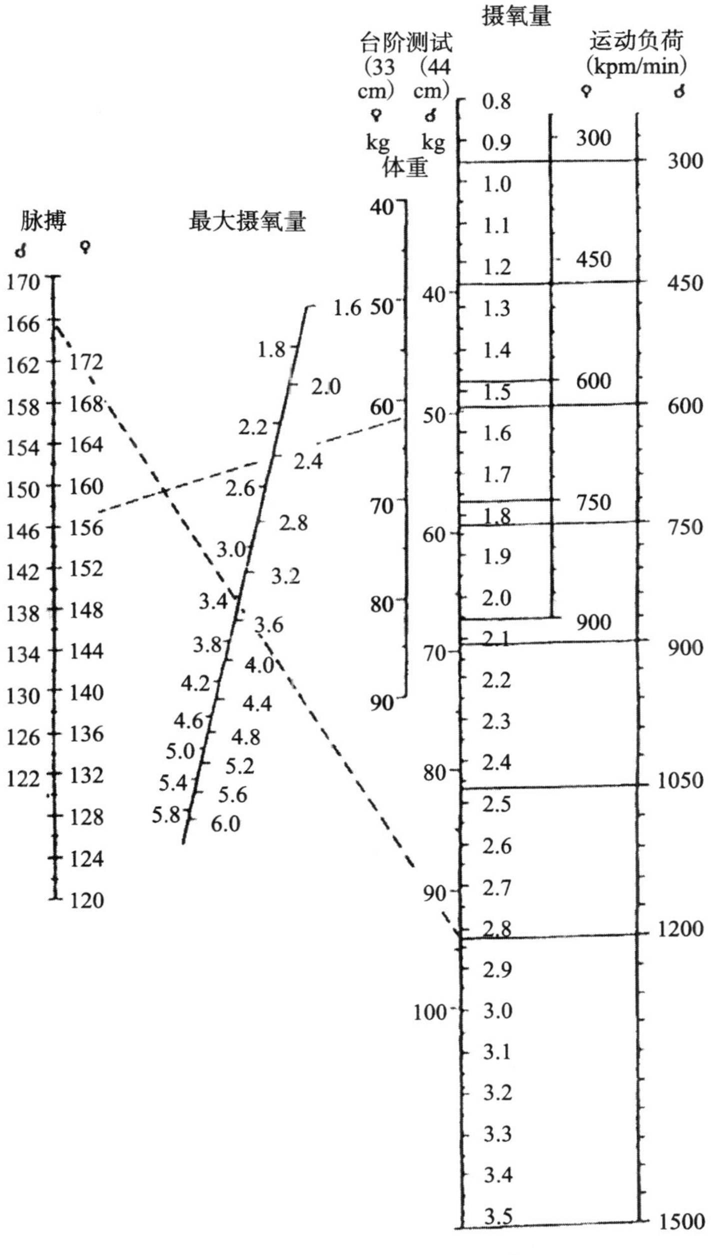

图 9–7 奥斯特兰德 – 利明推测最大摄氧量

（引自：Åstrand，P.-O. and Ryhming.I.，1954）

表 9–9 Åstrand 最大摄氧量等级表

年龄（岁）	差 (L/min) ml/(kg·min)	稍差 (L/min) ml/(kg·min)	普通 (L/min) ml/(kg·min)	好 (L/min) ml/(kg·min)	优秀 (L/min) ml/(kg·min)
女子					
20~29	<1.69	1.70~1.99	2.00~2.49	2.50~2.79	>2.80
	<28	29~34	35~43	44~48	>49
30~39	<1.59	1.60~1.89	1.90~2.39	2.40~2.69	>2.70
	<27	28~33	34~41	42~47	>48
40~49	<1.49	1.50~1.79	1.80~2.29	2.30~2.59	>2.60
	<25	26~31	32~40	41~45	>46
50~59	<1.29	1.30~1.59	1.60~2.09	2.10~2.39	>2.40
	<21	22~28	29~36	37~41	>42
男子					
20～29	<2.79	2.80~3.09	3.10~3.69	3.70~3.99	>4.00
	<38	39~43	44~51	52~56	>57
30～39	<2.49	2.50~2.79	2.80~3.39	3.40~3.69	>3.70
	<34	35~39	40~47	48~51	>52
40～49	<2.19	2.20~2.49	2.50~3.09	3.10~3.39	>3.40
	<30	31~35	36~43	44~47	>48
50～59	<1.89	1.90~2.19	2.20~2.79	2.80~3.09	>3.10
	<25	26~31	32~39	40~43	>44
60～69	<1.59	1.60~1.89	1.90~2.49	2.50~2.79	>2.80
	<21	22~26	27~35	36~39	>40

（引自：Åstrand，1960）

● 哈佛台阶测试

采用 1 次 /2 秒频率进行蹬踏台阶，进行 5 分钟的升降运动，根据运动后恢复期心率值计算指数，评价受试者的有氧工作能力，指数值越大，有氧工作能力越强。

运动指数 = ［运动时间（秒）×100］/ 2 ×（A+B+C）

A：运动后 1 分钟～1 分 30 秒；B：2 分钟～2 分 30 秒；

C：3 分钟～3 分 30 秒的心率

评价标准：

50 分以下　　差

50~80 分　　普通

80 分以上　　优秀

2. 巴尔克（Balke）15 分钟跑

采用 15 分钟尽力匀速快跑的平均跑速推测最大摄氧量。跑速 150 米的平均摄氧量是 33.3ml/（kg·min），跑速若超过 150 米时，每增加 1.0m/min，需氧量则增加 0.178ml/（kg·min）。计算方法如下：

推测最大摄氧量 =［(15min 内跑的距离的平均数−150）×0.178 ml/（kg·min)］– 33.3 ml/（kg·min)

3. 库珀（Cooper）12 分钟跑

库珀（Cooper，1968）最先提出将有氧运动作为健身运动处方，其评定有氧耐力的方法为测定 12 分钟内全力跑完或走完的距离，然后据计算表推测受试者的$\dot{V}O_2max$（此表适用于健康者而不适应于肥胖者）。12 分钟跑和最大摄氧量的相关系数为 0.90，目前已广泛应用于健康人体的有氧耐力评定。12 分钟跑或走的测定方法如下：

（1）受试者身穿运动服，匀速尽力跑完 12 分钟，以 12 分钟内跑完的最远距离为受试者的测试成绩。

（2）场地跑道标准为 200 米或 400 米，从起跑线开始，每 50 米为 1 个单位，将跑道分成 4 个或 8 个区域（图 9–8）。

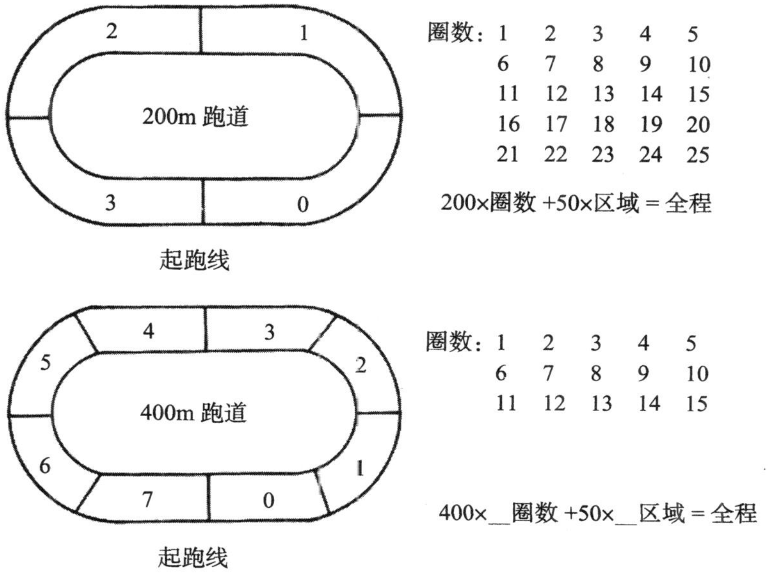

图 9–8　12 分钟跑场地与成绩记录图

（引自：林伟立，1984）

(3) 实验前，受试者在起跑线后站立准备起跑，听到发令后开始跑，测试者持秒表记录时间和距离。

(4) 受试者应尽力以恒定速度跑完12分钟距离，若中途不能坚持，可慢走一会儿再跑。当12分钟到时立即鸣笛，受试者停止跑步并在原地进行整理活动。此时记录人员在表上记录成绩（圈数），计算12分钟的全程距离。

计算公式，将跑圈数代入：

200×（圈数）+50×（区域）=12分钟跑的距离

400×（圈数）+50×（区域）=12分钟跑的距离

根据12分钟跑的距离，查表其所对应的最大摄氧量值为受试者的最大摄氧量，然后评定等级。

注意事项：

(1) 受试者在实验前需进行心电图检查，检查正常者方可进行测试；

(2) 受试者在实验前1小时禁止饮食和吸烟；

(3) 注意受试者在运动中的不正常反应，主观感觉不适时可举手示意立即停机（停止运动），测试者应充分注意安全保护；

(4) 操作气体分析仪时，应注意气体代谢各指标的变化，特别是把握达到力竭运动及最大摄氧量出现时的准确性。

12分钟跑距离与最大摄氧量高相关，然而人种、地区以及测定方法的不同可能使结果有较大误差，需结合受试者的具体情况进一步探讨。

（三）最大摄氧量的应用与评价

人体进行有氧耐力运动时，最大摄氧量反映机体呼吸、循环系统氧的运输工作能力。最大摄氧量是有氧耐力的基础，其值越大有氧耐力水平越高。最大摄氧量可用于有氧工作能力的评价和耐力运动员的选材，以及体育锻炼的自我评价。直接测定法可根据气体分析仪测出结果，间接测定方法可根据奥斯特兰德—利明的计算图推测最大摄氧量，并可参见9-9评价有氧耐力水平。12分钟跑可按表9-10查出其值，表9-11为其修正值。评价有氧耐力水平见表9-12。

表9-10　12分钟跑距离与最大摄氧量对照表

距离 m	最大摄氧量 ml/（kg·min）	距离 m	最大摄氧量ml/（kg·min）
1500	26.53	3250	61.53
1550	27.53	3300	62.53
1600	28.53	3350	63.53
1650	29.53	3400	64.53

续表 9-10

距离 m	最大摄氧量 ml/（kg·min）	距离 m	最大摄氧量ml/（kg·min）
1700	30.53	3450	65.53
1750	31.53	3500	66.53
1800	32.53	3550	67.53
1850	33.53	3600	68.53
1900	34.53	3650	69.53
1950	35.53	3700	70.53
2000	36.53	3750	71.53
2050	37.53	3800	72.53
2100	38.53	3850	73.53
2150	39.53	3900	74.53
2200	40.53	3950	75.53
2250	41.53	4000	76.53
2300	42.53	4050	77.53
2350	43.53	4100	78.53
2400	44.53	4150	79.53
2450	45.53	4200	80.53
2500	46.53	4250	81.53
2550	47.53	4300	82.53
2600	48.53	4350	83.53
2650	49.53	4400	84.53
2700	50.53	4450	85.53
2750	51.53	4500	86.53
2800	52.53	4550	87.53
2850	53.53	4600	88.53
2900	54.53	4650	89.53
2950	55.53	4700	90.53
3000	56.53	4750	91.53
3050	57.53	4800	92.53
3100	58.53	4850	93.53
3150	59.53	4900	94.53
3200	60.53	4950	95.53

（引自：林伟立，1984）

表 9-11　最大摄氧量推测值修正表

年龄(岁)	系数	最高心率	系数
15	1.10	210	1.12
25	1.00	200	1.00
35	0.87	190	0.93
40	0.83	180	0.83
45	0.78	170	0.75
50	0.75	160	0.69
55	0.71	150	0.64
60	0.68		
65	0.65		

（引自：Åstrand，P. O. and Rodahi，K.，1970）

表 9-12　12 分钟跑成绩与最大摄氧量[ml/（kg·min)]

距离（m)	<30 岁	30~39 岁	40~49 岁	>50 岁	最大摄氧量等级
<1610	25.0	25.0	25.0		非常差
1610~1990	25.0~33.7	25.0~30.0	25.0~26.4	25.0	差
2000~2390	33.8~42.5	30.2~39.1	26.5~35.4	25.0~33.7	普通
2400~2800	42.6~51.1	39.2~48.0	35.5~45.0	33.8~43.0	好
2810	51.6+	48.1+	45.1+	43.1+	优秀

（引自：Cooper，K. H.，1968）

目前常用的几种测定有氧耐力的方法如下。

1．无氧阈（Anaerobic threshold, AT）

⑴ 无氧阈的生理学基础

肌肉收缩的直接能量来源于 ATP-CP 高能磷酸物质供能，在氧充分供给时,碳水化合物、脂肪形成乙酰辅酶 A（CoA)，经三羧酸循环在线粒体内氧化，产生能量供肌肉收缩运动，依这种供能形式进行的运动称为有氧运动（Aerobic exercise)。在氧供给不充足时，由碳水化合物即糖原或葡萄糖经糖酵解途径，由丙酮酸分解成乳酸，释放能量供能，依这种供能形式进行的运动称为无氧运动（Anaerobic exercise)。此时肌肉中的乳酸进入血液称为血乳酸。进行以无氧为主的运动时，除肌糖原的枯竭、血糖下降外，能量产生的速度与氧的摄取速度成正比。随着运动强度逐渐增加，从有氧运动向无氧运动过渡不是突然发生的。在达到某一强度时，血液中的乳酸几乎不增加，但超过这种运动强度后，血中乳酸逐渐增加即无氧的比例逐渐增加。当最大摄氧量的百分率达到一个临界点时，身体中才开始积聚乳酸，这个临界点称为 AT。无氧供能比例的增加程度存在个体差异。因此，耐力指标不仅要测最大摄氧量的大小，而且还应知道血液中乳酸开始增加时的浓度值。研究者试图使用次最大运动负荷方法推测出其耐力指标，尽管目前 AT 作为有氧耐力指标仍有很大争论，但 AT 作为有氧代谢开始的起点被人们所关注、研究和应用。

（2）无氧阈的分类

AT 可根据渐增负荷运动时的血乳酸或通气变化的拐点来判断。前者称为“乳酸阈”（Lactate threshold，LT），后者称为“通气阈”（Ventilation threshold，VT）。图 9–9 所示渐增负荷运动时摄氧量（$\dot{V}O_2$）、呼出气氧浓度（FEO_2）、呼吸商（R）、通气量（$\dot{V}E$）、呼出气二氧化碳浓度（$FECO_2$）、心率（HR）和血液中乳酸（La）浓度各指标的变化。这些指标中$\dot{V}O_2$、R、HR 都随着负荷强度的递增呈比例增加，没有变化拐点，所以不能判断 AT。其他指标在运动强度（% $\dot{V}O_2max$）大约 60%时有变化拐点，因此可判断 AT。第一个拐点表现为$\dot{V}E$、$\dot{V}CO_2$ 的非线性上升，氧当量（$\dot{V}E/\dot{V}O_2$）上升，FEO_2 从最低值开始上升以及 La 浓度从安静值开始上升（约 2mmol/L）。第二个拐点表现为$\dot{V}E$、$\dot{V}CO_2$ 进一步上升，二氧化碳当量（$\dot{V}E/\dot{V}O_2$）上升，$FECO_2$ 从最高值开始下降，La 急剧上升（约 4mmol/L）及 pH 值下降。第一个拐点是由 1964 年美国心脏生理学家瓦塞尔曼（Wasserman）在研究心肺功能的实验中发现，并

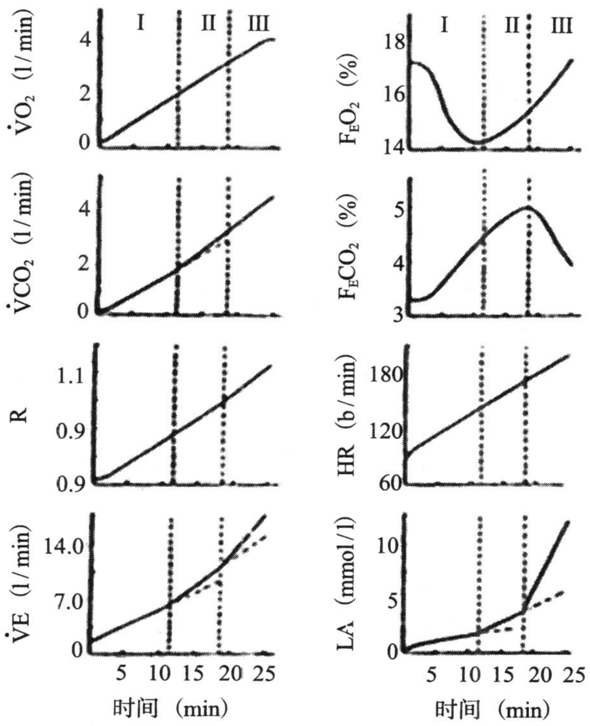

图 9–9 渐增负荷运动时各种指标的变化

（引自：Skinner and Melellan，1980.）

提议为“无氧阈”（1973）。戴维斯（Davis）、雷纳尔（Reinhard）及斯坦福德（Stamford）等研究者同意和支持这种提议。第二个拐点是由金德曼（Kindermann）、马德尔（Mader）等德国学者提出的，提议为“无氧阈”。斯金纳和麦克莱伦（Skinner and McLellan）、瑞卡姆恩哈德（Reicompenhard）等人赞同这种观点。此外金德曼、斯金纳及麦克莱伦提议将此点命名为“有氧阈”（Aerobic threshold）。霍尔曼（Hollmann）等人则将第二拐点命名为“血乳酸堆积点”（Onset of Blood Lactate Accumulation, OBLA）约 4mmol/L（图 9-10）。在竞技运动项目训练中，特别是有氧耐力训练中，常用 4mmol/L 时的乳酸阈所对应的心率监控运动强度。而在健身活动中也常用 2 或 4mmol/L 时的乳酸阈所对应的心率（100～120 次 / 分或 120～150 次 / 分）作为有氧运动强度（参见第五章）。

无氧阈
- 血乳酸浓度确定（血乳酸测定法）
  - 乳酸阈
  - 血乳酸堆积点
- 通气量等指标确定：通气阈（气体代谢法）

图 9-10　无氧阈的确定方法

2. 主观运动强度测定法（Borg scale）（详见前述，此略）

3. 能量消耗

在进行定量负荷运动时，常用呼吸交换率即呼吸商表示，可根据表 9-13 将摄氧量换算成能量消耗。能量消耗和摄氧量一样，也包括复合消耗和净消耗，可用总量或单位时间量表示。短时间运动仅为碳水化合物燃烧，每消耗 1 升氧的能量消耗可假设为 5.0kcal，随着运动时间的延长，每消耗 1 升的氧能量消耗可假设为 4.9 或 4.8kcal。

表 9-13　非蛋白性呼吸商和消耗 1L 氧的 kcal

非蛋白性呼吸商	碳水化合物（%）	脂肪（%）	消耗 1L 氧的 kcal
0.71	0	100.0	4.69
0.75	14.7	85.3	4.74
0.80	31.7	68.3	4.80
0.85	48.8	51.2	4.86
0.90	65.9	34.1	4.92
0.95	82.9	17.1	4.99
1.00	100.0	0	5.05

（引自：Cantarow，A. and Schepartz，B. ：Biochemistry，3rd）

4. 能量代谢率测定

(1) 能量代谢率（RMR）

用本人的基础代谢能量除运动时消耗的能量所得值为能量代谢率测定法（Relative metabolic Rate，RMR）。能量代谢率测定方法是由古沢（furusawa，1937）提出，可用来作为运动（劳动）强度。

RMR= 运动时的净摄氧量 / 基础摄氧量

安静时的代谢是基础代谢的 1.2 倍。测定运动时的代谢，需要测基础代谢。

表 9–14 所示日常生活和体育运动时的能量消耗，以 RMR 和每公斤体重的能量消耗量表示，其内容分为“非常弱的运动”“弱的运动”“普通运动”和“强的运动”，项目不同其能量代谢也不同，如在游泳中可分为竞技和游玩，其能量代谢量显示不同。杠铃和哑铃的重量、动作速度不同，能量代谢量也不同。因此若想准确知道某人的能量代谢量，必须测定其实际能量代谢率。

表 9–14　日常生活活动和运动种类

日常生活活动和运动种类	日常生活中各种活动的强度	能量消耗（kcal/kg·min）	
	能量代谢率（RMR）	男	女
非常弱的运动	1.0 未满		
睡眠	基础代谢的 90%	0.017	0.016
体息、谈话（坐位）	0.2	0.023	0.022
学习（读、写、看）	0.2	0.023	0.022
谈话（站位）	0.3	0.025	0.024
吃饭	0.4	0.027	0.025
洗漱、用厕所	0.5	0.029	0.027
裁缝	0.5	0.029	0.027
兴趣和娱乐（打牌、麻将乐器演奏等）	0.5	0.029	0.027
开车	0.5	0.029	0.027
办公事务（财会、打电脑、打算盘等）	0.6	0.030	0.029
弱的运动	1.0~2.5		
乘车（站位）	1.0	0.038	0.035
擦鞋	1.1	0.039	0.037
慢走（购物、散步）	1.5	0.046	0.043
刷洗　洗衣机	1.2	0.041	0.038
洗手	2.2	0.059	0.055
干洗	2.2	0.059	0.055
吸尘	1.5	0.046	0.043

续表 9–14

日常生活活动和运动种类	日常生活中各种活动的强度	能量消耗（kcal/kg·min）	
	能量代谢率（RMR）	男	女
做饭（饭前准备、饭后打扫）	1.6	0.048	0.045
扫除　使用吸尘机	1.7	0.050	0.046
扫地	2.2	0.059	0.055
家庭菜园、除草	2.0	0.055	0.051
普通步行（上班、购物）	2.1	0.057	0.053
洗澡	2.3	0.061	0.056
照顾小孩（背小孩走路）	2.3	0.061	0.056
门球	2.0	0.055	0.051
9 人制排球	2.1	0.057	0.053
舞蹈	2.1	0.057	0.053
普通运动	2.5~6.0		
骑自行车（一般速度）	2.6	0.066	0.061
下楼梯	3.0	0.073	0.068
擦地板	3.5	0.082	0.076
快走（上班、购物）	3.5	0.082	0.076
铺床（抱被子、铺被子、叠被子）	3.5	0.082	0.076
	4.9	0.107	0.099
上下楼梯	4.6	0.101	0.094
	2.5（1.5~3.5）	0.064	0.060
保龄球	2.5（1.5~3.5）	0.064	0.060
投手	3.0（2.0~4.0）	0.073	0.068
接手	2.0（1.5~3.5）	0.055	0.051
棒球	2.7（2.5~4.0）	0.068	0.063
投手	4.0（3.0~5.0）	0.091	0.084
接手	2.5（2.0~3.0）	0.064	0.060
投接练习	3.0（2.0~4.0）	0.073	0.068
高尔夫球	3.0（2.0~4.0）	0.073	0.068
跳舞（强度小）	3.0（2.5~3.5）	0.073	0.068
（活泼）	5.0（4.0~6.0）	0.108	0.100
自行车运动（10/Km/h）	3.4	0.080	0.074
广播体操	3.5（2.0~5.0）	0.082	0.076
民族舞蹈	4.0（2.5~6.0）	0.091	0.084
有氧操	4.0（3.0~5.0）	0.091	0.084

续表 9–14

日常生活活动和运动种类	日常生活中各种活动的强度	能量消耗（kcal/kg·min）	
	能量代谢率（RMR）	男	女
徒步旅行（平地）	3.0（2.5~4.0）	0.073	0.068
（山地）	4.5（3.6~6.0）	0.100	0.092
乒乓球	5.0（4.0~7.0）	0.108	0.100
高尔夫（山丘）	5.0（3.5~6.5）	0.108	0.100
	5.0（2.0~8.0）	0.108	0.100
强度大的运动	6.0 以上		
登楼梯	6.5	0.135	0.125
网球	6.0（4.0~7.0）	0.126	0.117
滑雪（跳雪）	6.0（4.0~8.0）	0.126	0.117
（郊外滑雪）	9.0（6.0~13.0）	0.179	0.165
水上滑行	6.0（5.0~7.0）	0.126	0.117
排球	6.0（4.0~7.0）	0.126	0.117
羽毛球	6.0（6.0~9.0）	0.126	0.117
跑 120m/min	6.0（5.0~7.0）	0.126	0.117
登山（平均）	6.0	0.126	0.117
上山	8.0（6.0~10.0）	0.161	0.149
下山	5.0（5.0~6.0）	0.108	0.100
柔道、剑道	6.0（3.0~9.0）	0.126	0.117
足球、橄榄球、篮球等 ’	7.0（5.0~9.0）	0.144	0.133
滑冰（冰滑、旱滑）	7.0（6.0~8.0）	0.144	0.133
游泳　长距离游泳	8.0（6.0~10.0）	0.161	0.149
蛙泳	8.0	0.161	0.149
仰泳	10.0	0.197	0.182
爬泳	20.0	0.374	0.345
跳绳（60 次 / 分）	8.0（7.0~9.0）	0.161	0.149
跑 160m/min	8.5（7.0~10.0）	0.170	0.157
肌肉训练（平均）	9.6	0.190	0.175
腹肌运动	7.6	0.154	0.143
哑铃运动	11.5	0.223	0.206
杠铃运动	8.7	0.174	0.161
舞蹈	12.0（11.0~14.0）	0.232	0.214
长跑（200m/min）	12.0（11.0~13.0）	0.232	0.214

（引自：厚生省：第 5 次修改日本人的营养所需量，1994）

活动时的复合能量消耗量（kcal）=（RMR+1.2）×活动时间（min）×体重（kg）×基础代谢值［kcal/（kg·min)］

RMR 测定方法在国际上并不通用。RMR 与 METS 的关系如下：

$$METS=RMR/1.2+1$$

例如，以 12m/min 速度走时，RMR 为 5.0～7.0，通过乘以运动时的基础代谢率，可算出运动时所消耗的能量。人的一切动作和运动都可以由 RMR 算出其所消耗的能量。RMR 不受年龄、性别和体格差异的影响，用于计算运动量比较方便。然而当进行静止性运动时，RMR 为 0，此时运动量和氧消耗的比例关系消失，因此不能使用此方法。

(2) Ea

Ea 所示每公斤体重日常生活和体育运动时的能量消耗，以每分钟的复合能量消耗量（kcal）表示。可用下列公式计算：

活动时的复合能量消耗量（kcal）=Ea［l kcal/（kg·min)］×活动时间（min）×体重（kg）×性别和年龄的效正值

5. 梅脱（metabolic equivalent，METS）

近年来常用运动时的能量代谢除以安静时的能量代谢，所得的值称为 METS（metabolic equivalent，代谢当量）。METS 的公式：

METS＝运动时的摄氧量 / 安静时的摄氧量

安静时的耗氧量 3.5ml/（kg·min）为 1MET（1 的时候不用 S），随着运动负荷增加，MET 则成倍增加。例如，人的最大运动能力为 10METS，最大运动负荷强度为 90%，用 10×0.9=9METS。如果将平均负荷强度作为 70%，即 10×0.7=7METS，这种负荷量被作为健身负荷量的最佳负荷。

确定受试者的最大运动能力，决定所有负荷的 METS 值，即使速度、频率及动作不同也能制定比较详细的运动处方。因此，每分钟能量消耗量＝METS×体重 /1 小时。

安静时为 1MET，安静时摄氧量受其所摄取的食物和运动的影响，如果以安静时的值为基准设置运动强度，就必须在运动前测定安静时的摄氧量。如果不测安静时的摄氧量也可用下列式间接推算：

1 MET 的$\dot{V}O_2$=3.5mL×$\dot{W}$·kg/min

6. 根据最大心率推测目标心率

心率存在个体差异，并与运动强度关系密切。因此，研究学者通过进行多次的运动，根据运动时的心率变化制定了心率与强度的推测图（图 9–8），可推测出受试者的$\dot{V}O_2max$或 METS 值。

简单的目标心率计算方法为：

目标心率 =（最大心率–安静时心率）× 运动负荷强度（%）+ 安静时心率

比此更简单的推测方法可以不同年龄的最大心率为标准，查出该年龄不同强度时的心率作为目标心率，确定运动强度（参见图 9–5）。

（肖国强）

第十章　运动与肥胖

【提要】 肥胖分为单纯性和继发性两类，其产生的原因前者为饮食过量或运动不足，后者为病因所引起。肥胖的判断方法大致有体重指数判断法、标准体重判断法、皮下脂肪厚度判断法和体脂肪量（体脂肪率）法。我们应注意自己的体重变化，若体重增加，应限制能量的摄取、增加消耗、进行适量的运动和控制饮食。

一、肥胖与疾病

肥胖（obesity）并不单是指体重增加（overweight），而更是指脂肪在身体内过多堆积的状态。身体的能量收支失衡，多余的能量就转入中性脂肪，储存在白色脂肪细胞中，备于饥饿时动用，然而储存过多，便出现肥胖现象。脂肪组织的主要成分是中性脂肪。脂肪细胞的数量在出生后的一年间快速增加，大约是出生时的 3 倍。10 岁左右开始缓慢增加，在青春发育期脂肪细胞数量和大小急速增加并持续到成人期。在成人期，脂肪细胞数量几乎不增加。成人肥胖者的脂肪细胞数量增加少，主要表现为细胞增大。由于脂肪细胞含中性脂肪量有限（每个细胞含 1.0μg），因此当其达到最大值后，主要通过增加细胞数量来增加脂肪量。

肥胖可引起下列疾病而有损健康，如（1）由于心脏机械做功量增大和左心室机能不全，引起心肌功能障碍；（2）高血压；（3）糖尿病；（4）肾疾病；（5）胆囊疾病；（6）呼吸疾病；（7）外科手术中麻醉管理问题；（8）关节炎疾病和痛风、子宫内膜癌；（9）血浆脂质异常等。因此保持健康的身体，应避免脂肪过多堆积现象。

二、肥胖的判断方法

肥胖产生的原因可分为原发性（单纯性）和继发性（症状性）两类。前者为饮食过量或运动不足，后者为病因所引起。临床上对于后者病因所引起肥胖的诊断很重要，通常肥胖的判断和肥胖症诊断如表 10–1 所示。

表 10–1 肥胖判断和肥胖症诊断方法

1. 肥胖的判断
(1) BMI>26.4 或肥胖度≥20%
(2) 参考体脂肪率、体格、体型、体重的变化等个体差异变化
2. 肥胖症的诊断
(1) 肥胖相关的病：糖尿病、高血压、高血脂、心血管疾病等
(2) 体型：上肢肥胖度（腰围 / 臀围）男性≥1.0，女性≥0.8
(3) 内脏脂肪型肥胖：（腹部 CT 检查）内脏脂肪 / 皮下脂肪（V/S）≥0.4
(4) 肥胖相关病的家史
(5) 继发性肥胖

肥胖的判断方法大致有体重指数判断法、标准体重判断法、皮下脂肪厚度判断法和体脂肪量（体脂肪率）法。

（一）体格指数判断法

表 10–2 所示判断肥胖的体重指数判断法。布罗卡（Broca）认为成人的理想体重（kg）与身高减 100 的值相等，并制定了其公式。井上修二（1988）对布罗卡的公式进行了修正，将其值乘以 0.9 作为理想体重。此公式的计算值若超过 30%则视为肥胖。

表 10–2 体重指数肥胖判断表

身高（cm）－100	Broca 公式
[身高（cm）－100]×0.9	Broca 修正
[体重（kg）/ 身高 ^{3}（cm^3）]×10^7	Rohrer 指数
体重（kg）/ 身高 ^{2}（m^2）	Body Mass Index（BMI）（Quetelet 指数，Kaup 指数）
正常范围：男子 BMI20～25，女子 BMI19～24 BMI27 以上为过度肥胖	

石河先生对日本小学生进行了重复性测试，从摄影照片观察肥胖度与罗赫尔（Rohere）指数、考普（Kaup）指数、体重比、皮下脂肪厚度、上臂围等指标的测试结果，对罗赫尔指数即体重（kg）/ 身高（cm）^{3}×10^7 进行了修正，提出了罗赫尔指数的可信度。

体重指数（Body Mass Index，BMI）是美国生命保险公司提出的理想体重计算法，已被国际广泛使用，根据医学调查发现 BMI 在 22 左右的人不易得病，死亡率也低。因此，我国将 BMI 为 22 作为理想标准体重指数（健康指数或体质指数），其计算方法为体重（kg）/ 身高 ^{2}（m）^{2}。欧美正常男女的 BMI 值分别为 20～25、19～24，过度肥胖BMI值为27以上。日本男女的BMI由青年期后逐渐增大，男子40～50岁和女子50～60岁为高峰值，之后男子BMI逐渐增大，女子稍减少。中国大学生正常体型BMI值为19～24，BMI超过24的女子约占12.3%，男子约占10.1% 。我国研究者大多视BMI24以上者为肥胖者。

（二）标准体重法

通过测定身高与体重的值，用统计学的方法找出它们之间的关系可设定标准体重。美国生命保险公司（Metropolitan1942，1943年）调查了身高、体重与死亡率的关系，根据不同的身高用统计学方法找出死亡率低的体重视为理想体重（ideal weight），并制作了标准体重表。日本明治保险公司也制定了日本人的标准体重（表10–3）。但这种表并不能判断超过标准体重多少为肥胖标准。一般认为超过标准体重20%以上视为肥胖。中国成人标准体重表如表10–4所示。

表 10–3　日本标准体重表

身高（cm）	男（kg）	女（kg）	身高（cm）	男（kg）	女（kg）
130.0		41.9	161.0	59.3	56.2
131.0		42.3	162.0	60.0	56.8
132.0		42.9	163.0	60.7	57.3
133.0		43.4	164.0	61.4	57.9
134.0		43.9	165.0	62.1	58.6
135.0		44.4	166.0	62.8	69.2
136.0		44.9	167.0	63.6	59.9
137.0		45.4	168.0	64.3	60.5
138.0		45.9	169.0	65.0	61.3
139.0		46.3	170.0	65.8	62.0
140.0	45.9	46.8	171.0	66.5	62.8
141.0	46.5	47.2	172.0	67.3	63.6
142.0	47.1	47.6	173.0	68.1	64.4
143.0	47.7	48.1	174.0	68.9	65.3
144.0	48.3	48.5	175.0	69.7	66.2
145.0	48.9	48.9	176.0	70.5	67.1
146.0	49.5	49.3	177.0	71.3	68.1
147.0	50.1	49.8	178.0	72.1	69.1
148.0	50.8	50.2	179.0	72.9	70.1
149.0	51.4	50.6	180.0	73.8	71.1
150.0	52.0	51.0	181.0	74.6	
151.0	52.6	51.4	182.0	75.5	

续表 10-3

身高（cm）	男（kg）	女（kg）	身高（cm）	男（kg）	女（kg）
152.0	53.3	51.9	183.0	76.4	
153.0	53.9	52.3	184.0	77.2	
154.0	54.6	52.8	185.0	78.1	
155.0	55.2	53.2	186.0	79.0	
156.0	55.9	53.7	187.0	79.9	
157.0	56.6	54.2	188.0	80.8	
158.0	57.2	54.7	189.0	81.7	
159.0	57.9	55.2	190.0	82.6	
160.0	58.6	55.7			

（引自：石河利宽，1986.）

表 10-4　中国成人标准体重计算公式

身高（cm）	年龄（岁）	性别	标准体重/(kg）公式
<165	成年人	男	标准体重 = 身高（cm）−105
<165	成年人	女	标准体重 = 身高（cm）−110
>165	<30	男	标准体重 = 身高（cm）−100
>165	>50	女	标准体重 = 身高（cm）−102.5
>165	30～50	男	标准体重 = 身高（cm）−105
>165	30～50	女	标准体重 = 身高（cm）−107.5

（三）皮下脂肪厚度法

皮下脂肪厚度法是用卡尺测定上臂肱三头肌部位（triceps）和肩胛骨下部（subscapular）的皮下（皮褶）脂肪厚度来判断肥胖度的方法。由于两者厚度值的和与身体密度相关，因此从皮下脂肪厚度可算出脂肪率，并将脂肪率在 20%、25%和 30%以上者视为轻度肥胖、肥胖和过度肥胖三种标准。

用皮脂卡尺测定皮下脂肪厚度为人工操作，采用手指捏起皮肤测皮脂厚度的可重复性差（例如，测定技术熟练程度、卡尺和手指捏皮下脂肪厚度误差、测试者个体差异、特殊受试者等）。虽然采用此方法推测肥胖存在争议，但因其操作方便而被研究者们广泛采用、认可。测试的两个部位为上臂外侧中间部位和背部肩胛骨下部，成年男子这两部位的皮下脂肪厚度之和超过 35 毫米，女子超过 45 毫米则判断为肥胖（表 10-5）。为减少误差，使用这种方法进行测定时尽可能同一人操作，同时可增加其他三个部位即腹部、髂嵴上部和大腿部的皮脂厚度的测试。

表 10-5 根据皮脂厚度确定肥胖的标准

性别	年龄（岁）	轻度肥胖 皮脂厚度（mm）	轻度肥胖 体脂肪（%）	肥胖 皮脂厚度（mm）	肥胖 体脂肪（%）	极度肥胖 皮脂厚度（mm）	极度肥胖 体脂肪（%）
男	6～8	20	20	30	25	40	30
	9～11	20	20	32	25	40	30
	12～14	23	20	32	25	40	30
	15～18	30	20	40	25	50	30
	成人	35	20	45	25	55	30
女	6～8	25	25	35	30	45	35
	9～11	30	25	37	30	45	35
	12～14	35	25	40	30	50	35
	15～18	40	30	50	35	55	40
	成人	45	30	55	35	60	40

皮脂厚度 = 肱三头肌部位脂肪厚度 + 肩胛骨下缘脂肪厚度　　　　（引自：长岭晋吉，1972）

研究者通过用卡尺测定尸体各部位的皮脂厚度值与尸体解剖后实际所测值进行研究发现，肩胛骨下部与之相关但不高，而上臂肱三头肌部位竟不相关。因此用卡尺测定全身皮下脂肪厚度的准确性还有待进一步确定。

（四）体脂肪率法

肥胖是指脂肪占体重的比率。然而人体的脂肪率并不能直接测定，因此可采用2、3、4 因素公式（表 10-6），测定脂肪以外的部分数据，推测体脂肪率。2 因素是指脂肪和去脂肪。3 因素是指脂肪、水（W）及以外的成分（Siri 公式）或（Lohman 公式）脂肪和无机盐及以外的成分（M）。4 因素是指脂肪、水、骨无机盐（B）及以外的成分（Seliner 公式）。由体密度和脂肪以外的含有率推测体脂肪率。

表 10-6 体脂肪率（%）推测公式

	方程式	文献
2 因素	%Fat =（$4.95/D_b$-4.50）×100	Siri. 1956
	%Fat =（$4.570/D_b$-4.142）×100	Brozek et al. 1963
	%Fat =（$5.075/D_b$-4.604）×100	Miyamoto，1994
3 因素	%Fat =（$2.118/D_b$-0.78W-1.354）×100	Siri. 1961
	%Fat =（$6.386/D_b$-3.96M-6.090）×100	Lohman. 1986
4 因素	%Fat =（$2.74/D_b$-0.714W+1.146B-2.053）×100	Selinger，1977

%Fat：体脂肪率，D_b：身体密度，W：体水分率，
M：体（骨 + 骨以外）盐量率，B：骨盐量率。

1. 水下称体重测定法

水下称体重测定法需测定体密度，体密度是用体重除体积算出。体积通常采用水下称体重法测定，即根据阿基米德原理，在水中的身体接受与体积相同的水重量（浮力）。因此，由水上和水下测定体重的差便知道体积，再求出体密度。通常在水中测定体重时，受试者坐在水箱中的吊椅上，尽可能处于吐气状态使整个身体沉在水中，测定水中吊椅的重量便知道其重量，但需减去在水上所测得肺中的残气量。测定残气量比较困难，往往用减去 100 毫升来校正。测得身体密度后便可确定脂肪量：

$$\text{身体密度}(g/cm^3)=\frac{\text{空气中体重（kg）}}{[\text{空气中体重}(kg)-\text{水中体重}(kg)]/\text{水的密度}(℃)-\text{残气量}(L)}$$

由身体密度（D）可得知体脂肪率，体容积为下列公式：

$$W/D = W_f/D_f+W_1/D_1$$

W：体重 D：身体密度 W_f：脂肪重量 D_f：脂肪密度

W_1：去脂体重 D_1：除部分脂肪密度

去脂体重 = 体重 - 脂肪重量，脂肪率（F）可由下列公式表示：

$$F=W_f/W=1/D\times D_1\ \ D_f/D_1-D_f-D_f/D_1-D_f$$

Siri，W. E.（1962）的研究认为，在37℃条件下，脂肪的密度为 0.900，去部分脂肪密度为 1.100，F 的公式如下：

$$F=4.95/D-4.50 \quad \text{(Siri 公式)}$$

根据皮脂肪厚度可以简单地算出身体密度，然后带入脂肪率的公式中，便可算出脂肪率（表 10–7）。

男子　D=1.0913～0.00116X　　Nagamine，S Suzuki，S（1964）

女子　D=1.0897～0.00133X

D：身体密度　X：上臂肱三头肌部和肩胛骨下部的和

表 10–7　身体密度的推测法

年龄（岁）	男子	女子
9～11	D = 1.0879～0.00151X	D = 1.0794～0.00142X
12～14	D = 1.0868～0.00133X	D = 1.0888～0.00153X
15～18	D = 1.0977～0.00146X	D = 1.0931～0.00160X
成人	D = 1.0913～0.00116X	D = 1.0879～0.00133X

D：身体密度，X：上臂肱三头肌部和肩胛骨下部的和。　　（引自：长岭晋吉，1972）

2. 生物电阻抗测定法

脂肪几乎不导电，而去脂肪的部分由于含有水分和盐类是良好的导体。因此，在手臂和足背部位放置电极，通过微弱的高周波电流测定另一组电极间的通电性，而得出去脂体量的方法称为生物电测定法。可以通过卧位或站立位测定体脂率，特别是站立位可同时测定体重和体脂率，需要采用近红外线或 BIA（生物电阻抗分析法）脂肪测定仪，时间大约为 1 分钟。

3. 双能 X 线吸收法（Dual Energy X-Ray Absorptioometry，DEXA 法）

通过两种高能和低能不同能量的弱 X 线照射全身，根据 X 线通过骨前后的衰减率，以及软组织前后的衰减率，可测定体骨盐量、体脂肪量等指标。

三、肥胖的对策

人体脂肪除供能外，还能保暖。因此，体内应保存一定量的脂肪，然而脂肪过多堆积形成肥胖便不利于健康。肥胖的形成是一复杂过程，除遗传因素之外，还包括激素的不平衡、情绪障碍及环境因素（文化习惯、不适当的饮食、不适当的运动等）。

肥胖是由于能量的摄取和消耗失衡而导致的。因此，我们应时刻关注自己体重的变化，不仅要注意日常饮食，也要注意加强运动。

（一）限制食物摄取量

肥胖者首先应该限制自己的食物摄取量，由于肥胖的程度不同，特别是高度肥胖者不能充分地进行活动，因此在达到标准体重之前，长时间控制食物的摄取量非常重要。

每周为了减少体内 1 公斤的脂肪组织，必须消耗大约 6000kcal 的热量，如果每天需减少 860kcal 热量，应摄取 1140kcal 热量。由于成人男子每天的基础代谢量约 1500kcal，如果每天摄取 1140kcal 热量，则会引起基础代谢量下降，而破坏正常的日常生活能力。肥胖者必须注意日常生活中的减量问题，为防止身体的体成分被破坏，要适当限制食物的摄取量，逐渐减量。反之，欲速则不达易损害健康体力。肥胖者应注意要保持正常的蛋白质、无机盐摄取量，减少脂肪、糖质的摄取量，特别是女性肥胖者，要减少和控制零食，如面包、水果、饮料等，过多摄取只能增加 kcal 热量。此外也应该限制饮酒。

第 4 届国际肥胖会议（1983 年，纽约）提倡食谱标准热量的比例：蛋白质为 15%、脂肪质为 30%、糖质为 55%。在食物疗法中，每天限制的摄取量为 1200～1800kcal。实际上为了防止去脂体重的减少（lean body mass），每天每 1 公斤标准体重要摄取 1.0～1.5 克的蛋白质，为了防止酮体的大量产生，每天要摄取 100 克以上的糖质。由于个体之间存在差异，因此特定的营养减食比例疗法的效果并未得到营养学者的一致认可。

（二）低热卡食疗法（VLCD）和断食疗法

每天能量摄取量限制在 600kcal 以下的方法称为半饥饿法或断食法，是一种非常强硬的减量法。该方法存在两大缺点，即酮体产生得多和去脂体重受到破坏，会引起全身无力、站起性低血压、高尿酸血症等现象。

（三）增加运动量

肥胖者应进行热量消耗大的活动，每天至少要消耗 200～300kcal 的热量。因此运动促使能量消耗是非常重要的减肥方法。

1. 有氧耐力运动。如慢跑运动是一种在供氧充足的条件下，能够消耗大量热量的运动。这种运动能够动员全身大量的肌群参与活动，而不是身体的局部。

2. 长时间运动，运动时的能量消耗与时间成正比，长时间持续运动要比短时间的运动能量消耗大。因此进行短时间的而不能持续运动的肥胖者不易减肥，反而会增加其食欲感，有助于增肥。

3. 动态运动。动态运动要比静态运动能量消耗大。

4. 注意时间和强度的结合。

上述 4 点为减肥运动的原则。在减肥运动中要特别注意时间和强度的组合，实施运动处方时，要注意高强度运动时间应该较短，低强度运动时间应该长一些。若要减量，运动强度增加 2 倍其运动时间就该减少 1 / 2（表 10-8）。作为减肥运动的方法，应该是以慢跑或步行为中心进行长距离的步行，如郊游、步行旅游等有兴趣的而不是枯燥的活动。此外用自行车运动代替步行，也是一种较好的方法。

表 10-8　成人健康体力运动

运动的频度：3～4 次 / 周

运动的强度：最大心率的储备量 60%～90%（最大心率的储备量 = 最大心率 − 安静时心率）或 $\dot{V}O_2max$ 的 60%～90%

运动持续时间：15～60 分钟的有氧运动

运动的种类：长跑、慢跑、步行、游泳、骑自行车、划船、越野滑雪、跳绳

以及各种耐力性游戏等活动

强度（%$\dot{V}O_2max$）	80	70	60	50
时间（min）	5	15	30	60

（引自：American College of Sports Medicine，1995，依作者修改）

长跑运动对于肥胖者较难实施（年轻肥胖者除外）。在慢跑运动中，保持适宜的频率掌握自己的节奏极为重要。游泳运动也和慢跑运动一样，保持适宜频率而长时间地运动，要比快速运动更为有效。

（四）美国运动医学减肥计划

美国运动医学会（American College of Sports Medicine，1995年）减肥计划推荐如下：

1. 正常成人每日的食物摄取量不得低于1200kcal热量，应摄取含有丰富营养物质的混合食物；

2. 食物疗法要根据社会文化背景、生活习惯、嗜好、经济条件组合食谱；

为了不引起酮血症的代谢性障碍，应该逐渐减量，每天的减量不要超过500～1000kcal热量；

3. 每周减少体重不要超过1公斤；

4. 避开引起营养不良的生活习惯；

5. 每天运动的能量消耗不要低于300kcal，低强度长时间的步行运动是最好的减肥计划；

6. 为了维持理想体重，一生要养成良好的生活习惯和运动习惯。

四、隐形肥胖

（一）隐形肥胖的概念

肥胖是指在体内脂肪堆积过多的一种状态。目前在国际上采用体脂肪率（%）判断肥胖，通常将男子体脂肪率%在20%以上，女子在30%以上者视为“肥胖者”。大量研究表明，在肥胖现象出现之前，即使是在标准体重范围内，体脂肪率可超过20%或30%，这种状态称为“隐形肥胖”。“隐形肥胖”者表现为健康体力机能下降，其原因可能是由于能量摄取与消耗失去平衡。对“隐形肥胖”者的研究在国内并未引起人们的重视，这是由于瘦体重（lean body mass，LBM）下降，肌肉量减少，脂肪增多，标准体重仍在正常范围内，不易被发现其潜在的肥胖。在中国、日本中学生体质调查中，12～16岁青少年的耐力跑、肺活量等指标下降，反映日常锻炼不足。我国对于“隐形肥胖”者的研究报告甚少，日本女子“隐形肥胖”者的比例要比男子高，约占30%，这可能与其生活习惯、学校的体育健康教育有关。

改革开放以来，随着我国经济发展，人民生活水平日益提高，在大、中学生人群中肥胖人数增加。男子体重指数（body mass index，BMI）逐渐上升，而女子却逐渐下降。

2002年，肖国强教授首次进行了隐形肥胖课题的研究。目前“隐形肥胖”者在我国大学生中的出现率与其身体健康及体力的关系尚不清楚。在大学生中，特别是女学生为了减肥瘦身，不适当的节制饮食、使用各种减肥剂、厌倦体育活动等，可能导致“隐形肥胖”者数量增加。了解和掌握我国大学生中“隐形肥胖”者实际状况，以及其与身体的运动能力、身体机能的关系，对于施行大学生健康教育及健康体育活动，指导学生进行适宜的体育锻炼，培养健康的身体以及大学生的体育健康教育改革都是非常重要的。此外“隐形肥胖”也应成为学生体质状况评估及体质监测的一项指标。

（二）隐形肥胖的判断方法

“隐形肥胖”者判断标准：在标准体重内（19.8≤BMI<24.2），脂肪率［%Fat=（4.570/D−4.142）×100］表现为男子（D=1.0913−0.00116×X）在20%以上和女子（D=1.0897−0.00133×X）在30%以上。或男子上臂背部和肩胛骨下部皮脂厚度之和（X）为34毫米以上，女子为46毫米以上的受试者为隐形肥胖者。

（三）隐形肥胖者的身体特征及运动能力

通过调查华南师范大学等三所大学（1998—2001年）四个年级2400名学生发现，男女隐形肥胖者比率分别为4.6%和10.3%，女子隐形肥胖者是男子的2.24倍。在广州市初中学生中，男生隐形肥胖和肥胖者分别为5.99%、3.88%，女生隐形肥胖者和肥胖者分别为5.19%、2.05%。东莞初中男生隐形肥胖和肥胖者比率分别为5.03%和4.47%，初中女生隐形肥胖和肥胖者比率分别为7.96%、4.42%，高中男生隐形肥胖和肥胖者比率分别为3.98%和6.37%，高中女生隐形肥胖和肥胖者比率分别为15.35%、3.95%，可见初、高中女生隐形肥胖比率明显高于男生。

在身体形态方面，大学中女子隐形肥胖者的BMI 21和BMI23组的腰围、胸围与对照组比较，存在明显差异，男子组无显著差异。初中男、女子隐形肥胖者体重比标准体重者重，各部的围度、皮褶厚度均高于标准体重者。

隐形肥胖对大学生和初中生身体素质和身体机能有显著影响。大学生男子隐形肥胖者的肌肉力量和爆发力较差，初中男子隐形肥胖者的肺活量、背肌力、坐位体前屈、垂直纵跳、50米跑、立定跳远、屈臂悬垂和1000米跑身体素质都显著低于标准体重者；初中女子隐形肥胖者的柔韧素质（坐位体前屈）和腰腹力量（仰卧起坐）身体素质显著低于标准体重者。

女子隐形肥胖者身高与标准体重者比较无显著性差异，隐形肥胖者和肥胖者之间比较也无显著性差异，但男子隐形肥胖者和标准体重者之间表现出显著性差异。一般隐形肥胖者表现出身高比较矮小，且个体差异较大，男、女隐性肥胖者的体重比标准体重者重，各种围度值要大，皮褶厚度值厚；隐形肥胖者与肥胖者的比较在各形态指标之间也表现出明显差异，除女子身高无显著性差异外，男子身高及男、女体重肥胖者均明显高于隐形肥胖者，且围度和皮褶厚度值要大。隐形肥胖和肥胖者的形态变化趋势已向中学生蔓延，教师应充分认识到这点，特别是对“隐性肥胖”者做到尽早发现，及时加以控制，积极预防。

女子隐形肥胖要比男子多，其体重尽管在标准以下，而体脂肪率高，这与个人的饮食、运动和日常生活习惯有很大关系。与女子隐形肥胖有关的研究报告显示，91%以上的女子大学生为使自己能减肥保持瘦型，摄取油、糖类较多，青菜少，营养比例失衡，同时除了上体育课以外，不爱运动（7054 步），或每天步行数明显减少（平常运动者为 11338 步）等，事实上他们减少的并不是脂肪组织，而是净体重，长期以往可出现骨密度降低、内脏脂肪堆积及成人病。

在运动能力方面，隐形肥胖者去脂体重值低，肌肉量减少也可能影响爆发力。目前青少年的体质和运动成绩下降，在大学生中，50 米、跳远和投掷等项目的运动成绩下降，特别是女子的体力明显下降。如前所述，不喜欢运动是其中一重要原因。在肥胖的女子中学生中，身体移动性项目的运动能力均下降。虽然隐形肥胖者和非隐形肥胖者之间的体重无明显差异，然而体力和运动能力却下降。大多女子希望减肥但不爱运动，导致腰围明显增大，而男子隐形肥胖会引起爆发力等素质下降。在未来很长的一段时期内，积极开展对大学生的健康教育极为重要。

（四）隐形肥胖者的运动处方

隐形肥胖不同于肥胖者，实施运动处方的主要目的不是减体重，而是去除多余的脂肪从而增加瘦体重，运动处方可在体育教学和业余活动相结合中实施，以有氧运动为主，内容形式丰富，以体重稍减或保持稳定为目标，运动频率为每周 2～3 次为适宜。

隐形肥胖指标应作为大、中学生健身、体质监测的参考指标。隐形肥胖运动处方的设计首先以有氧运动为主，内容形式可尽量丰富，以有兴趣、易操作为原则。相对来说，动作较简单的有氧操、跑跳投类的游戏、有节奏变化的上下台阶运动较受欢迎，较易实施，效果也比较理想。

（王军力）

第十一章　运动与衰老

【提要】随着年龄的增加，运动神经的传导速度减慢，骨骼肌的大小也随年龄的增加而萎缩，运动时呼吸循环系统机能下降。老年人应增强身体健康，使其能够具备长时间维持自立的日常生活体力。30 岁以后加强身体锻炼可推迟随年龄增加而导致体力下降的年龄，保持健康长寿。运动处方对于中老年人具有重要的意义。

一、概述

动物的寿命由成长期、生殖期、后生殖期组成。成长期和生殖期是保障生命内环境稳定和免疫功能良好的重要时期。遗传决定了机体正常工作时的生理机能，在成长期和生殖期期间，即使生理机能发生某种程度的下降，也能维持健康生命。但若在后生殖期，机能即使出现同种程度的下降，也会出现明显的递衰，并出现老化现象，影响机能正常工作。这种生理机能随年龄增加而下降的现象称为“衰老”。

自然环境的生物在后生殖期，会出现内环境稳定性下降，经过短期的衰老阶段后便进入生命的终点。然而在大自然生物中只有人能合理地改变自然环境，弥补内环境稳定性的下降，与此同时通过药剂等提高免疫功能，延长后生殖期，延长寿命。人类仅仅能够延迟衰老，因为人的细胞中大部分是“可死细胞”，细胞分裂是有限的，伴随着年龄的增加，组织和器官的萎缩不可阻挡。据推测人的最长寿命大约 120 岁。为了将这种寿命维持在健康状态，了解衰老出现的生理学基础是非常重要的。

据中国人口普查结果显示，2010 年我国 65 岁以上的老人占总人口的 8.2%，预计到 2025 年老年人口将达 13.2%（参见表 1-2）。我国 60～69 岁的老年人中，有运动习惯的老年人占 33%。因此为了提高高质量的生活，维持健康长寿，加强无运动习惯的老年人运动意识极为重要。

肌酸酐又称肌酐，是肌酸和磷酸肌酸代谢的终产物，它主要由肌肉中磷酸肌酸的非酶促反应生成。对正常成人来说，每日产生肌酸酐量是恒定的，而且肌酸酐的产生量与肌肉量成正比，因此一般男性数值比女性高一点。经常锻炼的人和非素食者的肌酸酐数值也较高。肌酸酐有一定的产生量，而且不会在过滤后被肾小管重吸收。它的排泄量反映血液中的肌酸酐含量和肾小球的过滤速率，也就是肾脏的机能。当肾发生严重病变时，肌酸酐排泄受阻，血液中肌酸酐含量升高。测定血液中肌酸酐可判断肾功能是否有障碍，表现为肌酸酐值越高，肾脏的障碍越大；一般正常男性肌酸酐值为

(60～110μmol/L) (0.7～1.2mg/dl)，女性为 (45～90μmol/L) (0.5～1.0mg/dl)。肌酸酐清除能力 (kreatinin clearance) 与年龄关系的长期横向研究表明，肌酸酐清除能力随着年龄的增加逐渐下降。纵向研究进一步表明，肌酸酐清除能力随着年龄的增加逐渐下降是由于疾病而导致，并非年龄增加本身。肝脏代谢能力随年龄的变化存在个体差异，但健康的年轻人和老年人之间并没有明显差异，而体弱的老年人肝脏机能明显下降，而且比年龄大的老年人差。研究表明，生理机能下降并不是由于生理年龄的增加所导致，而是由于伴随年龄增加而出现的疾病。当然随着年龄的增加，生理机能并不是完全不变的，皮肤、感受器等其机能确实有些下降，但像心脏、肾脏、肝脏、消化系统以及大脑皮质功能等，这些维持人基本生命的生理机能并不容易下降（老年人除外）。一旦其得病或体质衰弱，极易引起生理机能下降，因此应尽可能地保证老年人不得病。可见采取一些合理措施可以延长人的“功能寿命 (functional life span)”。

二、随年龄的增加各器官系统的变化

（一）随年龄的增长运动神经元的变化

汤姆森和艾尔文 (TomLinson and Irviing，1977) 对 13～95 岁生前健康却突然死亡的 47 人进行了调查，发现 60 岁后的老年人随年龄增加，其支配下肢运动神经元的数量减少（图 11-1），支配上肢的运动神经纤维数量也减少，同时神经纤维的直径也变细。由于神经的传导速度与轴突的直径成比例，因此随年龄增加，运动神经的传导速度减慢。这些研究表明，随着年龄的增加，支配上下肢的运动神经元数量和神经纤维直径均减少。

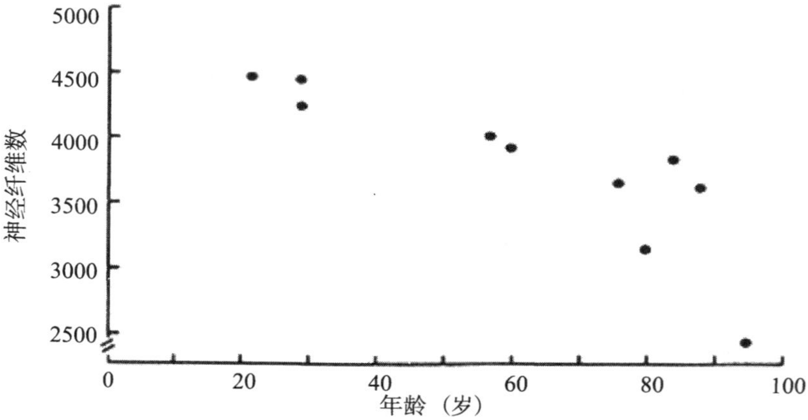

图 11-1 人颈椎（C8）前根有髓鞘纤维的直径与年龄的关系

（引自：Mittal K.R.and Logmani F.H.，1987）

（二）随年龄的增长骨骼肌的变化

骨骼肌随年龄增加会出现萎缩，肌纤维数量减少。莱克塞尔（Lexell，1988）调查了年龄为15～83岁生前健康因事故突然死亡的43名男子的右腿股外侧肌（图11-2），结果显示，随年龄增加股外侧肌纤维数量减少，肌纤维的横断面积也减少。对慢肌纤维和快肌纤维的研究发现，快肌纤维的横断面积随年龄增加出现减少，但肌纤维的百分比不变。对年龄为22～65岁56名男子的股外侧肌活体样本的检测结果显示，肌纤维中的线粒体数量也随着年龄的增加而减少。线粒体减少意味着肌肉中摄取氧量减少，表明老年人的有氧能力自然下降。对45名男子腹直肌的调查结果显示，肌纤维所占比例随年龄的增加而减少，而脂肪细胞所占比例增加（表11-1）。此结果表明，腹直肌的大小和数量随年龄的增加而减少，快慢肌纤维的比例没有发生变化而脂肪却增加。

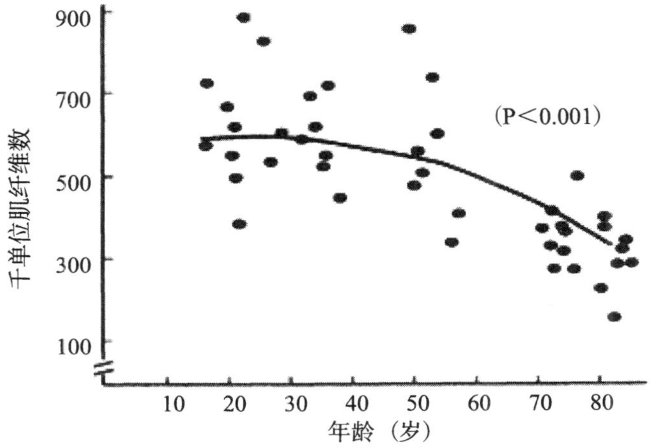

图11-2 不同年龄股外侧肌肌纤维的总数量

（引自：Lexell J.，Taylar C.C. and Sjostrom M，1998）

表11-1 男子腹直肌的组织学成分

年龄（岁）	人数	肌细胞质	脂肪细胞
20～	6	93.1±6.43	0.2±0.06
30～	7	86.4±7.12	2.4±0.41
40～	4	78.9±5.42	5.3±0.76
50～	7	64.0±7.95	10.0±1.89
60～	9	57.3±6.83	20.8±4.22
70～	7	40.1±5.99	38.7±5.27
80～	5	28.9±6.22	50.3±8.73

（引自：Inokuchi，1975）

（三）随年龄的增长呼吸循环系统机能的变化

呼吸循环系统对于肌肉运动时的能量供应起着运输氧的作用（图 11-3），气体经过肺通气到达肺部，通过肺换气在肺泡部与肺毛细血管进行气体交换。进入肺毛细血管中的氧与血红蛋白结合成氧合血红蛋白，通过心脏和血液循环被运输到活动的肌肉中，并将氧释放给活动的肌组织。在肺换气中，我们将最大吸入和呼出的气体量称为肺活量。成人的肺活量随年龄增加而逐渐减少，如果以 20 岁时肺活量为基准，60 岁男女的肺活量大约为原来的 69%和 70%，此后随年龄增加而逐渐减少。肺活量的下降并不太影响氧的运输能力。随着年龄增加，肺的弹性纤维功能减弱，容易造成肺气肿而不能充分地吸气。大量吸烟容易影响肺弹性纤维的功能，因此，不吸烟对于中老年人的健康非常重要。

老年人的血红蛋白含量也随年龄增加而减少，60 岁的老年人，男女血红蛋白含量约为 148g/L 和 130g/L，这意味着其并不贫血（图 11-4）。

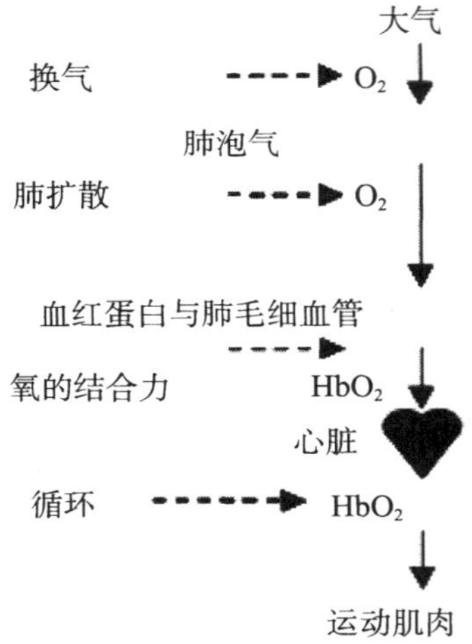

图 11-3　氧运输系统

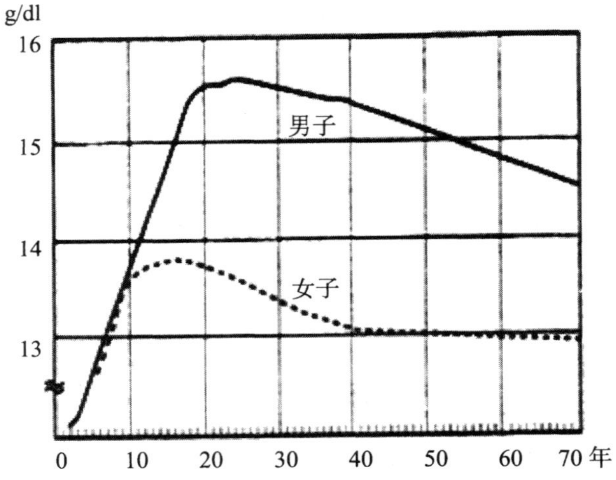

图 11-4　随年龄的增加血红蛋白浓度的变化

（引自：石河利宽，1994）

血液循环系统是影响氧运输的主要因素。每公斤体重的最大心输出量表现为 60 岁后的水平大约是年轻人的一半（图 11-5）。最大摄氧量随年龄增加而下降，60 岁为其青年期的 60%，且同一年龄的男子大于女子（图 11-6）。

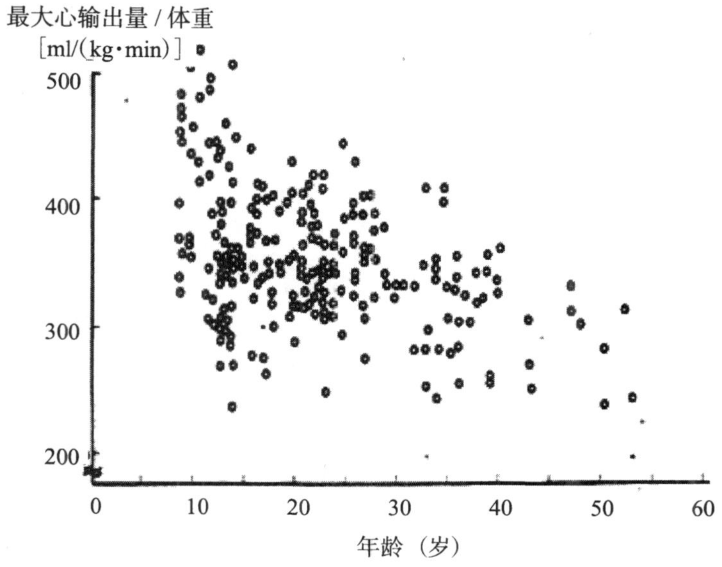

图 11-5 心输出量随年龄增加的变化（男子）

（引自：Miyamura M. and Honda Y.，1973）

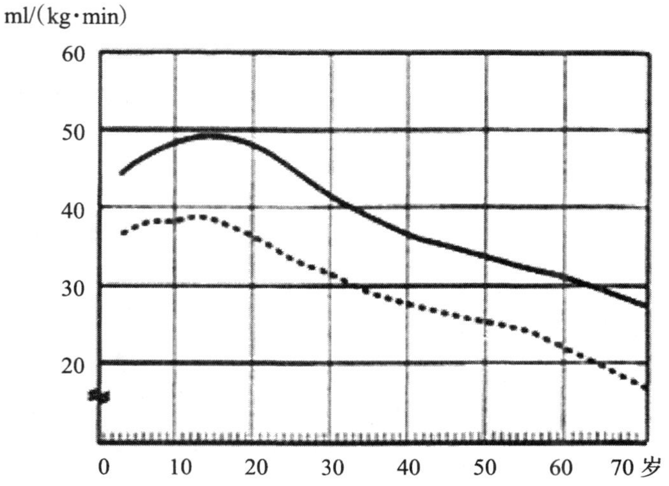

图 11-6 不同年龄最大摄氧量的变化

（引自：石河利宽，1994）

三、随年龄的增加身体素质指标的变化

运动机能包括肌肉力量、柔韧性、敏捷性、平衡性、协调性、爆发力、肌肉耐力和全身耐力等素质，这些运动机能均随年龄增加而下降。

老年人的运动机能随着年龄增加而逐渐下降，这种下降具有素质依存性、个体依存性和部位依存性等特性，因人而异。上肢和下肢肌肉力量相比较，下肢要比上肢下降快，上肢每 10 年下降 6%，下肢每 10 年下降 12%。此外关节的可动范围及方向也随年龄不同而异。

（一）肌肉力量

以握力、背肌力所表示的肌肉力量变化，在 20 岁为峰值，可持续到大约 40 岁，此后随年龄增加而下降。背肌力的下降率要比握力稍大，这是因为在日常生活中较少使用背肌力。

（二）爆发力

肌肉的爆发力主要是测定立定跳远和投手球的运动成绩。立定跳远的距离在 20 岁后逐渐下降，而投手球的距离在 30 岁后逐渐下降。

（三）耐力

耐力主要是指心肺功能的耐力，即有氧耐力。测定 5 分钟跑的距离表明，15～20 岁间为峰值，此后随年龄增加而逐渐下降。

（四）平衡能力

平衡分为静态和动态。静态平衡有重心平衡和单脚平衡，动态平衡有重心前后左右移动、动作时的动摇变化和步行时的变化。

老年人的平衡能力要比其他素质下降明显，60 岁以后重心动摇距离增加，特别是闭眼时动摇非常明显。人 20、30 岁时重心前后左右移动范围为脚长的 60%，而 80 岁以后的移动却在脚长的 2%～0%的狭窄范围内。步行状态表现为步行周期、步幅、角度、时间、脚底压轨迹的左右动摇、步行中的反应时间、单脚 / 双脚支持时间等方面。老年人的这些指标均随年龄增加而下降，表现出步行的不稳定性增加。老年人步行的特征为速度、步幅和步行率下降，躯干的前倾姿势、左右及前后动摇增加，各关节的运动范围减少，参加活动的肌群增加。通常步行速度随年龄增加而下降，步行速度下降表示步幅和步行速率下降。步行速度和步幅、步行速度和步行速率之间存在直线关系，步幅或步行速率增加，则步行速度增加。健康成人的步幅和步行速率比（倾斜度）为 0.006，步行速度增加，步幅和步行速率以一定的比例增加。老年人步幅和步行速率、步行速度和步行速率之间也存在直线关系。在相同速度的条件下，步幅变小，步行速率增加，步行速率和步幅比为 0.004～0.005 之间。因此，由于老年人有髋关节、膝关节等疾病如骨关节病、骨质疏松、平衡不良等，容易摔倒，而且因其长期静卧休息而使体力和运动机能下降。为防止这些变化现象的出现，针对老年人的运动处方非常重要。

四、身体不活动对健康和体能的影响

在每 10000 人的死亡人数中，有氧耐力好的人只有 18.6 人，而有氧耐力差的人却有 64 人，是前者的 3 倍以上（Bair，1989）。这说明在后生殖期中，不能维持日常生活或不进行较强的有氧耐力活动，身体处于不活动状态则促进衰老，产生不健康的身体状态，使死亡保险系数增加。因此可认为促使衰老的重要因素之一是身体不活动而有氧耐力下降。

（一）身体不活动对骨骼肌的影响

老年人进行较强的运动训练对维持有氧体力是有效的。因此，身体不活动抗重力肌的萎缩与有氧体力下降的关系引起了研究者的关注。莱克塞尔研究报道，人外侧肌中的快肌纤维和慢肌纤维分布比例不受年龄增加的影响，而且慢肌纤维的横断面积也不受影响，然而单位横断面积中快肌纤维所占总面积的比率随年龄增加而缩小，这是因为伴随着加龄的抗重力肌肉量减少，快肌纤维量减少，同时也表明慢肌纤维和心脏受增加年龄的影响较少。因此有氧体力随着年龄的增加而下降，也可以认为是控制最大心率的自律神经系统机能下降和血液循环量减少，但抗重力肌肉量减少，是引起快肌纤维量减少的主要原因。

（二）身体不活动对最大摄氧量的影响

身体不活动可以导致最大摄氧量下降，研究发现，20 天卧床休息后与休息前相比较，男子最大摄氧量（水平位卧位）下降 12.5%，女子下降 16.5%。身体不活动可使血液循环耐受静水压的机能下降，血液循环量明显减少。身体不活动导致摄氧量减少，是由于动静脉氧分压差减少而使活动肌肉中的氧利用率下降。

身体不活动导致腿部肌肉萎缩，其中慢肌纤维要比快肌纤维萎缩快。由于长期不活动，不仅是抵抗重力肌肉中的慢肌纤维，就连快肌纤维也明显减少，从而使整个肌肉组织量减少。因此，随着年龄的增加体力下降。身体不活动使最大摄氧量下降的机制主要是循环血量减少，加之该活动肌肉量的减少使氧利用率下降。布洛姆奎斯特（Blomqvist，1983）等研究指出长期静卧休息，改变心肌做功的变力作用，使心肌的收缩力减弱。由于身体不活动而导致的心肌收缩力下降，可认为是最大摄氧量下降的生理因素之一。另一个因素是“第二心脏”即骨骼肌，特别是抗重力肌肉的下肢肌群数量的减少，由于血管的顺从性（compliance）和肌肉的收缩力下降，肌肉泵作用减弱，由肌肉的静脉血液回流量减少，因而减少了心脏的充盈量，导致心扩张能力（cardiac dilation）下降，这种持续的状态（Deconditioning）可导致心肌收缩力减弱。

身体处于不活动状态可导致最大摄氧量减少，倘若能维持该活动肌群的肌肉量，就可以防止最大摄氧量减少。因此在余暇时间要保持有氧运动，维持一定的有氧运动能力，以便最大限度地防止其下降。

增强老年人体力的目的是使老年人能具备长时间维持独立的日常生活体力。20～30岁为人一生中体力最强时期，30岁以后，随年龄的增加体力逐渐下降。当下降到最大体力的30%时期为自立生活最低时期。30岁以后进行适宜的运动可推迟随年龄增长导致体力下降的出现年龄，延长活动的生命。由此可见，运动处方对于中、老年人具有重要的意义。

五、老年人的运动

（一）老年人的健康检查

老年人在进行有规律的体育活动之前，应该进行医学健康检查。这些检查包括血检、尿检、肺部X线检查、心电图检查、血压等。特别是进行心电图和血压的运动负荷测试，不仅要测试安静时，而且也要测试运动中的变化。研究表明，大约有2/3的老年人安静时血压高或接近高血压值。由于老年人卧床生活度过人生的可能性非常大，因此应避免不必要的卧床生活，加强肌肉力量和耐力的组合训练，防止肌肉衰弱。

（二）老年人的肌肉训练

老年人的肌肉训练是否能改善肌肉力量？伴随着年龄增长，肌肉力量和肌肉质量均下降。由于年龄导致的肌纤维损失主要是α-运动纤维，其他的收缩能源物质对力量增生能力并没有影响。单从年龄这方面考虑，在老年人的肌肉中，肌纤维的增生和组成成分相对稳定。但有报道说，运动单位中肌纤维增加的原因是运动神经元较少，部分由外周活动神经元来补偿，那么受支配的肌纤维就不受原运动神经元控制，究竟肌肉的运动是否能改善运动神经纤维的生长仍不清楚。有趣的实验发现，24月龄的大鼠（相当于60岁的老年人）进行5个月的力量训练，结果显示训练组比不训练组的肌纤维提高了14%，由此可见训练引起肌肉力量的提高并不是因为肌纤维的数量增加，而是肌纤维重新生成得到改善所致。

在进行力量训练中，开始几周力量也许可提高 20%～40%，经过持续的力量训练，肌肉由于纤维体积增加而不是肌纤维数量的增多，发生单一的肥大。值得注意的是，每周进行 3 次，每次进行 5 组重复的 6 秒等长收缩练习能有效地防止肌纤维损失，并可使受伤关节周围的肌肉活动功能得到恢复。

菲亚塔罗内（Fiatarone）等对 9 名 90 岁体质弱者进行了 8 周的高强度阻力训练，并根据训练负荷的适宜性原则对其进行递增性的阻力训练，包括绕膝关节伸屈骨骼肌的向心收缩和离心收缩。每周 3 次，每次每条腿做 2～8 次重复性练习，每次持续时间是 6～9 秒，结果显示，训练后力量平均增加 74%。即使每周只进行 10 分钟的持续运动，对于运动性肌肉力量也是有效的。这些发现提示年龄并不会影响运动对骨骼肌的效应。

弗龙捷（Fronter，1988）对年龄 62～72 岁的 12 名健康非锻炼的老年人进行了 12 周的肌肉训练。他们的负荷强度是以本人最大负荷的 80%进行，每周 3 次每次包括 8 次的膝关节伸屈运动。结果表明，伸肌和屈肌力量随着每周训练的进行逐渐增大，用 CT 测定的大腿肌肉横断面积也增大。与此同时，肌肉活检结果也表明，Ⅰ型和Ⅱ型肌纤维的横断面积增大。

老年人的肌肉训练也可使最大摄氧量增大，这是由于肌肉训练可使肌肉的毛细血管增多，促使大量的氧易通过毛细血管壁和肌细胞膜进入肌细胞内。因此，肌肉训练对于老年人不但可使其肌肉发达，而且还能提高肌肉利用氧的能力。

需特别注意的是，老年人进行肌肉训练容易发生肌肉损伤。此外，肌肉训练也容易使老年人的血压升高，一般老年人安静时的血压比青年人高，所以老年人应避免进行大强度负荷的肌肉训练。

（三）老年人的耐力训练

老年人的耐力训练是否能提高其最大摄氧量？最大摄氧量是有氧耐力的指标，其指标也随年龄增加而下降（参见图 11-6）。最大摄氧量随年龄下降的比例，男子每年下降值为 0.4～0.5 ml/（kg·min），女子每年下降值为 0.2～0.35 ml/（kg·min）。这种下降比例在活动和不活动的老年人之间无差异性变化。但有运动习惯的人到了老年以后，如果不坚持活动，其下降率更快。

如表 11-2 所示，经过 1 年的训练，老年人的最大摄氧量增加率可达 30%，而最大心率没有变化。低强度的训练使每搏心输出量明显增加，大强度的训练可使动静脉氧差明显加大，这些均是老年人经长期耐力训练的结果。研究表明，没有锻炼的老年人即使经过较轻的训练强度也可以获得较好的效果。

究竟最大有氧能力得以改善的机制是什么?我们知道，人的个体有氧能力是由其最大摄氧量所决定的。然而在长期练习中，氧耗代谢底物的可用性、动作的有效性等都是影响最大摄氧量的重要因素。从外界环境摄取氧进入线粒体需要一个特殊过程，包括通气量、肺扩散容量、心输出量、氧的运输、血液到线粒体的扩散能力、线粒体内氧化酶的数量等，这些均是限制最大摄氧量的因素。由此可见，影响最大摄氧量的因素包括机体的中枢环境（心肺功能）和外周环境（如练习中的大肌群）。

我们没必要非得使中枢环境得到训练才能激活全身肌肉。只需通过约束大肌群的运动而使小肌群参与运动便可使摄氧量和心率都能得到节省化。训练计划包括以50%最大有氧能力（初训者）进行间歇性或持续性的练习，慢慢加到80%最大有氧功率或最大心率储备，每周只要进行3次30～40分钟练习就能有效地提高每搏输出量，使最大心输出量提高15%，甚至更多。实际上，青年人、老年人、男子或女子进行相似的训练内容，他们的最大摄氧量的百分比都提高了，但这种提高存在个体差异。布沙尔（Bouchaid）等报道研究指出，训练可引起最大有氧能力的变化，但77%是由遗传因素所决定。他们研究的对象都是单卵双生子，那些通过训练而最大有氧能力提高不到5%的受试者中，有5%是长期坐办公室的人。大约有5%受试者的最大有氧能力提高60%，甚至更多。在特殊的状况下，最大摄氧量能够发生显著变化，例如3名受试者经过3周的卧床休息，测定其最大摄氧量平均值为1.74 L/min，然而经过60天的强化训练后，最大摄氧量几乎是以前的2倍（3.41 L/min）。

研究表明，相同的练习量和强度对受试者的一次性练习（30分钟）和几个短时间练习（10分钟）所达到的心脏适应性效果相似。严格地讲，这种间歇性运动对健康是否有作用并没有说明。然而对于那些不能抽出30分钟进行锻炼的人，短一点时间的锻炼总比不参加锻炼好。

研究已表明，最大摄氧量随年龄增长每年下降0.5%～1.0%。然而习惯性的体育运动和遗传因素可不同程度地影响最大摄氧量值。

没有经过训练的受试者最大摄氧量为2.5 L/min，以自身90%最大摄氧量运动强度训练，每次时间大约20分钟，经过一段时间训练后，他们的最大摄氧量达到3.0 L/min，而亚级负荷（小于90%最大摄氧量负荷）可达到的最大摄氧量为2.25 L/min，只占最大摄氧量的75%，运动可维持90 分钟。有氧耐力的提高不受氧运输系统的限制，很有可能储备糖原的耗竭是其限制因素。训练导致了糖原消耗的节省化，提高了骨骼肌自由脂肪酸底物的使用率，以同样的%最大摄氧量负荷进行运动，其持续时间相对要长。

许多研究已经表明，有氧训练可使线粒体数量和其有氧氧化酶活性都有所提高。若将久坐受试者的骨骼肌氧化能力规定为1个单位，优秀耐力运动员的氧化能力可达3个单位。

毛细血管的数量增加减少了血液和细胞内部之间的距离，改善了气体交换率、代谢物的交换率，此外交换区的范围也扩大。在指定的组织体表单位中，毛细血管数目的增多使得单位时间内流经血管网的血流量增多，平均运输效率提高，使得物质交换更完全、彻底。在有氧耐力运动中，毛细血管大量增多主要作用是促进物质运输时间效率，这样能保证燃烧物质的彻底交换。

提高毛细血管网数量能有效地限制脂蛋白脂肪酶活动范围，从而有利于自由脂肪酸（FFA）对肌肉的供应，因为甘油三酸酯的分解很大程度上依靠于脂蛋白脂肪酶的活性。除此之外，脂蛋白脂肪酶将许多表面物质转换成高密度脂蛋白，因此耐力训练者血浆中的高密度脂蛋白浓度明显升高，这也是那些习惯参加体育锻炼的人少得冠心病的重要原因。

综上所述，老年人随年龄的增加，神经、肌肉、呼吸循环器官等机能逐渐退化和减弱，老年人为了使自己能健康地度过余生，应进行适宜的运动（表 11–2，表 11–3）。这种运动是建立在健康的基础上的肌肉锻炼、提高呼吸循环机能的有规律的体育锻炼。进行体育锻炼要从较低强度的运动负荷开始，遵循循序渐进的原则，同时一定要防止受伤。

表 11–2 不同强度训练前后心血管机能的反应

	训练前	低强度训练后	高强度训练后
最大摄氧量［ml/（kg·min）］	25.4±4.6	28.2±5.2	32.9±7.8
最大摄氧量（L/min）	1.91±0.4	2.10±0.4	2.39±0.6
最大心率（b/min）	174±10	168±7	174±7
最大心输出量（推测值）（L/min）	17.6±3.2	18.1±2.8	18.7±2.9
最大每搏输出量（推测值）（ml/b）	101±18	107±172	108±2.5
动静脉氧差（推测值）（ml/100ml）	11.0±3.0	11.7±2.1	12.8±2.5

（引自：Seals D. R. et al.，1984）

表 11–3 不规则身体活动的练习效果

1. 增加最大摄氧量和心输出量
2. 定量负荷摄氧量时的心率降低
3. 心率、血压值下降
4. 改善心肌的工作效率
5. 对心脏病和突然死亡的疾病产生良性影响
6. 增加骨骼肌毛细血管网密度
7. 增加骨骼肌线粒体密度
8. 在特定最大摄氧量%负荷下减少血乳酸的生成
9. 降低特定最大摄氧量时的肌肉用力
10. 增加练习时把自由脂肪酸作为代谢底物的物质利用，也就是节省糖的利用
11. 改善练习时的耐受力
12. 增强代谢从营养的角度看是有利的
13. 增加血液中 HDL（高密度脂蛋白）的含量
14. 改善韧带、肌腱和关节的结构和功能
15. 增加肌肉力量
16. 增加机体的内分泌

续表 11-3

17. 促进神经支配的肌纤维的生长
18. 增加长时间热环境内耐力运动的排汗量
19. 防止骨质疏松
20. 使葡萄糖耐受量正常

六、老年人如何进行健身运动

老化与日益下降的最大有氧能力和肌肉力量存在密切关系，也就是说与日益下降的身体健康密切相关。身体超重是其另一个因素。这些因素加在一起使人走路、爬楼梯、起床或离开坐椅站起来，以及乘公共汽车或火车等变得更加困难，甚至不可能举起和携带重物，最终失去他们的自理能力。由于运动减少，老年人将生活在身体活动能力的“阈值”水平，在这“阈值”水平上只要患有轻微的疾病，就能导致他们完全丧失自立。目前人类对于引起衰老的内外因素知道的并不多。但已清楚的是，锻炼身体能使老年人身体功能得到改善，可有效地推迟身体衰老 10～25 岁。反之，如果身体活动量大幅度地减少，有氧耐力和力量训练的有益影响将在 2 周内逐渐减少。如果身体活动仍没有恢复，2～8 个月内其有益效应将完全消失。

（一）老年人的运动处方

运动处方因人而异。对于大多数不愿意进行较激烈运动的老年人，应选择有规律的、中等强度的耐力运动。据调查，美国成人中超过 60%没有进行有规律的身体锻炼，25%的人从来不锻炼。然而有规律性的身体锻炼可大大地减少患冠心病、糖尿病、高血压和结肠癌等疾病，可获得健康的肌肉、骨和关节。有规律地参与身体锻炼，也可减少沮丧情绪，改善心情，提高工作能力。总而言之，规律性的运动有利于老人维持身体功能和保持独立生活的能力。

锻炼的目的是为了改善身体健康，因此不必进行大强度的运动，并且运动量越多，其健康有利效益呈正比增加。强调数量而不是锻炼的强度，将身体锻炼融入到每天的生活当中。

任何年龄阶段的人都应进行体育锻炼，因为锻炼能预防疾病和维持健康。体育锻炼的内容可选择与他们的能力、需要和兴趣相适应。

所有生物的进化是以物种个体基因链的异质性为基础。物种的幸存是有机物适应特殊环境获得进化的突变成功。如原始社会，人类通过从荒野猎取和搜寻食物来获得其必需品，然而到现代人类社会，获得生活必需品的方式发生变化，决定了人类生存基因密码的进化。我们已适应作为猎取者的生活方式，这也适用于我们的情感和社会生活以及智能、技巧等方面。这种生存适应是与日常身体活动相一致的，包括自身活动、休息和社会活动相交替。现在，我们已经结束了过去那种“猎取”生活方式，进入到一个城市化、高科技发展的社会里，表现为静止生活方式占优势，还包括有高热量饮食、吸烟、饮酒等对健康有害的各种嗜好。许多观点认为，从猎取者的生活方式迅速转到城市化，高技能性的生活方式危害到人体健康。研究生物继承，有助于我们能以正确的方式去纠正目前的生活方式。健康教育变得复杂化了，有病例报道，某人拥有被认为是完善生活方式，可能在年轻时就死于心脏病，相反，拥有“有害”生活方式的人，可能能活至 100 岁，这是由基因背景不同所导致。尽管如此，衰老与各种疾病、身体健康之间的关系等问题引起了我们的关注。为了延缓衰老，从儿童到老年均应进行持续有规律的身体锻炼。

我们每天身体锻炼最少活动时间为 30 分钟，运动强度不必激烈，完成形式也不必持续。例如徒步、跑、蹬楼梯等，不管是一天 30 次，每次 1 分钟，一天 3 次每次 10 分钟，只要活动总时间到 30 分钟，都可消耗 1500kcal 热量。

每周运动 3 次，每次 30～40 分钟，例如快步走、慢跑、骑自行车、游泳、有氧舞蹈或有氧操、踢毽子或太极拳、划船、滑冰、打高尔夫球、玩板球等，对于维持心血管健康是有效的。这些活动所引起的额外能量输出，可能超过 2000kcal，但对维持健康体力有益，因此掌握自己身体活动的能量消耗量极为重要（表 11–4）。

表 11–4 不同性别、年龄的能量消耗

男子	A=8.8H+15.9W+250–10N
女子	A=8.2H+14.8W+120–6.9N

A：能量消耗的近似值（kcal/d）；H：身高（cm）；W：体重（kg）；

N：年龄阶段（20：20~29 岁，30：30~39 岁，…80：80 岁以上）。

（二）美国运动医学推荐的运动处方

1998 年美国运动医学学会推荐了成人健康运动处方，主要围绕呼吸系统机能、身体组成及身体基本素质肌肉力量、肌肉耐力、身体组成和柔韧性，制定了健康运动处方。

1. 呼吸机能和身体组成

（1）练习次数：3～5 次 / 周；

（2）练习强度：最大心率（HRmax）的 55%～65%～90%，其中 55%～64% HRmax 最适合于体力较差的人；

（3）练习持续时间：20～60 分钟持续运动或间歇有氧运动（最少间歇时间 10 分钟的反复运动）。运动持续时间可依运动强度而定，低强度运动应进行 30 分钟以上，较强的运动应进行 20 分钟。长时间的运动易增强健康体力，而高强度的运动持续时间长则不利于身体健康。因此，避免竞技性运动，进行低强度较长时间的运动有利于身体健康。

（4）运动的种类：能够持续地使用大块肌群，有节奏地进行有氧运动，包括太极拳、步行、慢跑、骑自行车、滑雪、有氧操、团体操、跳绳、划船、登台阶、游泳、滑冰、各种耐力性游戏等活动以及这些运动的组合项目。

2. 肌肉力量、耐力、身体组成和柔韧性

（1）休闲舞蹈练习：提高肌肉力量和耐力，维持去脂体重。这种练习具有循序渐进地刺激大块肌群的特点。8～10 种运动项目组合为 1 组，进行多组的运动则有效果，一个动作应该反复 8～12 次，但中老年人以轻负荷进行 10～15 次比较适宜。

（2）柔韧性练习：为维持柔韧性，应增加活动范围，这种运动主要是伸展运动，所以最少 2～3 次 / 周。柔韧性的运动应该包括静态和动态动作。

（三）运动生理学家推荐的运动处方

石河利宽先生从 50 岁就开始实施了维持自身健康的运动处方。

1. 体操练习

（1）全身主要肌肉的训练。

（2）1 种动作项目反复进行 10 次，动作项目之间不间歇。

（3）重量负荷为 2 公斤的哑铃两个。

（4）在运动场地进行准备活动，正式练习从比较轻的项目开始。

在进行全身主要肌肉练习时，要考虑到各个关节部位，练习时各关节不要发出声音。

2. 慢跑

慢跑距离为 4000～5000 米，开始每周 1 次，此后，慢跑与体操练习结合。

3. 跳绳练习

4. 除进行上述运动之外，还应保持一定的体重（有变化时，控制饮食量进行调节），确保按时起床、就寝睡眠等作息时间。每年进行一次健康检查（表 11–5 为健康体力测试成绩）。

表 11-5 健康体力测试成绩

(1) 壮年体力测试		
反复侧移动	40 次	
垂直跳	41cm	
握力	右手	41kg
	左手	45kg
	1500m 快走	9.9min
(2) 最大摄氧量 (功率自行车)	29ml/(kg·min)	

(引自：石河利宽，1998)

七、老年人健身运动若干问题

(一) 健身运动的特殊性

不管是骨骼肌的力量或心血管系统耐力，都是老年人训练适应性的限制因素。萨尔庭（Saltin）报道，将一条腿固定 4～6 周不运动，然后采用功率自行车进行单腿有氧运动。结果发现固定腿运动时心率要比没有固定的腿进行同样单腿练习时的心率快 25 次 / 分。在单腿固定前两组练习的心率无差异。

为了维持和改善关节的柔韧性、灵活性和耐受性，应该进行专门的技巧性练习。通常认为随年龄的增长，人体不能进行快速、准确、协调地控制手指的运动。但如许多音乐家在高年龄时却仍能表演得非常精彩。亚瑟·鲁宾斯坦（Athur Rubinstin）在 88 岁时仍然成功地表演肖邦（chopin）作曲。安德烈斯·塞戈维亚（Andres Segovia）在 92 岁时还成功地举办了经典吉他音乐会，可见年龄不是影响灵活性等素质的决定因素，他们精彩的表演不但有天赋因素，同时也是不断练习的结果。

(二) 不参加体育锻炼对心脏病发生的影响

据报道，美国 1987 年 210 万死亡人中有 27.5%是因 CHD（冠心病）而死亡。很多文献报道冠心病的发生与很多因素有关，如长时间处于坐位状态，并形成了一种生活习惯，血中的甘油三酯和低密度脂蛋白升高，血中的高密度脂蛋白的含量降低，此外还包括有吸烟、高血压、糖尿病、肥胖、饮食性的缺乏胰岛素、碳水化合物摄取过多等。近 20 年来已有不少报道表明，体育锻炼人群和久坐控制组人群相比较，冠心病的发病率可明显地减少。帕芬巴尔格（Paffenbarge）对哈佛大学

17000人的纵向追踪研究结果显示，每人每周散步大约消耗2000cal能量，运动的人比久坐不运动的人患有冠心病的可能性低39%。久坐不动的人，即使是到了晚年，只要不断地进行体育锻炼，可减少患有冠心病及其他疾病的可能，达到长期进行体育锻炼者的水平。

布莱尔（Blair）等进行了8年多的追踪研究，他对10000名男性和30000名女性进行了最大负荷下跑台测试，研究了他们的生理适应。根据测试成绩将其实验对象的适应能力分为5个等级。适应能力最强的男性受试者死亡率比适宜能力最差的低70%。同样适应能力最强的女性死亡率也比适宜能力最差者低78%。由此可知，适应能力增强可以延缓死亡的发生，降低心血管疾病和癌症的发病率。

经常静坐的人易患有CHD，有规律的身体活动能减少过早死亡的发生率。有规律、适宜的活动可以降低高血压、高血脂、肥胖、II型糖尿病、低血糖、骨质疏松、基因癌变、背部损伤及心理疾病的发生，抑制或有利于这些疾病出现后的治疗，还可使代谢、内分泌和免疫系统的功能增强，有益身体健康。尽管身体活动对以上因素的影响或许很微小，但其总体效果可对健康和疾病、生命和死亡产生重要的积极作用。

美国人平均寿命的估计值已经从1900年的47岁增加到1988年的75岁。人类寿命的上限将会是多少呢？有人计算消除缺血性心脏病，可使女性平均寿命增加3.5岁，消除各种癌症的影响（1985年占各种死亡情况的22.55%）可使男性的平均寿命延长8.1年，女性平均寿命延长7年。换而言之，消除各种疾病对延长人类寿命并不显著。而实施体育活动锻炼身体，改善衰老无疾病人体的身体功能，可能会起到意想不到的效果。

（三）健身运动的营养

最近，有关糖代谢的研究认为，葡萄糖可以永久性地转变一些蛋白质。如果情况确实如此，那么葡萄糖便可能与衰老所引起的一些细胞和组织的功能下降有关。患糖尿病而不加控制的患者，因血糖浓度过高可引起许多糖尿病并发症。糖尿病可加速许多器官和组织的衰老，其中包括老年期白内障、关节僵硬、动脉粥样硬化。这些症状在老年人群中是典型的，然而患有高血糖症者较血糖浓度正常的人出现得早。

长时间静坐而没有训练人的肌肉中胰岛素敏感性降低，其中老年人血糖耐受性较年轻人降低。长期高血糖浓度易引起上述所提到的糖蛋白反应。另外，由于血糖浓度高也容易引起胰岛素浓度升高，可导致CHD的发生。

有针对性的运动练习可使老年人对葡萄糖耐受性维持正常状态，并能增加肌肉对胰岛素的敏感性。应该强调的是，肌肉的收缩活动可促使血糖的摄取，即使在没有胰岛素的情况下，其摄糖量也会增加。

人们进行的身体练习越多，摄入过多的能量，肥胖发生率越低。从营养的角度看，身体活动的优点在于高能量的摄入而保证了基本营养的更好摄入。从动态角度来讲，我们的能量消耗和基本营养的摄入都是很高的，这对于低能量消耗者静坐的人保持营养平衡，尤其是在非优质食品供应的情况下，保持营养平衡十分关键。随着年龄增加，人的基础代谢逐步降低，但对基本营养的需求并没有相应地减少。因此建议老年人应该进行身体活动。对于肥胖患者的治疗还应通过日常的身体活动减少能量摄入，增加能量输出，毕竟身体活动是能量消耗最为重要的方式。肥胖尤其是内脏性肥胖，不进行身体活动可更进一步增加 CHD 的发生，有害健康。而非胰岛素依赖性糖尿病的发生又是另一个促使 CHD 发生的危险因素。

（四）进行健身运动的安危性

对进行身体活动时可能发生的危险性应充分认识到，最常见的是骨骼肌损伤。当练习强度和运动量与身体不相适宜时，易出现骨骼肌损伤。另外，其他一些与健康有关的情形如心肌梗塞、突然死亡，这些主要易发生在长时间静坐并患有严重动脉粥样硬化的人进行激烈运动中。因此，长时间静坐的人，尤其是那些以前出现健康问题的长时间静坐的人，应坚持循序渐进的原则增加身体活动量。即使是经常进行身体锻炼的人，因练习时的用力而出现心肌梗塞或突然死亡的情况也有发生，但总的说来，经常进行身体锻炼的人出现这些情况的可能性要低于长时间静坐的人。西斯科维克（Siscovick）报道经常进行身体锻炼的男性，24 小时内突然出现心脏病概率要比长时间静坐的低 40%。

有研究学者对所有娱乐活动和运动时出现急性心血管致死进行了统计，结果如下：1150 万 20～39 岁的男性中，出现练习中突然死亡的只有 1 人；50 万 40～49 岁的女性中，练习时出现 1 例突然死亡；220 万 50～69 岁的女性中，练习中出现突然死亡 1 例。

体内各种生化指标的变化能反映身体锻炼对人体防御机能的影响状况，包括改变免疫细胞数量、淋巴细胞的数量和功能，改善细胞毒性、细胞质变动产物和分泌的免疫球蛋白。但总体来说，这些改变在数量上是微小的，在持续时间上是短暂的，其生理学效应尚不能确定，需进一步探讨。

当人进入老年阶段后，自我鉴定自身的日常生活能力，需要把握如下 12 个问题：

1. 持续步行的时间

（1）5～10 分钟；　　（2）20～40 分钟；　　（3）1 小时以上。

2. 持续跑步的时间

（1）不能跑；　　（2）2～3 分钟；　　（3）10 分钟以上。

3. 跨过沟的幅度

（1）不能够；（2）约 30 厘米；（3）约 50 厘米。

4. 如何上楼梯

（1）必须手扶着；（2）慢慢的不用手扶着；（3）较轻松的不用手扶着。

5. 从正常的坐姿能否站立

（1）不能够；（2）手扶着床边能够站立；（3）不用手扶着床边能够站起。

6. 能否睁眼单腿站立

（1）不能够；（2）20～30 秒；（3）30 秒以上。

7. 乘公交车时能否站立

（1）不能够；（2）手抓吊环能够站立；
（3）除车启动和停车外，不用手抓吊环能够站立。

8. 能否站立姿势穿裤子或裙子

（1）必须坐位姿势；（2）身体依靠着物体才能够完成；
（3）站立姿势能够完成。

9. 能否扣上衣扣子

（1）两手能够慢慢地扣；（2）两手能够较快地扣；（3）单手能够扣。

10. 能否整理床被

（1）不能够；（2）能够整理毛巾被或轻的床被；
（3）能够轻松地整理床被。

11. 能够持多重量的物体步行 10 米

（1）不能够；（2）约 5 公斤；（3）约 10 公斤。

12. 能否仰卧起坐

（1）不能够；（2）1～2 次；（3）3～4 次。

由于年龄影响机体的结构和功能，使老年人的日常生活能力不能自理，遭受疾病侵扰最终导致死亡。在美国（1985），75～84 岁的老年人中，超过 15%的人走 800 米或上楼梯均有困难，超过一半的人难以提起 4.5 公斤物体。在正常年龄的分类中，可分为成功的年龄和正常年龄，日常生活能力能够自理的老年人为成功年龄，而不能自理则为正常年龄。在正常的衰老过程中，外界因素只是加速了衰老的产生，而成功的年龄过程中，外界因素影响是中性的或积极的，对于正常衰老有关的危险和调整策略研究有助于阐明如何促进正常衰老转变为成功的衰老，关键在于弄清哪些疾病或死亡是因个体天生的基因组成而不可避免，如内在因素，还要弄清哪些外在因素如环境、个体生活方式等可调整衰老的过程。

（肖国强）

第十二章　运动与骨质疏松

【提要】骨质疏松是指“骨量或骨强度下降，容易发生骨折的状态”。女子闭经期后容易引起骨质疏松症。预防骨质疏松的体育活动项目多为跑、步行、体操和肌肉力量训练。具有一定强度的撞击力运动对于骨密度的增加要比反复、多次微弱的刺激有效。移动身体重量的运动和重量训练的阻抗运动可增加骨盐量。只要坚持不断的有规律的运动，就能保持较高的骨密度，可以增加和保持青少年期的骨质量峰值，减少中老年期的骨丢失率。

骨是从胎儿期的间叶生长出的支持组织。人以头盖骨的顶点为中心，通过抵抗重力作用的坐位姿势，保持安静状态。同时以两腿的移动保持站立姿势。骨依靠骨骼肌的附着点，随着骨骼肌的收缩，进行以关节为中心的旋转运动，完成部分或全身人体运动。

成人的骨保持一定的稳定状态，但骨的代谢活动并未停止，表现在破骨细胞和成骨细胞之间的平衡状态变化，这种现象称为骨的重塑。老人由于骨的重塑功能不完全，导致骨的质量逐渐减少。骨量和骨的无机盐减少状态即为骨质疏松现象。骨质疏松是指“骨量或骨强度下降，容易发生骨折的状态”。

一、骨盐量的测定

骨盐量可作为判断人骨硬度的指标，现在的测定方法主要使用光子吸收法(photon absorptiometry)。光子吸收法分为单光子吸收法（single photon absorptiometry，SPA）和双光子吸收法（dual photon absorptiometry，DPA）。这两种方法借助于γ或X线通过骨盐量时放射的比例不同，反映骨盐量的含量。前者难以避免软骨组织的影响，因此以软骨组织少的桡骨、指骨、中指骨等骨为主要的测定部位，后者不受软骨组织的影响，所以以腰椎和大腿骨中枢端为主要的测定部位。

二、不同发育期的骨与运动

（一）发育期的骨与运动

韦达克斯和康罗伊（Vividakis and Conroy）通过测定少年男子举重运动员前臂、大腿骨和腰椎的骨密度，并与同年龄的男子比较，发现其骨密度值均比一般人大。塞拉门达（Slemenda）调查了118名儿童少年（5.3～14岁男女），他们均进行支撑体重的运动项目（篮球、足球、网球及举重），每周训练3次。研究发现，除腰椎骨外，桡骨和大腿骨的骨密度与体育活动时间存在相关。

研究发现，6～9岁期间，第2～4腰椎的骨密度平均值为0.6～0.7g/cm²，无性别差异。此后女子表现为增加缓慢，12岁则超过0.8g/cm²；而男子11岁时增加很少，一年后增加较多，11～12岁阶段男女之间的骨密度值无明显的性别差异，但女子的骨密度要比男子大，可能与女子初潮前一年的骨密度急剧增加有关。

宫元和石河对学生的骨密度与运动时间关系进行了研究（男子51名，女子29名），按照从中学到高中6年间坚持每周运动3天以上和不足3天的分成两组，运动持续时间不足2年、2～4年和5年以上分成三组进行比较。结果发现，男子的持续运动年限与骨密度之间无明显相关，而女子2～4年、5年以上组与不足2年组显示，持续运动年限与大腿骨的骨密度存在明显相关。提示女子在中学和高中时期的体育运动非常重要，然而腰椎呈现这种现象并不明显。研究显示，在发育期对骨密度增长有促进作用的体育运动项目是举重、支撑、撞击等男女运动项目。然而像游泳这种靠水浮力支撑体重，而没有撞击动作的运动其效果不明显。

（二）成人的骨盐量与运动

成年人特别是老年人长期进行体育运动对骨的效果研究表明，运动对增加男女的骨密度有促进作用。有效运动内容包括步行、跑、有氧运动、肌肉力量训练、体操、田径运动和球类等。这些运动项目不仅对成年人而且对老年人也有效。研究结果表明，对于青年期后的成年人，不论性别、年龄，只要坚持不断的有规律的运动，就能保持较高的骨密度，预防老年人骨质疏松。

对60岁以上老年人的横向研究较多。他们参加的运动项目是跑（主要是长距离跑）、球类（网球、篮球、地滚球、排球）、滑雪、投掷、跳、举重（力量训练）、游泳、划船等。同时调查的并不只是特定体育项目，也包括在日常生活中进行各种体育活动的对象。在这些对象中，大多数人运动史较长，运动效果明显。但游泳组与对照组比较无明显差异。日常活动量对前臂、手骨的影响，与打网球者的桡骨相比差异显著，短跑要比长跑增加骨密度更有效。提示不但活动的刺激强度对增加骨密度重要，而且刺激强度要比刺激频率更为重要。通过对女子月经正常组与无月经组实施长期长跑训练，结果发现，月经正常组的腰椎、大腿骨、全身的骨密度值大。青年男子划船选手与铁人三项的腰椎、全身骨密度调查发现，前者的骨密度要大于后者。划船选手的血睾酮激素与普通人比较无差异，而铁人三项选手却明显降低。提示长跑和铁人三项这样的运动降低男女性激素的分泌，不适宜将其作为强化骨的运动项目。

纵向研究的对象大多为女子，年龄分布在 50 岁以后较多，这是由于女子闭经期后容易引起骨质疏松症，活动的项目多为跑、步行、体操和肌肉力量训练。研究结果表明这些活动对预防骨质疏松是有效的，但男女之间进行相同训练的效果是否存在差异并不清楚。

三、不同因素对骨的影响

（一）步行对骨的作用

步行贯穿于我们的日常生活中，当前的研究对步行和完全不进行步行人群的研究很少，大多数是对日常生活中有较大活动量人群与不活动者进行比较研究。

坎德斯（Kanders）等研究者调查了 60 名 24～35 岁具有正常体重的女子，对她们的身体活动量、钙的摄取量和骨密度进行了研究。将其业余活动量作为身体活动量，分为每天活动量 700kcal 和不满 700kcal 两组，钙的摄取量分为每天 755 毫克以上和不满 755 毫克两组，然后用 DPA（双光子吸收测量法）测定了腰椎的骨密度。结果发现，身体活动量和钙摄取量的增加均可增加骨密度。

斯蒂尔曼（Stillman）通过研究 30～85 岁健康女子 83 人，按照日常活动量将其分为高（28 人）、中（36 人）和低（19 人）三组。日常活动量由家庭生活、工作、过去从事的体育活动和现在进行的体育活动来判断。同时采用 SPA 法测定桡骨的骨密度。研究结果发现，中等强度和低强度日常活动量之间无显著差异；而高强度日常活动量组的骨密度明显大于中、低两组（表 12-1）。

表 12-1　右桡骨的骨盐量和身体活动量的关系

组别	数	骨盐量（g/cm²）	骨密度修正值（g/cm²）
低强度活动量组	19	0.745[a]±0.118	0.622[a]
中强度活动量组	36	0.759[b]±0.135	0.651[b]
高强度活动量组	28	0.857[a，b]±0.122	0.079[a，b]

修正值为年龄和月经状况的值（引自：Stillman，1986）

哈里欧（Halioua）调查了年龄为20～50岁闭经前的女子196人以往的身体活动量、钙的摄取量和桡骨的骨盐量、骨密度之间的关系。用SPA法测定了骨盐量和骨密度，结果表明，以往的身体活动量和钙的摄取量都与骨盐量成正比。

阿罗亚（Aoia）研究了平均年龄为39岁女子24人的日常活动量和骨密度之间的关系。身体活动量采用能量检测仪测定，并用DPA测定腰椎的骨密度，用SPA法测定桡骨的骨密度。结果发现，身体活动量与腰椎的骨密度密切相关，而与桡骨的骨密度未见明显相关。

奥福德（Offord）研究了年龄为49～65岁闭经后健康女子68人的身体活动量和骨密度之间的关系。身体活动量由家庭事物、职业活动及体育活动三方面分6阶段评价。每周进行三次高尔夫运动体育分为4分，采用DPA测定腰椎的骨密度。结果表明，骨密度和身体活动量之间的相关系数为0.24，具有统计学意义。

表12-2 女子非运动组和步行组腰椎骨密度的比较（50～60岁）

	非运动组	步行组	非运动组	步行组
	（50岁组）		（60岁组）	
测定人数	19	14	8	7
身体活动量（步/天）	7796±30.44	9763±29.03	7128±21.70	8267±20.75
骨密度（g/m²）	0.91±0.11	0.89±0.22	0.80±0.12	0.82±0.20

（引自：宫元章次，石河利宽，2001）

日本有氧健康协会的报告指出，对50岁和60岁女子的步行组和非运动组腰椎骨密度比较，两组之间均无明显差异（表12-2），这两组每天的步行数基本相同，说明步行运动对增加骨密度有很好的效果，并不受其完成形式的影响。

上述均为横向研究的结果，而采用一定的步行强度，经过一定时间的训练则为纵向研究。史密斯和雷登（Smith and Reddan）报道，对69～95岁高龄女子12人，每天进行30分钟，每秒1.5～3.0米的步行强度活动（为较弱的运动强度），每周3次，3年锻炼后，采用SPA法测定其桡骨骨盐量。结果显示，与不进行这种强度运动的控制组相比较，其骨盐量增加4.2%，而对照组却减少了2%。

（二）高尔夫球运动对骨的影响

研究发现，40岁的高尔夫球练习者，每天平均步行17697步；50岁的高尔夫球练习者，每天平均步行可达16950步。他们比同年龄的普通人（对照组）的步行大约多10000步，可是他们的第2～4腰椎的骨密度与对照组之间无显著差异。这是由于高尔夫运动是在柔软的草皮上进行，对于增加骨密度的刺激不足。此外，在高尔夫球练习者的调查中，40岁组钙的摄取量为485mg/d（天），50岁组为319mg/d，钙的摄取量不足也是影响骨密度的因素之一。

以上研究对象均为女子（表 12-3）。女子与男子相比较，骨骼天生细小，特别是闭经后容易产生骨质疏松。

在高尔夫球运动研究中，关于运动对骨盐量或骨密度有显著性影响的研究并不多。阿罗亚（Aloia）研究认为，身体部位的不同，其受影响的效果也不同。高尔夫球运动对腰椎的影响有效果，而对桡骨影响的效果不大。

研究认为，高尔夫球是以步行为主的运动，与日常活动量比较大（活动内容以步行为主，但不仅仅是步行）的普通人，在经过相同步行量后进行比较，虽然其每天步行达 17000 步，但对腰椎的骨密度未起到强化效果。

高尔夫球运动时的步行活动与在道路上的步行不同。高尔夫球运动时的步行，由于柔软的草皮缓冲了来自地面的冲击力，对于腰或膝关节有伤病的人以及易发生伤病的老年人是有益的。然而对于骨来讲，骨密度的增加依赖于有一定强度的撞击力。由此可见，高尔夫球活动时的步行次数虽然比一般人多，但接受地面的刺激小，对于骨的强化效果不明显。但对于 70 岁以上的女子进行有规则的高尔夫球运动，可有效防止骨盐量下降。

因此，增加骨盐量的运动之一是移动体重的运动，如步行、跑、跳、舞蹈和滑雪等运动。再一种是重量训练的抵抗运动。前者主要是反复接受地面的反作用力，后者主要是由强有力的肌肉收缩，牵拉骨作用的运动。游泳对于增加骨盐量是否有效并不十分清楚，而马拉松、铁人三项这样长时间的运动，可能导致男女性激素水平下降，对骨的形成造成障碍。

从以上对高尔夫球运动的研究结果可以看出，采用高尔夫球运动对骨进行强化可能并不是很有效的方法。

（三）女性激素对骨的影响

由于女性激素对于骨盐量的影响非常明显，因此，常选取无月经女子运动员作为研究对象，比较有无月经长跑运动员的骨密度和女性激素。表 12-3 是关于女性激素和雌二醇的研究，无论哪一组正常月经者的雌二醇浓度均是无月经组的 3 倍，而且骨密度也有明显差异。但上肢骨密度的差异较小，这是由于长跑项目的特点所决定，上肢没有接受撞击力，上肢肌肉收缩动作少导致骨密度影响小。由此表明，女性激素对于骨密度的形成起着重要作用，与此同时运动的刺激对其也产生良好影响。不良的生活习惯可导致对钙的摄取量不足，特别是更年期女子因性激素分泌下降，若钙摄取不足便易引起骨质疏松。在闭经期女子摄取雌性激素对于预防骨质疏松是有效的。

表 12-3 运动对骨的影响

研究者	受试者	运动内容	测定法	测定部位	显著性差异
Kanders	成人女子	业余活动量大	DPA	腰椎	有
Stillman	老年女子	日常生活量大	SPA	桡骨	有
Haliman	成年女子	过去的活动量大	SPA	桡骨	有
Aloia	成年女子	日常生活量大	DPA	腰椎	有
Sinaki Offoed	闭经后女子	日常生活量大	DPA	腰椎	有
日本有氧健康协会	闭经后女子	步行组	DPA	腰椎	没有
Skich Reddan	闭经后女子	3 年运动量	SPA	桡骨	有
中岛	40、50 岁女子	高尔夫运动	DPA	腰椎	没有

（四）钙的摄取量对骨的影响

哈留纳（Haliuna）对 20～50 岁闭经前女子 75 人的摄取钙量进行了调查，受试者分为摄取钙量多与少的两组。对其左撇子或右撇子桡骨末端部和中央部的骨盐量、骨密度比较结果表明，摄取钙多组所测的值较大。坎德和琳赛（Kander and Lindsay）研究了年龄为 24～35 岁女子青年 60 人的钙摄取量和身体活动量的关系。她们每天钙摄取量为 755 毫克，活动量的能量消耗为 500kcal，比较其与骨密度的关系。结果表明，钙摄取量和身体活动量对增加腰椎的骨密度起到重要的作用。

以上研究表明，只要充分摄取钙并进行有规律的运动，对于保持高水平的骨盐量具有重要作用。成年人日钙需要量为 600mg/d，而我国每人每天钙摄取量仅为 585 毫克，并未达到标准。

（五）卧床对骨的影响

唐纳森（Donaldson）对 3 名健康男子进行了 30～36 周卧床实验，结果发现血清钙和磷的浓度无明显变化，但跟骨的骨盐量减少，而终止卧床后这些指标逐渐恢复。卧床的原因包括传染性疾病、器官疾病、消化、神经系统疾病、各种骨折等。老年人应避免穿高跟鞋，特别是步行、上下楼梯台阶时要多注意安全。外出时常穿运动鞋，防止跌倒。下台阶时手要扶楼梯把，同时空手防止脚踏空。石河先生防止骨质疏松的对策是加强对上肢骨的运动刺激，例如握 2 千克的哑铃，以双肩为轴两侧平举、上举或向前推，反复刺激上肢骨。加强对下肢骨和脊椎的运动刺激方法是：手握哑铃弹跳，或进行 5000 米的慢跑，以反作用力刺激骨，同时每天喝牛奶。

为了维持高水平的骨盐量，从小学就应开始坚持运动。

（六）体育锻炼对骨质疏松的影响

增加和减少身体活动可引起骨、韧带、肌腱的结构变化。胶原纤维束的体积和数量对胶原的连接产生消极影响。而经过训练的动物，其韧带和肌腱中胶原的浓度有所增加。活动少不仅可以影响肩、关节、肌肉的力量，而且可使韧带和肌腱所传送的力量减少。

骨的退化严重威胁健康，尤其是对不断衰老的妇女其危害更大。骨成熟后，骨密度不断减少，达到一定程度时引起骨质疏松症，此为老年人易患的一种严重疾病。美国 65 岁的妇女中有 1/3 的人患有椎骨骨折，81 岁的老年人中有 1/3 的女性和 1/6 的男性患有骨盆骨折。对于老年人来说，骨质疏松的危害是一个巨大的灾难。

骨的质量由局部（代谢）和系统（内分泌激素）的稳定共同控制，负荷时引起骨压力增加，进一步骨变形可促进骨的形成，阻止骨的吸收，使其处于正常的代谢中，还可促进疏松骨脱离睡眠状态，开始生成新的骨质。作用于骨组织的局部作用力可促进骨的合成。直立位的练习对于骨的合成优于卧立位练习，走路的效果优于游泳的效果。

运动员骨的质量远高于长期静坐的人，经常练习的部位，其骨的增生更加明显（如网球运动员的优势手）。体育锻炼可引起骨的增生，减少骨质疏松的发生。中老年妇女进行体育锻炼后，都会出现骨体积的增大和骨组织丢失率下降。

总的说来，有规律的身体活动对促进肌肉力量、关节的结构和功能是必要的。中等强度的身体训练不会造成关节损伤，也不会出现骨质疏松，对关节炎患者十分有利。运动处方中所建议的增加骨、韧带和肌腱部位力量的练习形式，可以保持和增加这些结构的功能，这种作用效果仅表现在那些直接参与练习的组织。预防出现骨质疏松的对策，可以增加青少年和中年期骨质量的峰值，保持或减少中年和老年期的骨丢失率。

（赵云雷，曹姣，肖国强）

第十三章　运动与女性

【提要】月经是指大约每隔一个月并在数天内引起子宫内膜周期性的出血现象。月经现象受各种微细影响的调节，体育活动也影响月经周期的正常变化。提倡适宜妊妇的体育活动。为防止更年期卵巢机能开始下降，应进行加强肌肉力量、柔韧性以及调整能力的运动内容，并对防止和减少跌倒、骨质疏松症而引起的骨折具有重要的意义。

一、性周期与运动

月经周期是指每一个月反复一次，大约一周内由子宫内膜出血的现象。月经现象由非常微细的调节机构所调节，容易被各种疲劳的刺激影响，导致机能障碍。

（一）月经周期现象

1. 月经周期的调节结构

随月经周期的变化，下丘脑—垂体—卵巢—子宫等部位，以至全身都发生了相应的变化。下丘脑—垂体—卵巢系统的各器官分泌的物质（激素）相互调节着其他器官的机能（反馈调节）。

月经出血是由于子宫内膜的脱落而引起，卵巢激素（卵胞激素、黄体激素）可调节子宫内膜的状态。卵巢分泌的激素在卵巢发育期、排卵、黄体形成的各时期不同，这种机能变化由垂体前叶分泌的促性腺激素（促卵泡成熟激素：FSH、促黄体生成激素：LH）调节，而促性腺激素的分泌又由下丘脑部分泌的促性腺激素释放激素（促性腺激素释放激素或促黄体生成激素释放激素：GnRH 或 LH-RH）调节。这些由中枢分泌的激素又接受卵巢激素和中枢激素的调节（反馈机构）。与此同时，月经周期的变化也受激素分泌水平的影响，处于一种动态变化中。

2. 正常月经与异常月经

“月经是指大约每隔一个月并在数天内引起子宫内膜周期性的出血现象”。不是周期性的，或在一定的期间内不是自然的性器官出血现象就不是月经现象。在月经定义的范围内为正常月经（表 13–1），而脱离正常月经的范围，则为月经周期的异常（表 13–2）。

表 13–1　正常月经的范围

月经周期天数	25～38 天
前后月经周期天数变化	±6 天以内
卵泡期天数	17.9±6.2
黄体期天数	12.7±1.6
月经持续天数	3～7 天
月经血量	20～140ml

（引自：Jack H. Wilmore & David L. Costill，2004）

表 13–2　月经异常的分类

月经异常	
青春期早发症	10 岁前初潮
月经迟出现	15 岁前初潮
青春期迟发症	到 15 岁也未初潮
原发性无月经	到 18 岁也未初潮
月经周期异常	
频发月经	未满 25 天的月经周期天数
稀少月经	未满 39～89 天的月经周期天数
持续性无月经	90 天以上无月经
不正常周期症	周期天数在 7 天以上变动

（引自：Jack H. Wilmore & David L. Costill，2004）

（二）运动与月经周期

由于月经现象受各种微细因素影响的调节，所以体育活动也影响月经周期的正常变化。

1. 体育活动对初潮的影响

一般女子的初潮年龄大约为 12 岁，运动员大约为 13 岁，平均初潮年龄为 12.8 岁。女子运动员的初潮期比较晚，原因是激烈的运动训练，特别是重量练习影响了青春期少女的正常性机能的发育，从而延长了初潮年龄。

2. 体育活动对月经周期的影响

按月经周期的天数将异常月经周期分为持续性无月经和稀少月经，运动员出现这两种异常月经的概率分别为 9.2% 和 8.3%，非运动员为 7.6% 和 6.1%，表明运动员异常月经的出现率高。

3. 运动性无月经

由于激烈的体育活动而引起初潮推迟，以及持续性无月经等各种月经异常现象称为运动性无月经。运动性无月经产生的原因主要包括精神和体力疲劳、体重（脂肪）减少和激素环境的变化等。这些原因并不是单一起作用，而是相互联系的。优秀运动员的运动性无月经大多发生在 10～20 岁之间，因此，运动性无月经的出现已成为女子运动员的一非常严重问题。如果这种持续性无月经现象超过 1 年，便很难恢复到月经正常状态。在持续性无月经状态中，非疲劳骨折组占 2.6%，疲劳骨折组占 14.4%。月经异常者，特别是雌激素（estrogen）水平低导致骨盐量减少、骨变脆，容易发生骨折现象。

（三）月经周期与身体状态

在月经周期中身体机能发生各种变化，此时期的身体状态可能出现异常现象。因此，女子运动员的身体调整不仅是一般的调整，而且与月经周期密切相关。

1. 月经周期和主观状态

女子优秀运动员的主观状态良好时期在月经后 1 周至月经期前一周的时期。反之，月经期前一周和月经期间为主观状态极差时期。在月经期间的精神状态不好是可以理解的，从卵巢的周期变化可发现，主观状态良好时期发生在卵胞期后期的排卵期，而极差状态出现在黄体期。

2. 月经周期与外伤

从女子足球运动员的外伤与月经周期时期关系的研究发现，在月经期和月经前期的发生率高于其他时期。特别是在月经前期本人自诉有精神不振、乳房紧胀、腹部膨胀等症状。

3. 主观状态差异的原因

呼吸循环系统的机能在卵泡期和黄体期间无显著变化。在黄体期，由于黄体酮（progesterone）水平高，导致此期内主观状态感觉差。这是由于黄体分泌黄体酮的生理作用刺激温热中枢使体温升高，麻醉中枢。同时黄体酮在肾尿细管中与醛固酮（aldosterone）相对抗，促进水和电解质的排泄。之后，又代偿性地使黄体酮分泌增强，而使水分储存在体内。在黄体期，黄体酮还有可能使机体的耐力和爆发力素质减弱，对身体其他机能可能也有影响。

女子运动员为了参加比赛人工调整月经周期，以避开月经期和黄体期等机体不良状态，常使用卵泡激素和黄体激素。与此同时，参考基础体温和月经记录，在医生（妇科）指导下进行月经周期调整。这种人工调整月经周期的方法有害于健康。

二、妊娠与运动

睡眠、营养和运动是身体健康的三大原则，对于妊妇也不例外。近年来妊妇体育活动（maternitysports）广泛开展，并被人们所重视。随着人类社会发展、生活水平提高，身体活动能力逐渐下降，加之妊娠中不稳定精神状态带来的各种疲劳影响，因此加强对妊娠体育活动的认识很有必要。

（一）妊娠适宜的体育运动

妊妇的体育活动项目受到限制，应参与全身性的、对母儿均安全的有氧运动项目，如游泳、有氧操、舞蹈、瑜伽等，其中游泳占 77.2%，有氧操 12.5%。如果游泳池的卫生条件差，该项目选取率可能会减少。有人提倡进行步行锻炼，因为这种项目不受条件限制，也不需学习技术动作，任何人都可简单实施。然而这种运动简单乏味，导致最终能坚持下来的人不多。选择有兴趣而不乏味的体育活动适宜妊妇值得研究。

关于妊妇体育活动的研究较少。日本等国家对于妊妇体育活动倍受关心，主要是医院非常重视，提倡让其自行选择其所喜爱的项目进行适宜活动。妊妇体育活动得到了很好发展，对于那些没有运动习惯的人妊娠以后，为了孩子也开始进行体育活动。因此，为了确保妊妇安全，我们应加强对其进行体育活动基本知识的学习和指导。

（二）妊妇健康体力的生理基础

在进行妊妇体育活动的管理和指导工作中，首先应认识和理解妊妇的生理特殊性。妊娠时循环系统的特点主要是循环血量增加，即全身内脏系统的循环血量增加。特别是妊娠后期，肾脏的血流量与非妊娠时比较可增加 30%，子宫的血流量是非妊娠时的 10 倍。脑和肝脏的血流量无明显变化，但其他内脏器官却出现了血流分布差异。妊妇进行运动时，皮肤、运动肌肉的血流量增加，内脏的血流量减少。确保运动中子宫的血流量极为重要。子宫收缩能力与子宫—胎盘血流量密切相关，通过对妊娠体操、妊娠游泳和日常生活后的子宫收缩反应研究表明，妊娠体育运动增强了妊娠后期子宫收缩能力，妊娠游泳运动使子宫收缩的频率出现最低，这是由于水的浮力作用所致。这种子宫收缩使子宫—胎盘血流量减少，产生一过性缺氧。

在正常妊娠状态下，这种一过性的子宫——胎盘血流量减少，不会对胎儿产生影响，但妊娠中毒症、早产、胎盘机能不全、子宫内胎儿发育延迟等，这些危险性妊娠会严重影响胎儿健康。

妊娠时的呼吸机能因子宫增大引起横膈膜的上举（妊娠末期）、肋骨弓增大、代谢亢进、激素环境的变化、血流量的增加等，为了增加摄氧量，通过增大通气量而减少肺功能余气量、补呼出量。

每分通气量的增加随每次通气量的增加而增大。妊娠时肺通气量的增加可提高肺的气体交换及交换效率，使动脉血液中的 CO_2 分压下降。妊娠时肺部气体交换能力没有明显变化，而肺部的血流量随妊娠期间延长逐渐增加。影响肺机能的因素有氧分压（PO_2）、二氧化碳分压（PCO_2）和酸碱度值（pH），其中 PCO_2 最重要。此外血液中的黄体酮增加也可影响肺通气功能。

母体血中氧浓度的减少直接影响胎儿的正常发育，在妊娠期维持其正常氧浓度极为重要。使氧浓度降低的运动应控制胎儿的 PO_2 比母体血液低 30～40mmHg，母体的 PO_2 短时间内稍低影响不大，但若长时间降低，将对胎儿影响大。

在进行运动量小的体育活动时，肾血浆流量、肾小球滤过量几乎不受影响，然而随着运动量增加两者均出现下降。正常的妊娠可发生暂时性的肾机能下降现象。因此，在制定运动处方时从安全角度出发，应采用有氧运动方式，同时必须考虑到运动强度、运动持续时间等问题。

妊娠时由于基础代谢率增加，激素环境的变化等使体温高于非妊娠状态，加之运动时产热，因此应该考虑到此时体温对胎儿的影响。通常随着运动的进行，皮肤温度先下降后上升，而直肠温度与运动强度成比例上升。

动物妊娠时高热对胎儿影响的研究报告指出，妊娠初期胎儿的脑、神经系统异常的发生率高。在妊娠后期由于高热，在子宫平滑肌中的肾上腺素作用减少而引起子宫收缩增加，可导致早产的发生。在指导妊妇体育活动时，需注意长时间的机体高温可能对胎儿产生影响，特别是在妊娠初期。同时要注意进行体育活动时的环境、衣服等尽可能不要妨碍散热。当然胎儿体温在母体体温下降后，经一定的时间可慢慢下降，因此在体育活动结束后也要注意防止母体散热过多而使体温下降的现象。

（三）医学检查

指导妊妇体育活动时，首先必须进行医学检查。绝对禁止其参与本人不能进行的体育运动项目，禁止那些对妊娠身体有害的运动项目及运动量，同时要注意一般医学检查所不能发现的潜在危险因素。这些检查包括临床检查、自觉症状等。

自觉症状包括子宫收缩、出血、疲劳以及睡眠、食欲、腰痛等内容。临床检查包括血液检查、血压、尿检、胎儿发育、胎盘的部位、羊水量等，同时也包括胎盘机能检查。实施妊娠体育活动的妊妇，必须进行内科医学检查包括子宫口径状态、产科的检查以及心电图的检查。运动当天的检查也非常重要，包括血压、尿、是否发热、有无浮肿以及问诊（子宫收缩、睡眠、腰痛、疲劳）等。除此之外，还包括面色、动作、声音等是否异常。

（四）体育运动对妊娠的影响

如前所述，妊娠时内分泌、代谢、呼吸、循环以及社会环境等方面都与非妊娠的状态不同，此外还因妊娠时子宫增大、胎盘循环的存在，导致所从事的体育活动与非妊娠时的截然不同。因此妊娠时的体育活动应同时考虑到母子的安全。

通过对妊娠大鼠与非妊娠组在同一负荷游泳运动后的研究结果显示，妊娠第 15 天时大鼠血清脂质、胎儿胎盘重量在两组之间无显著差异，而在妊娠第 20 天胎儿胎盘的重量、血清脂质均减少，表明妊娠时期的心脏负荷运动对母子并非有益。通过测定跑台递增负荷运动过程妊娠羊胎儿导尿（catheterization）中 PO_2 和 PCO_2，研究发现胎儿的氧分压随着母体运动负荷递增而下降，并引起子宫出血。这表明正常的胎儿能够耐受母体一般强度的运动，而强度过大可导致胎儿循环系统发生异常，可能使胎儿陷入危险状态。因此日常生活中应禁止妊娠中进行长时间的激烈运动。

对妊娠游泳时心率研究指出，母体心率一过性上升在 100～189 次 / 分时，胎儿心率未出现异常，即使妊妇坐在水中也未出现异常。在有氧运动中，母体心率上升到 170 次 / 分，胎儿心率未出现异常。然而当正常妊妇以 70%$\dot{V}O_2max$ 强度进行递增负荷时，胎儿出现了心率徐缓现象，因此，母体的安全心率在 160 次 / 分以下。但也有研究指出母体心率在 150 次 / 分，持续短时间可作为目标心率。

为安全起见，妊娠时的运动强度、频率应小于非妊娠。然而我们发现，许多优秀运动员正常进行运动训练，其胎儿并未出现异常，分娩也安全。因此，在指导和管理妊娠的体育运动时，应根据其有无运动习惯区别对待。

妊娠中的精神生理因素，如激素环境的变化、妊娠分娩的不安情绪等的影响不能忽视。妊娠时的疲劳释放方式较非妊娠时局限，精神疲劳容易堆积。因此，妊娠时可通过体育运动消除疲劳，保持心情愉快，有益于健康生活。

实施妊娠体育应在医生的诊断和妊妇自身负责的前提下进行。建立具有医生、助产妇的体育设施、培养一批具有产科知识妊娠体育运动教练对于实施妊娠体育极为重要。

三、更年期与运动

更年期（climacterium）是指在女性的一生中由成熟期到老年期的过渡时期，年龄为 45～50 岁。这个时期身体变化的最重要现象是卵巢机能下降，即由于女性激素的分泌减少，导致月经永久停止，发生闭经（menopause）现象。同时对女性的身体和精神带来了巨大影响。

闭经后骨质疏松症（postmenopausal osteoporosis）也是闭经引起女性激素分泌下降而导致。用药物治疗以补充下降的女性激素的方法称为激素补充疗法（hormone replacement therapy，HRT）。实施有效措施防止或减缓卵巢机能下降对于保持健康非常重要。

（一）运动对骨密度的影响

骨支持人体适应各种运动机能，各种力学的负荷可使其外部和内部结构发生变化，产生适应。长期运动可维持骨密度，而力学负荷的减少可导致骨密度减少。因此，为了防止骨质疏松症的发生，应使骨维持适宜的力学负荷，并确保在年轻时期获得一生中最大的骨量（peak bone mass）。

所谓身体活动（physical activity）是指由骨骼肌的收缩产生能量消耗的身体运动（家务、工作及体育运动）。体力（physical fitness）是指人体本能所具备的或后天所获得的身体运动能力。身体活动、体力与骨质疏松症的关系被人们所关注。身体活动和体力共同影响骨质疏松症，在维持骨密度方面，身体活动要比体力更为重要。身体活动可分为有氧运动（aerobic exercise）和无氧（anaerobic exercise）运动。有氧运动是在有氧条件下长时间利用氧的运动，包括步行、慢跑、游泳、舞蹈、骑自行车等。无氧运动是在缺氧条件下，利用 ATP-CP 或糖原在短时间内释放能量进行的运动，包括短距离的冲刺、举重等。

1. 有氧运动对骨密度的影响

有氧运动对骨密度的影响不一。1980—1990 年的较多研究表明，有氧运动对骨密度的增加无效果或可抑制其减少，而 1990 年后的研究结果完全否定有氧运动对骨密度有效果的居多。其结果不一的原因可能与运动的种类、强度、时间、频度和时期长短不同有关。

2. 无氧运动对骨密度的影响

以闭经后女性为对象的研究发现，身体活动量高组的背肌力和腰脊骨密度值比低组高。举重训练对骨密度产生何种影响目前尚未统一。

3. 混合训练对骨密度的影响

单纯有氧或无氧训练对骨密度的影响不一定很有效，若将两者混合进行训练，其效果要大于单纯训练。史密斯（Smith）对 35～65 岁的女性进行了 3 年的训练，第 1 年进行有氧运动训练，后 2 年加上上肢肌肉训练。结果发现实验组的桡骨骨密度比对照组提高 2 倍。然而皮特森（Peterson）对受试者进行了 1 年的有氧训练和力量训练，发现其骨密度并无明显增加。可见即使是组合训练其研究结论也尚未达成一致。

（二）药物和运动结合对骨密度的影响

女性在日常生活中，钙的摄取、运动习惯、饮酒和吸烟等对骨密度都有一定影响。在闭经期，不提倡以运动代替激素补充法，而建议以药物疗法为中心结合运动，这将成为今后研究的重要内容。美国运动医学学会对骨质疏松症和运动的关系提出如下见解：

进行适宜重量负荷的身体活动，可锻炼和维持健康骨骼，甚至对没有负荷重量的骨也是有效的，同时还能增加肌肉力量。没有运动习惯的女子积极地进行身体运动，有可能稍微增加骨量，但不运动只能导致身体活动能力下降，丧失骨盐量。在闭经期不提倡以运动代替激素补充法。对于老年女性应该制定适宜的运动计划，包括提高肌肉力量、柔韧性、调整能力的运动内容。提高这些运动机能对于防止和减少跌倒、骨质疏松症而引起的骨折具有重要意义。

（李娜）

第十四章　无重力环境与身体运动

【提要】在无重力的环境中，身体的各器官系统产生了特殊变化，易出现宇宙贫血、血管系统的紧张性下降，心脏的缩小也有可能发生。返回地面时可出现脑贫血、站立失调，工作能力下降。宇宙飞行可导致人骨骼肌萎缩、骨盐量减少、姿势平衡失调。为了防止宇宙飞行时长时间无重力环境对身体机能的不良影响，维持在地面上的体力，飞行员必须进行适应性训练。

一、宇宙环境与体能

人在宇宙中飞行，首次经历长时间的无重力体验，机体可产生适应，生存并活动在这种环境中。然而当人返回有重力的地球时，又由适应转回不适应。为了保证宇宙飞行员的安全，由适应到再适应，由无重力环境到 1G 环境（人在地面上感受到的重力），最小限度地缩小体能的差别，应采取有效训练手段对宇宙飞行员实施飞行中的运动负荷，因此对宇宙飞行员的体能研究成为当前运动医学研究的重要课题。

（一）无重量环境中身体机能的变化

1. 心血管系统的变化

宇宙飞船沿着轨道飞行时，大约处于 10^{-4}G 程度就形成了无重力状态。其结果是使失去重量的静脉血沉降，促进回心血，同时周围的组织液也向头部移动（仅腿部大约有 1 升的体液），因此，血流增加而下肢的血液量减少。

此外，心输出量增大，面部浮肿脑血流量增大。这种血液紊乱引起了血流的重新分配，大约 2 周后，可出现血浆量和红细胞数量减少，电解质大量损失，体液量减少，需经过 1 个半月后机体才逐渐稳定。于是逐渐形成一种无重力顺应状态，易出现宇宙贫血、血管系统的紧张性下降，心脏的缩小也有可能发生。因此，返回地面时可出现脑贫血、站立失调、工作能力下降。

2. 骨骼肌的变化

宇宙飞行导致人骨骼肌萎缩的研究并不多。里布兰斯（LeBlancd，1995）研究报道，8天宇宙飞行使飞行员的下肢肌肉量减少6%～8%。埃杰顿（Edgertond，1995）研究指出11天宇宙飞行后，飞行员的肌纤维横断面积减少16%～36%，而日本宇宙飞行员在无重力环境下，每天肌肉萎缩率为1%。为了研究无重力环境下出现肌肉萎缩现象，对长期安静卧床状态导致肌肉萎缩现象引起了重视，研究结果表明，长期安静卧床状态导致肌肉萎缩率大约为0.5% / 天。

在无重力环境的适应中，骨骼肌萎缩、收缩蛋白减少，其中肌微丝受萎缩的影响最大。导致细微丝与粗微丝相连的位置发生改变，产生力的基本单位发生障碍使张力下降。

在无重力环境中，慢肌纤维出现收缩速度增加和放松时间缩短的适应性变化，是由于收缩蛋白中肌球蛋白分子发生变化引起收缩速度加快。此外还可能受到其他因素的影响。如舒张的时间缩短与Ca^{2+}离子释放和回收的调控有关。肌细胞内Ca^{2+}的动态变化受肌小胞体（SR）机能、SR内部、肌微丝及肌钙蛋白作用等因素的影响。由于细胞内Ca^{2+}的变化，适应于无重力环境的慢肌纤维缩短速度和舒张速度加快。骨骼肌纤维收缩机能和肌小体机能在无重力环境的适应变化主要是与肌肉兴奋 - 收缩耦联的各种收缩蛋白变化有关，其结果导致快肌纤维化和收缩力量下降。暴露在微重量环境中的动物实验研究表明，肌纤维出现萎缩、肌纤维类型转变可使运动神经元和感觉神经元的氧化酶活性降低。因此如何抑制、减缓神经肌肉功能在微重量环境中发生退化将成为今后研究的一个重要课题。

3. 骨密度的变化

研究报告指出，支撑下肢的骨盐量损失随飞行时间延长而减少（前苏联宇航员从75～185天的飞行，骨盐量减少从0.9%～19.8%），skylab号84天的飞行，4名宇航员平均减少4%，每人大约失掉25克骨盐量。在飞行中钙的代谢始终处于负平衡状态，如何使其达到稳定状态尚不清楚。

研究者担心宇航员因长期飞行而产生骨质疏松症，前苏联宇宙基地Mir的观察（1986—1990年）发现，这种负平衡现象可通过激烈的负荷运动而被减弱。

对于骨量的维持除了内分泌学的钙-磷代谢调节外，骨的适当负荷，如重力和肌肉力量等极为重要。在宇宙飞行中身体常处于无重量状态中，严重减少了骨的重量负荷，导致骨量减少。研究发现，即使在短期的飞行中也会丧失大量的骨盐量。最初阿波罗（Apollo）宇航员在飞行后，踵骨的骨盐量平均减少3.2%。与此同时，即使是非重量负荷的桡骨、尺骨的骨盐量同样大量丧失。对阿波罗和太空实验室（Skylab）宇航员飞行后平均骨盐量变化的研究结果发现，进行84天飞行的Skylab4号飞行员骨盐量减少最多。此外，尿中的羟脯氨酸随飞行时间延长逐渐增加，表明胶原组织衰退现象出现。

前苏联采用单光子和二重光子吸收法，对长时期宇宙飞行后的飞行员踵骨皮质和骨梁进行测定。结果显示，踵骨皮质和骨梁的骨盐量减少，胫骨骨干的骨盐量浓度下降，而上身的骨盐量增加。采用 X 线、CT 观察 Saliyuto7 号的 4 名宇航员长时期飞行后（2 人 5 个月、2 人 7 个月的飞行）的椎骨骨盐量，结果显示其骨盐量均下降(分别为 -6.1%，-0.1%，-2.3%，-10.8%)。这一结果支持了在无重量环境中易引起重量负荷骨的骨盐量减少假说。然而宇宙飞行是否只对重量负荷骨有影响目前仍不清楚。

宇宙飞行开始初期，可引起骨盐量的急剧减少，此后随时间延长骨盐量并不持续减少。为研究其原因，实验将小鼠肌腱和神经连接切断，使骨处于无负荷状态。结果显示，手术后 72 小时后破骨细胞数量和骨的吸收面增加，而手术后 30 小时和第 10 天并未出现。前苏联对经 3 周飞行返回地球途中因事故死亡的 3 人进行解剖发现，骨中含有相当多异常大的骨细胞小窝，表明骨吸收增加。由此可见，当从地球的重力环境飞向微小重量环境时，减轻了对骨的重量负荷，可能在初期产生一过性的骨吸收亢进。

通过采集日本宇航员毛利在飞行中的尿样检测结果发现，吡啶啉（pyridinoline）排泄增加。虽然仅 1 例样本不能代表大样本，但仍能说明短时期的宇宙飞行存在骨吸收亢进现象。进一步采用 DXA 对其腰椎的骨盐量检测发现，飞行后的第 2 天其骨盐量下降 2%，表明短时期的飞行也可引起重量负荷骨的骨盐量下降，而在第 9 天并未发生明显变化，但飞行前后骨吸收和骨形成均出现下降。骨密度的减少是由于骨形成抑制还是骨吸收亢进并不清楚，但宇宙飞行使飞行员的骨量减少是事实，并且要使飞行后的骨量完全恢复也比较困难。因此，飞行员年老后发生骨质疏松症的几率可能较高。

4. 钙的平衡

美国最初的飞行员骨盐量的检查结果发现，尿和粪便中钙和磷的排泄量增加，因此应重视飞行员食物的摄取量和尿、粪便的排泄物变化。研究表明，飞行开始后尿中的钙排泄量急速增加，第 30 天达高值，而粪便中排泄的钙持续增加。飞行 10 天内与飞行前比较，钙的平衡消失成为负值。钙丢失速度表现为在飞行初期缓慢，飞行后第 84 天可消失 300mg/d。无重量环境下飞行员骨盐量的丢失要比长期卧床严重。前苏联的研究报道，宇航员在飞行初期骨钙大量丢失，而在停留时期丢失速度下降。目前，长时期宇宙飞行对骨钙丢失的影响并不十分清楚，但骨钙的急剧丢失可引起高血钙症，从而导致患尿道结石症危险性增加。

5. 前庭神经系统的变化

在无重力条件下测定耳石的重力方向是不可能的。由于身体直线、旋转运动时的加减速度使内淋巴分别刺激耳石器和半规管，当然这种刺激的作用点与地球上的情形不同，表现为肌肉的感觉消失，姿势的平衡只能靠视觉，易引起姿势平衡的混乱。由于没有重力作用，在宇宙中工作视为很轻松，但并非不消耗能量，如用于身体姿势的控制等。

二、飞行中的体能训练

（一）体能训练的方法

在无重力环境中，身体的各器官系统产生了相适应变化。为了返回 1G 时身体的适应性，必须先借助人工重力产生离心作用，为得到与地球相同的加速度，必须提高旋转速度，但这对前庭器官可产生异常刺激，易使其发生障碍。为此，当前可采用的唯一方法是运动负荷方法进行适应性训练。

1. 功率自行车负荷训练

在无重力环境中功率自行车负荷训练与在地面的运动负荷相同，只是在肩上系带，并将上体固定在自行车上。美国 Skylab2 号最初便是采用这种训练方法，即每天进行 1 次，每次运动时间为 30 分钟，运动强度大约为 918kg /（m·min）。1974 年苏联宇宙飞行员采用的方案，即每天训练 1 次，每次运动时间为 30 分钟，运动强度为 975kg /（m·min）。

2. 等动拉力器（MK-Ⅰ）和等动练习器（MK-Ⅱ）

美国 Skylab3 号除上述训练外还增加了等动练习内容。即在离心等动练习器上连一条尼龙绳，阻力控制在 3～100 千克范围内，每天练习 30 分钟。这种伴随阻力的运动在无重力条件下可达到有效的效果，但运动负荷的定量化还有待进一步研究。

3. 活动跑台运动负荷

美国 Skylab4 号采用活动跑台运动负荷进行练习，即用 4 条有弹性的绳系住练习者的肩和腰部，将上体向地面方向牵拉，体轴方向为 80 千克的重力，模拟 1G 环境训练［为了防滑，可采用塑料（teflon）蹬坡板方式］。每天进行步行、跑、跳跃蹬 30 分钟的练习。练习中由于 80 千克的重力，练习者两脚前掌着地，再离开地面很困难，经常习惯这种动作易致正常的步行动作被忘记。前苏联很重视这种跑台运动负荷练习，为了加强练习效果，增加在踝关节上系绳子的练习内容。在 0.65G 环境下，体轴方向的负荷为 50 千克，每天训练 2 次，每次 30～40 分钟，运动负荷强度平均为 120m / min。

4. 轻负荷服装

从肩到脚全身着有弹性的服装（除晚上睡觉外），在体轴方向施加轻负荷，使肌紧张大约为体重的 50%。此方法只有前苏联实施。

（二）宇宙飞行中的运动内容与效果

Skylab4 号为进行持续 84 天的飞行，为此进行了功率自行车、MK-Ⅰ、Ⅱ和活动跑台 3 种运动负荷练习，每种项目各训练 30 分钟，共 90 分钟。Skylab2 号只进行功率自行车的练习，Skylab3 号进行功率自行车和 MK 两种练习，都未达到预期的效果，Skylab2 号和 3 号的飞行员体重和下肢肌肉力量均下降了一半。1970 年苏联 Soyut9 号开始实施这种运动负荷，1974 年进入宇宙基地 Salyut 时代，确立了这种运动负荷。为了能载人进入火星（单道为 315 天），使飞行员能应对长期飞行的体力挑战，至今俄罗斯仍在继续进行这种训练。宇航员在飞行中的勤务时间为每天 6 小时，但需要 4 小时的体力训练，以防止体重和肌肉力量下降。下述为 Skylab6 号（1979 年）为飞行 175 天所采用的运动训练内容：

（1）采用功率自行车进行 975kg /（m·min）的运动负荷，每分$\dot{V}O_2$为 2.31 升，训练 40 分钟，活动跑台运动负荷为 120m / min，训练 30 分钟，前 1 / 3 时间为步行，后 2 / 3 时间为跑步，平均$\dot{V}O_2$为 1.5L / min。

（2）上述组合训练内容每天早晚各 1 次，并着轻负荷紧缩服装进行。功率自行车每天能量消耗量为 467kcal，活动跑台为 255kcal。

（3）持续训练时间为 3 天，第 4 天为自由训练。

上述飞行员训练的强度为$\dot{V}O_2max$的 50%～75%，每天训练 2.5 小时，每周 5～6 天，可谓大强度训练。

为观察短时间的运动训练效果，测定了 Salyut4 号、6 号飞行 30、63、96、140 天后的运动生理学指标并与飞行前比较，结果显示其心率增加，$\dot{V}O_2$减少，收缩压上升，心输出量减少，心血管系统机能下降可至 10%。飞行时间即使进一步延长，这种变化规律仍然存在。飞行 30 天上述指标的前后差值最大，表明运动训练对维持其体能是有效的。大动脉脉搏传导速度随飞行时间的延长而加快。心率、血压、心输出量等指标的变化反映出心血管系统机能下降，其原因可能是血流量的减少。体液损失、贫血等这些无重力下出现的顺适应状态是因为运动负荷难以使其改变，但可通过将下半身进入密封的容器内，通过容器对阴部挤压，使血液储留在下半身，这种方法称为下体负压法（lower body negative pressure，LBNP）。该方法具有一定的效果，只是行动受到了限制。

为了防止宇宙飞行中长时间无重力所引起的身体适应变化，维持其在地面上的体力，飞行员必须进行与飞行中相同运动内容训练，且内容应以心血管和肌肉为中心，运动负荷采用离心（eccentric）运动负荷方式，同时采取 LBNP 和运动负荷的混合实施。

上述为美国和俄罗斯为对抗无重力状态对飞行员健康体力影响所采取的对策。运动中肌肉力量和重力负荷的双重作用使骨量增加，局部效果表现在皮质骨和海绵骨。这种效果与运动负荷有关，但运动对骨的作用效应有限，甚至在运动中结合肌肉电刺激（特殊服装），也不能完全防止骨盐量的丢失。采用弱电刺激、磁刺激和药理学的方法，可能对骨的形成具有促进作用。当前积极探讨运动和药理学方法防止宇宙飞行中无重力状态下骨量减少具有重要意义。

（肖国强）

第十五章　低氧环境与身体运动

【提要】20 世纪 60 年代，世界各国为备战墨西哥奥运会进行了高原训练，并积极对其科学研究。在低压低氧环境中模拟高原训练引人注目。吸低氧可以改善机体氧的运输能力，但不能维持激烈的运动，难以发挥出高质量的训练水平。对此高住低练方法等研究（LH，Living High；TL，Training Low）开始起步。

一、低氧环境与红细胞生成素

（一）低氧环境对促红细胞生成素的影响

促红细胞生成素（erythropoietin，EPO）是红祖细胞转化为红细胞所必需的一种激素。它可刺激骨髓细胞 RNA 的合成，促使骨髓干细胞增殖和分化，促使血红蛋白合成，释放网状红细胞。血红蛋白与氧亲和力受 pH 值、2，3- 二磷酸甘油酸（2，3-diphosphoglycerate，2，3-DPG）和温度的影响，其中红细胞中 2，3-DPG 是红细胞糖酵解代谢的中间产物，其浓度的高低是调节血红蛋白与氧亲和力的重要因素之一。许多研究报道，在低氧环境中居住与训练可以提高血液中 EPO 的浓度，使网状红细胞及红细胞增多，红细胞内 2，3-DPG 浓度上升，增大最大摄氧量，提高运动能力。实施低住高练、高住低练时应该考虑到模拟高原氧的浓度、居住的时间以及一天时间的安排。研究认为，在一天中 11 小时的居住并没有效果，而超过 12 小时或尽可能居住 15～16 小时则有效。通过对在低压仓居住 2 天，每天分别为 10 和 15 小时的两组比较，结果发现两组的 EPO 浓度都上升，但网状红细胞数和通气量只在 15 小时组有明显上升。若将实验方法改为一天 10 小时组再连续 6 天吸 15.4%O_2，间歇 4 天；一天 15 小时组再连续 3 天吸 15.4%O_2，间歇 4 天，各重复 2 次进行比较。结果发现，连续 6 天组 EPO、网状红细胞数和通气量都明显上升，连续 3 天组 EPO 和通气量也都明显上升。提示在低氧环境中居住 10 小时便可引起低氧适应。

目前高原训练对 EPO 的影响研究较多，但报道不一。克劳森（Klausen）研究报道，6 名一流滑雪运动员，居住在海拔 1695m，训练在 2770m 处，训练时间为 7 天（每天 4 小时，强度为 60%～70%最大心率）。研究发现，训练第 3 天受试者的 EPO 水平由训练前的 36mU / ml 上升到 47mU / ml，大约上升 30%，有显著差异。与此同时，血红蛋白也增加。此后 EPO 逐渐减少，返回到平原后的第 5 天，最大摄氧量恢复到训练前的水平。也有采用“低住高练”的方法进行研究，其结果表明，高原训练后虽 EPO 下降，但红细胞血红蛋白却增加。低氧刺激持续 4 小时以上才能使血浆中的 EPO 增加，随后可形成机体的代偿能力，使 EPO 减少。究竟低氧刺激能否达到高原训练的效果目前尚不清楚。

间歇性低氧是指机体在较短时间内经受一定程度的低氧刺激，而大多数时间仍处在正常氧环境，经反复多次承受低氧刺激后获得的效应。常压间歇低氧起源于俄罗斯，主要用于治疗和预防缺血性心脏病、支气管哮喘等疾病。近几年该方法在登山队、飞行员和宇航员的耐缺氧能力训练中得到应用。间歇低氧刺激通过启动和改善呼吸、心血管和血液循环系统功能，逐步建立对低氧的适应能力，使组织摄取和利用氧的能力得到改善，有利于提高抗缺氧生理适应，改善机体血液运输能力及骨骼肌的代谢能力，从而提高运动能力。间歇性低氧刺激与高原训练相比有其自身的特点：间歇性低氧刺激能使机体在较短时间内产生强烈的应激反应，可调动体内的机能潜力，增强呼吸循环系统机能；间歇性低氧可随机体的适应情况逐渐加强低氧刺激，避免了持续恒定低氧所引起的不足，并可防止机体组织受损。低氧刺激与运动负荷不同步进行有利于训练计划的实施，可以保证运动强度，使机体潜能得到最大程度的发挥，并有利于训练后体能的恢复。通过间歇性吸低氧 4 周的研究发现，一周后 2，3-DPG 出现代偿性升高，两周时仍保持较高水平，红细胞和网状红细胞生成显著增加。对照组在训练过程中的第 2 周和第 3 周血红蛋白出现下降趋势，而低氧组血红蛋白则出现上升趋势，表明间歇性低氧刺激对维持运动中血红蛋白恒定有积极作用。研究选取间歇吸低氧组（14.0% O_2，12.0% O_2）、模拟高住低练组（14.0% O_2）和对照组，其中间歇吸低氧组每天进行 30 分钟吸低氧，模拟高住低练组每天 8 小时低氧睡眠，对照组每天吸常氧，三组均进行 4 周试验期和 2 周恢复期的实验。结果显示，间歇吸低氧组在实验期开始的第 3 天到停止实验后 16 天，EPO 和转铁蛋白受体（sTfR）均保持高水平。模拟高住低练组在实验期开始第 15 天到停止实验后 16 天，也仍然保持高水平。此外，间歇吸低氧也可提高 $\dot{V}O_2max$，其生理机制可能是氧在一定时间内可刺激红细胞的分化，促进骨髓中红细胞生成，增加血红蛋白含量。低氧环境和运动训练双重刺激可促进红细胞增加，Hb 浓度增加，其原因可能为双重刺激可导致组织中氧浓度降低，而使 H_2O_2 的生成降低，通过激活低氧诱导因子（hypoxia-inducible factor-1，HIF-1）与 EPO 遗传因子相结合，促进 EPO 的复制，使 EPO 生成增加，导致红细胞增加。

间歇低氧刺激是否能达到高原训练的效果还需进一步探讨，应考虑到低氧浓度、低氧浓度刺激时间及运动强度等因素。因为实验的组织方法不同，其结果可能不同。研究认为“高住低练”模拟方式的效果不如“低住高练”，“低住高练”可更好地提高 EPO 水平，但其机制有待于进一步研究。

（二）高原训练促 EPO 增加的机制

高原训练可以增加 EPO，这是由于在产生 EPO 的细胞中，存在对氧非常敏感的烟酰胺腺嘌呤二核苷酸磷酸（NADPH）氧化酶，可感知氧而使 EPO 的复制增强。在低氧刺激下，经 NADPH 氧化酶的作用，产生过氧化氢（H_2O_2）。吸入机体内氧，在细胞内首先产生$\cdot O_2^-$，后经 SOD 作用生成 H_2O_2，在铁的作用下，经芬顿（Fenton）反应，形成 HO^-（为 HIF-1 的 EPO 遗传因子）。在高原低氧环境下，由于组织中的氧浓度很低，H_2O_2 的生成也降低，激活 HIF-1，并与 EPO 遗传因子结合，促进 EPO 的复制，使 EPO 生成增加，促进红细胞增加，但存在个体差异，其原因可能是 EPO 细胞产生 H_2O_2 的量存在个体差异。除 EPO 以外，还存在其他的因素，包括各种糖酵解酶、葡萄糖运输载体（GLUT1）、血管内皮增殖因子（VEGF）、诱导型 NO合成酶（NOS Ⅱ）等。因此，高原训练所出现的能量代谢、血管的新生等现象都与 HIF-1、自由基离子通道有关。

研究表明，低氧环境可以刺激自由基的生成。通过测定间歇低压低氧（高度 4000 米，夜间 12 小时，6 次 / 周，共 6 个月）和连续低压低氧（高度 5500 米，21 天）后小鼠骨骼肌、心肌和各器官的氧化疲劳指标，结果显示，连续低压低氧实验中小鼠肝脏硫巴比妥酸活性物质（TBARS）水平可增加 2 倍，Mn-SOD（锰超氧化物歧化酶）浓度和谷胱甘肽过氧化物酶（GPX）活性明显降低，表明肝脏最易受自由基影响。剧烈运动后肝脏同样最易氧化疲劳。西蒙 - 施纳斯（Simon-Schnass）研究发现，在经过 5000 米高度运动 4 周后，受试者血液中红细胞 TBARS 明显增加，而在登山前 2 周服用维生素 E（300～400mg / d）则红细胞 TBARS 未增加。因此，在高原训练、长期高原等低压低氧环境中，防止自由基生成过度增加，应加强补充维生素。

二、低氧环境中的体液代谢变化

体液代谢受各种激素的调节。了解低氧环境中体液代谢变化机理可为人体调节机能提供科学依据。研究表明，在高原环境低氧暴露初期，机体出现适应性的反应。实验报道，相当于 6000 米高度的低压仓条件下受试者红细胞压积（Ht）、血清蛋白浓度上升，然后下降，实验结束时 Ht 明显下降，尿量减少，表明低氧环境暴露导致尿量减少，引起体液储存。血清钠（Na^+）、钾（K^+）在低氧环境暴露初期明显上升，之后血清 K^+ 明显下降，而尿中 Na^+ 明显减少，Na^+ 和 K^+ 的排泄量比（Na^+ / K^+）明显下降。血清 K^+ 下降可引起呼吸性碱中毒（alkalosis）通气反应。与此同时，血浆抗利尿素（ADH）、血浆凝乳酶活性（PRA）、可的松（F）均明显上升。F 的增加表明促肾上腺皮质激素（ACTH）分泌量增加。由于 ADH 分泌增加导致尿量减少和体液的储存，加之呼吸性碱中毒通气反应减弱，最终导致急性高山病代谢变化。

通过采集经 7000 米高原暴露后受试者的血尿并测定相关指标，结果显示，血浆 PRA 明显变化，血浆 F 浓度和尿量减少，3～5 天连续暴露在 7000 米和 8000 米的山峰时，PRA 无明显变化，而 ADH 和 F 随暴露时间的延长上升幅度降低，第 5 天无明显变化。提示由于高原的顺适应反应，暴露在低氧环境中所引起激素变化和体液储存减少。此外，疲劳刺激可导致 ACTH 上升。ADH 分泌水平可作为判断疲劳的有效指标。

氦（helium）被用于制造高压环境，因此常称为 helium 高压环境。关于高压利尿症的多尿问题研究报道，选取 5 名受试者，前 2 天加 16 个气压，3～4 天加 21 个气压，从第 5 天开始到第 11 天逐渐减压直到结束，每天采集 3 次尿样和当天晨血。结果表明，加压后受试者的尿量明显增加，在加压中期最明显。加压后，尿量增加，特别是夜间尿量增多。加压前，白天的尿量比夜间的多，而加压后则相反。血清蛋白浓度和 Ht 在高压环境中上升，利尿引起血液浓缩。由于尿渗透压逐渐下降，出现水利尿现象。此外，夜间 Na^+ 的排泄量明显增加，血浆 ADH 明显下降。尿中的 ADH 在高压中从初期到结束逐渐减少。上述激素变化的原因归纳为：高压环境下蒸发量减少；随 Na^+ 离子导热增加而产生寒冷刺激；呼吸气体的密度增加而引起呼吸增强。

三、吸低浓度氧训练的生理学效果

（一）提高血液氧运输系统的机能

在 1800～2700 米处停留 2～3 周，红细胞、血红蛋白等出现顺应性变化。随着高原适应，红细胞数量增加，细胞缩小，红细胞内的血红蛋白浓度增高，即发生高血色素性适应。低氧刺激诱导肾脏分泌 EPO，促进骨髓中红细胞的生成，有利于提高血液氧运输系统的机能。

（二）提高有氧运动能力抑制糖酵解代谢

$\dot{V}O_2max$ 在高原处随着训练时间的延长而逐渐下降。研究显示，初到墨西哥高原（2300 米）受试者的 $\dot{V}O_2max$ 减少 15%～17%，持续训练 4～5 周可恢复 3%～5%，而返回平原后可增大 1%～5%，出现这种变化的原因可能为肺扩散能力的改善和最大动静脉氧差的增大。此外，由于低浓度氧使右心房的负荷增加，促使肺循环中的紊乱现象发生，延迟了 $\dot{V}O_2max$ 的恢复。

研究报道，分别在 2300 米与平原处进行定量负荷（65%～70%$\dot{V}O_2max$，60～90 分 / 次，4～5 次 / 周）运动，结果显示其$\dot{V}O_2max$ 均增加（14%和 22%），而血乳酸浓度明显下降。与此同时，高原组受试者外侧肌的乳酸脱氢酶 LDH（Lactate dehydrogenase，LDH）和磷酸果糖激酶（Phosphofructokinase，PFK）明显减少（25%和 18%），表明肌细胞内的糖酵解代谢受到抑制。此外，HAD（3-hydroxyacy1-CoA-dehydrogenase，羟酰辅酶 A 脱氢酶）增加了 14%，说明高原训练可增进脂质氧化，促进运动中游离脂肪酸的利用，降低肌糖原的利用率。

（三）提高无氧运动能力

美津浓（Mizuno）通过对优秀滑雪运动员的研究（2500 米处，2 周训练）表明，与平原比较，$\dot{V}O_2max$ 变化无明显差异，而最大滑速增加 17%，腓肠肌和肱三头肌的缓冲能力都增加 6%。腓肠肌内缓冲能力的增加率越大，最大跑速也就越大。结果显示最大跑速时的氧债（deficit）可增加 29%，表明细胞内的无氧供能得到改善。有研究发现，间歇性低氧（模拟海拔 5000 米，6 小时 / 天，28 天）可以提高大鼠的抗疲劳作用，增加大鼠力竭性游泳时间，提高运动能力。

（四）减弱内分泌系统的反应

丹尼尔斯（Daniels）的研究（在 2300 米进行 3 周训练，返回平原 5 天，再次于 2300 米持续 5 天训练）结果显示，在整个实验期中，肾上腺素（epinephrine）比较稳定在 5～6μg / 24h，在 2300 米处的第 5 天去甲肾上腺素（nor epinephrine）急剧增加，为平原的 40%，约 45μg / 24h，此后直到 3 周结束，该值逐渐接近平原水平，返平原后完全恢复到原值。再回到 2300 米处，其值维持在第 3 周时的水平，表明内分泌系统的反应减弱。由于低氧环境的适应，以丘脑视部—垂体后叶—肾上腺皮质为网络的神经内分泌的中枢反应减弱，促肾上腺皮质激素（ACTH）分泌减少，导致肾上腺糖皮质激素（glucocorticoid）和醛固酮（aldosterone）等分泌减少。由糖皮质激素（glucocorticoid）诱导出的苯乙醇胺氮位甲基移位酶（PNMT，phenyletha-no-lamine-N-methyltransferase）能将去甲肾上腺素转化成肾上腺素。因此，在缺氧环境中，血中的肾上腺素分泌增强，随着适应性变化，可减少皮质醇（cortisol）的分泌，降低 PNMT 酶的活性，增加肾上腺素分泌阈值。

（五）可能增进健康

居住在 1200～3000 米高原的西藏、喜马拉雅、拉丁美洲和高加索等地区的人群中长寿者居多，高血压及冠心病发生率低，其冠状动脉血管内径大、血压低。罗达

（Rotta）的研究表明，长期在4500米居留的人，其收缩压和舒张压都低，甲状腺激素（T4）分泌增加，基础代谢率高。由于高原和运动的双重刺激可增强脂代谢，对于肥胖的预防和治疗可能有效，据此推测其可能有助于防止动脉硬化，增强免疫功能（NK细胞增加等）。

（肖国强）

第十六章　高氧环境与身体运动

【提要】运动后吸氧的恢复作用与所吸氧的浓度、时间密切相关。吸氧浓度的范围大致在60%～99%，60%氧浓度多用于运动后的恢复期，而100%氧浓度用于临床。运动后的吸氧时间多在20～30分钟，积极探索经济、有效的吸氧时间及浓度，充分发挥其在运动后恢复期中的效应，以及如何最大限度地发挥其对人体健康效益相关问题值得进一步研究。

关于训练或比赛后疲劳消除问题越来越受到人们的重视，自19世纪JUNOD（法国）建立第一座加压仓用于治疗患者以来，高压氧（HBO）和高氧在临床医学中得到不断的发展。高压氧可以明显提高疾病疗效，包括脑缺血、脑血栓与脑眩晕、心肺复苏后脑功能障碍等。特别是对急、慢性缺血、缺氧性疾病以及因缺氧引起的继发性疾病均起到有效作用。此外，在治疗运动所引起关节、肌肉、韧带及肌腱等损伤，高压氧可减轻其局部组织水肿，保持其活动功能。高压氧和高氧不仅用于临床治疗，而且对于增加一般健康人和运动员的有氧耐力具有重要的作用。

一、高压氧或高浓度氧的摄入对机体运动能力的影响

（一）提高机体的有氧耐力

研究表明，高压氧（HBO）可提高有氧耐力，其受到氧浓度、高压环境及运动负荷的影响。埃克布洛姆（Ekblom）报道，当氧浓度为50%时，动脉血压为380mmHg，此时$\dot{V}O_2max$可增加12.6%。普莱（Plet）的研究表明，当氧浓度为55%时，最大摄氧量（$\dot{V}O_2max$）可增加12%。铃木对于缺血性心脏病（IHD，ischemic heart disease）的研究也表明，同样的氧浓度可使$\dot{V}O_2max$增加15.0%。表明HBO无论对IHD患者还是健康人都能提高有氧耐力。HBO使运动能力提高的生理机制可能为：可增大骨骼肌中的供氧量，提高氧的利用率，增大呼吸肌的工作效率，使血乳酸浓度下降，并降低主观运动强度。这些因素在相同的运动负荷时，都可导致心肌需氧量下降，其结果是，在HBO环境中的运动负荷量要高于正常环境中。因此，HBO可以增加运动能力的耐受性。而IHD患者由于冠状动脉的狭窄病变，运动负荷时，向心肌的供血量减少，诱发缺血而抑制运动的耐受性。而在HBO条件下，不仅运动的

耐受性提高，而且心肌缺血现象得到改善或消失。IHD 患者在 HBO 条件下增大运动的耐受能力，主要表现在增加运动肌肉的供氧量，其程度大于心肌的供氧量。高压氧使人体吸入高于常压的氧气，可提高血液中的氧分压而达到对人体各系统、各器官功能和代谢的调节。机体一切正常的生命活动都以有氧代谢为基础，在整个生命活动中，各器官组织都需要大量的氧。常压下吸取新鲜空气，动脉血氧饱和度为 97%，血氧分压（PO_2）为 13.3KPa（100mmHg），每 100 毫升血中物理溶解氧为 0.3 毫升，在常压下吸纯氧，血浆中物理溶解的氧增加到 2 毫升，比正常时增加 6 倍。物理溶解的氧比血红蛋白结合的氧更容易被利用。在一般情况下，血浆物理溶解的氧不能满足机体需要，而与血红蛋白结合的氧解离又需要一段时间和能量。在高压氧情况下，血浆物理溶解的氧要多，机体组织细胞可直接利用溶解的氧。吸氧的主要功效便是通过增加血氧分压和血氧饱和度，改善机体的缺氧状态，促进组织恢复以提高细胞线粒体的数量和容积，改善和增强 ATP 的氧化功能，进而提高机体的耐力素质。

（二）促进运动性疲劳的消除

在极限运动中，机体处于相对缺氧状态，同时各种代谢产物在体内大量储存，如血乳酸、血尿素等，这种机体缺氧和代谢物滞留状态是导致机体生理功能下降，延缓疲劳消除的主要原因，因此为了迅速恢复机体的功能，消除疲劳，就必须及时解决对机体氧气的补充和代谢产物的清除，以使机体内环境保持平衡。临床实验表明，HBO 可以改善脑组织葡萄糖的有氧代谢和能量产生，降低脑脊液中乳酸和丙酮酸的比值。机体在 HBO 下，心脏表现出心率降低，从而降低心肌的耗氧量，提高心肌对氧的利用率。另外，在 HBO 的作用下组织中的肌红蛋白氧含量高，可促进肌组织糖的有氧氧化和乳酸的转化，同时，HBO 有降低血氨的作用。高压氧的机理可能是促进成纤维细胞转化，提供产生毛细血管的胶原基质，使毛细血管迅速再生，形成新生血管网。另外，HBO 使组织内氧分压超过 4～5.3KPa，并刺激组织毛细血管产生。通过将大鼠暴露 0.245MPa 和 0.098MPa 氧压后，结果显示，皮肤观察区动脉开放数量比对照组显著增加，其中在 0.245MPa 氧压暴露后，小动脉可增加至 8～17 条 /cm^2，在 0.098MPa 氧压暴露后小动脉开放数量可增加至 6～12 条 /cm^2，而正常条件下小动脉只开放 3～5 条 /cm^2。HBO 通过增加局部氧压力直接作用于血管，使人体内脏和外周血管收缩，出血管舒张压高。

研究发现，采用功率自行车进行递增负荷到力竭运动的恢复过程中，HBO 组和对照组血清肌酸激酶（CK）、同工酶 MB（CK-MB）和肌红蛋白均显著性上升，HBO 组恢复期血清 CK、CK-MB 活性和肌红蛋白比运动后明显下降，对照组虽有下降，但无显著差异。因此，HBO 可促进运动后血清 CK、CK-MB 的恢复，有利于运动疲劳的消除。其生理机制可能是由于在 HBO 状态下，血液中氧分子快速增加，动脉血氧分压（PaO_2）升高，氧从毛细血管向远处细胞的扩散能力增加，从而增加毛细血管周围的组织细胞和体液中的氧分压、氧含量，改善组织细胞的缺氧状态，有利于酸性产物的清除，降低细胞膜的通透性。研究还发现，功率自行车递增负荷到力竭运动后，HBO组和对照组血清乳酸（LA）的含量、乳酸脱氢酶（LDH）、ALP（碱性磷酸酶）、r-GT（r-酮丁酸脱氢酶）活性均显著增加，而血清CK含量却明显下降，HBO组恢复期的LA、LDH、r-GT含量明显低于运动后即刻，并明显低于对照组，而对照组虽有下降，却无显著差异。运动中吸高浓度的氧（60%）能明显延长小鼠的游泳时间，减轻血清酶的变化程度。研究表明，中长跑运动员进行了运动后的吸高浓度氧，明显感到轻松，而自然恢复组仍感到累，吸氧后血乳酸、焦性葡萄酸等的消除过程提前，且氧气浓度越高解除疲劳越早。

（三）促进运动损伤的恢复

HBO可使大鼠皮肤、脑血管收缩，并且在一定范围内随氧分压增加而增加，可对抗伤部的反射性血管舒张。虽然能减少局部20%的血液供应，但在高压情况下，吸入的氧气可直接溶解在血浆和组织液中，在缺乏血红蛋白的情况下，可使组织中的氧合作用得以维持，同时减少局部漏出及红细胞渗出，可促进血管外液回收，局部水肿减轻，间歇压力降低，毛细血管压降低，局部微循环改变。此外，HBO还可减少局部组织胺、前列腺素的产生，降低凝血系统的活力，减轻水肿。软组织损伤后，微循环发生障碍，炎症介质释放使局部组织渗透性增加，炎症细胞浸润，水肿加重。而在HBO环境下，可使血管收缩，局部氧供给增加，阻断这一恶性循环，并且还可产生大量的自由基净化剂。在HBO环境下，虽然引起末梢血管阻力增加，血流量减少，但动脉开放数量明显增加，红细胞聚集程度减轻，因此组织血流可能增加。由此可见，HBO暴露可改善局部和全身的缺氧缺血状态，加快损伤组织恢复。有研究报道，疲劳的累加可使肝细胞受到损伤，但在每次训练后施以高压氧，可使肝细胞的损伤得到恢复，肝细胞的结构和机能超过训练前水平。

二、高压氧或高浓度氧的摄入提高运动能力的可能机制

（一）改善自由基代谢水平

氧自由基是缺血再灌注损伤的一个主要致伤因素，缺血再灌注过程中，机体肾、肝、心肌等能产生大量的自由基，从而影响机体的生理功能。通过高压氧对兔肢体缺血再灌注损伤研究，结果显示，高压氧组与对照组的丙二醛（MDA）值无显著差异，而超氧化物歧化酶（SOD）、ATP和磷酸肌酸（CP）值明显升高，并且在电镜下可观察到高氧组的肌纤维结构完整，线粒体大量增加；而对照组肌纤维紊乱，糖原消失，

线粒体肿胀，外膜破裂，因此，HBO 不一定使机体增加氧自由基。小鼠经缺血再灌注损伤后应用 HBO，肌肉内 MDA 水平无明显升高。HBO 与抗氧化酶的活力有密切关系。间歇或持续吸高氧能提高抗氧化酶的活力，增加肺对自由基的抵抗能力，这是由于抗氧化酶具有减少心肌缺血再灌注损伤的作用。考恩（Cowan）等人的研究报道，在 HBO 高张力条件下培养心肌细胞，其谷胱甘肽过氧化物酶（GSH-PX）活力较低张力的要高。将大鼠置于 80%～85%O_2（Latm）高氧环境中，每天 6 小时，连续 7 天后结果表明，可逆性心肌缺血时，SOD、GSH-PX 的活力升高，不可逆心肌缺血时，CK 的释放减少，SOD 的活性提高，并且缺血再灌注时自由基的生成明显减少。

身体健康的男子大学生在功率自行车上进行力竭运动。第 1 次试验为不吸氧组（吸正常空气），第 2 次试验为吸氧组（运动结束后立刻吸氧 20 分钟，氧浓度 70%）。运动结束即刻，70%O_2 吸氧组与不吸氧组的血清、红细胞中的 MDA、SOD 和 GSH 明显高于安静时水平。运动结束后 30 分钟，不吸氧组的血清、红细胞中的 MDA 明显高于 70%O_2 吸氧组。在运动结束后恢复期第 30 分钟，70%O_2 吸氧组的红细胞SOD 和 GSH 明显高于不吸氧组。其原因可能为摄氧后的血氧浓度可很快上升到 99%～100%，明显地抑制 MDA 的升高幅度，促进运动后疲劳的消除。高浓度氧对动物机体自由基代谢影响的研究发现，高浓度氧预适应能减少心肌缺血再灌注时自由基的产生，同时也有研究证明吸高浓度氧能提高动物肺内氧化酶的活性，增加其对自由基损伤的抵抗力，有利于自由基的清除，同时可使人体内 SOD 增加，减少自由基对脑组织的损害。运动后恢复期吸高浓度氧，并且血液中的血氧浓度能被保持在 99%～100%时，血清、血细胞的 MDA 在运动后 30 分钟的增加小于不吸氧组。提示高血氧浓度能加速运动后体内自由基的清除，可抑制运动对机体造成的自由基损伤，同时还能加速机体对代谢产物 LA 的清除，这对于增强有氧氧化供能具有重要作用。

（二）改善血液流变学及微循环

研究证实快速减压能引起血流速度减慢和红细胞聚集，HBO 暴露可以增加快速减压应激损伤动物组织中的氧含量，增加组织灌流量，改善血细胞流变性。通过对缺血性脑损伤的研究发现，HBO 对缺血性脑损伤有明显的治疗作用，表现 HBO 可以增加机体氧含量，改善局部缺氧状态，增强微循环血流动力学，增加大脑组织供血量，改善血细胞流变性和微血管舒缩功能。研究认为 HBO 对缺血性脑损伤血细胞流变性的作用主要表现在改善细胞膜的流动性和红细胞的变形能力，维持恒定数目的活化白细胞等。实验观察到受试者经（0.25MPa）HBO 暴露后，其红细胞变形率由急性脑缺血损伤时的 36%减少到 8.4%，红细胞与内皮细胞的粘附作用降低，红细胞聚集状态改善。HBO 改善微循环和血液流变性的主要原因在于，HBO 可加大氧的弥散浓度和范围，有利于改善组织缺氧状况，从而改善血细胞流变性，这可能与组织细胞对氧和营养物质需求，或局部损失修复有关。

激烈运动可影响人体的血液流变能力，使血液的黏度（低、中和高切变率）升高，红细胞聚集指数增加，并使红细胞变形能力下降。吸高浓度氧后，血浆黏度出现明显下降，红细胞聚集指数、红细胞变形指数及红细胞压积也明显减少。与此同时，内环境得到充分的氧，机体恢复得较快。

在扫描电镜下受试者安静时红细胞形态呈双凹扁平圆盘形。运动结束后即刻，表现为由双凹扁平圆盘形变为呈周围肿胀或一面凹、另一面凸呈帽形，发生明显变化。运动后 15 分钟，吸氧组红细胞形态向安静时的形态恢复，而对照组仍然处于原有状态。运动后 30 分钟吸氧组已恢复到安静时的形态，而对照组仍未恢复。说明运动后吸高氧可明显地影响其形态变化，促进恢复，因此可成为运动后恢复期运动性疲劳消除的有效方法。

采用逐级递增负荷的蹬车运动至力竭，运动后即刻血中肌酸激酶（CK）、肌肉型肌酸激酶、乳酸脱氢酶（LDH）、碱性磷酸酶（ALP）等活性明显升高，恢复期吸高氧，这些酶活性显著下降，明显优于对照组，其原因可能是吸氧组血液中氧分子增加，组织细胞含氧量增加，可改善组织细胞缺氧状态，有利于酸性产物的消除，恢复正常的内环境 pH 值，降低细胞膜的通透性。由此可见，运动后吸高氧可改善体内酸性环境，加快身体的恢复。

（三）对机体免疫机能的影响

急性颅脑损伤患者经 HBO 治疗，其红细胞免疫功能显著提高，此外 HBO 对正常小鼠的红细胞免疫功能也有促进作用。研究表明，正常小鼠经 0.2MPa 87%的高浓度氧暴露多次后，其红细胞补体受体（RBC-CR）明显提高。运动后吸高浓度氧 30 分钟，红细胞免疫功能出现变化，与对照组比较，红细胞补体受体花环率（RBC-C_{3b}RR）上升幅度更为明显。运动后 24 小时，吸氧组的 RBC-C_{3b}RR 恢复速度快于对照组（吸氧组为 15.48%，对照组为 1.27%）。吸氧组的红细胞免疫复合物花环率（RBC-ICR）的清除比对照组更快。运动后恢复期 30 分钟，吸氧组的免疫球蛋白（IgM）呈上升相，而对照组相反但无显著差异。由此可见，吸氧对急性递增运动后免疫机能恢复可产生一定影响，尤其对红细胞免疫功能恢复起到了一定的促进作用。

吸氧对免疫球蛋白的恢复可产生一定影响，但运动后吸氧与体液免疫的具体情况还有待进一步研究。

三、高压氧或高浓度氧的摄入与氧中毒

经过漫长的进化，人体的各种生理机能已经适应正常氧含量的环境（$O_2$21%）。

同缺氧打破了人体自身代谢平衡一样，摄入过多氧气也会打破人体自身代谢平衡。但是，人体对高氧环境的耐受能力高于其他动物。使用密封式呼吸面罩吸入高浓度的氧(60%以上)，超过一定时间后或在高压下吸氧超过一定时间，会引起氧中毒。例如在2个大气压下持续吸氧2小时5分钟，在3个大气压下时持续吸氧37分钟，可出现抽搐。这是由于过量吸纯氧，使20多种含巯基（-SH）的脱氧醇和辅酶的活性受到抑制甚至灭活，严重影响与氢转移有关的代谢过程。过量吸入纯氧还会影响三羟酸循环，破坏细胞线粒体中的氧化磷酸化体系，影响高能磷酸基团的生成过程，还会在被作用的组织中产生过多的游离氧。由于过量吸入纯氧，血浆中溶解的氧已经基本满足了组织需要，与血红蛋白结合的氧基本不再解离，因而影响了相当一部分二氧化碳的运输和排除，促使组织中二氧化碳积聚，酸度增加，影响正常代谢。氧中毒可影响全身，会对全身机体产生功能性或器质性的损害。氧中毒的临床症状是面色苍白出冷汗，头晕、恶心、甚至抽搐、咳嗽、呼吸急促，还有患者会出现细胞溶血。氧在代谢过程中可产生活性氧自由基，对细胞有很大毒性。HBO对机体最直接有害作用的是肺组织。机体暴露于高氧环境中，可增加氧自由基的产生，加剧细胞膜的脂质过氧化损伤。有报道认为，持续长时间给予高浓度纯氧或高压氧时，氧代谢增强，自由基作用加强，导致细胞内各种带巯基的酶，如SOD部分失活，MDA含量增加，进一步促进DNA或RNA遗传信息的改变，促进生物膜的脂质过氧化，使细胞膜上的受体和离子泵丧失其生物学功能，导致细胞破裂、组织损伤、脏器功能障碍、生物调节失控，甚至恶变和死亡。给予大鼠吸入100%氧气时，其在60～72小时之内全部死亡。研究表明，在一定氧分压范围内，HBO虽能使机体产生大量的自由基，消耗和灭活SOD，通过生物反馈信息传递和自身调节机制，诱导或加快SOD的产生与合成。所以，高压氧既是活性氧产生的前身物，也是SOD产生的诱导物。研究显示，动物吸收100%纯氧后，经24小时诱导可产生SOD和GSH-PX。可见氧暴露对机体细胞的抗氧化系统既有诱导作用也有抑制作用。

运动后吸氧的恢复作用与所吸氧的时间和浓度密切相关。运动后吸氧的时间多在20～30分钟，吸氧浓度范围在60%～99%，60%氧浓度多用于运动后的恢复期，而100%的氧浓度用于临床。氧浓度为多少更有利于运动性疲劳的消除，更有利于改善有氧能力，目前并不十分清楚。

（林燕荣，肖国强）

第十七章　不同温度环境与身体运动

【提要】在高温条件下运动，人体的有氧代谢能力和无氧代谢能力受到影响。机体多次接受热暴露后，可发生热适应的生理反应，以维持内环境的稳定性。如何预防高温环境中运动性中暑的发生，探讨热冷环境对人体机能和身体健康的影响已成为当前研究的重要内容。

一、体温调节的生理学基础

（一）体温

体温是指身体的温度。恒温动物的体温能够保持一定的体温（如哺乳类、鸟类等），变温动物的体温受环境温度的变化而变化（如爬虫类、两栖类、鱼类等）。化学反应速度受温度变化的影响，生物保持正常生命活动，必须适应四季环境温度的变化，保持稳定的体温。体温因身体的部位不同而异，安静时脑、肝脏、肾脏、消化器官等内脏器官因活动较大，其温度高达38℃，而处于放松状态的肌肉、皮肤等部位由于产生热较少、容易散热，因此温度低。体温分为浅层体温（shell temperature）和深层体温（core temperature）。

（二）体温的测定方法

通常所称的体温是指深层体温，可由不同的部位测得。

腋下体温：常测定的部位是腋窝下体表面的一部分，通过腋窝夹紧体温计5分钟以上测得深层体温。

口腔温度：通常口腔温度要比腋下体温高0.2℃，由于口腔与体表面隔离，所以能正确反映深层体温。

直肠温度：能最正确地反映深层体温，所测得的体温要高于腋下体温0.5℃。

此外，耳骨膜温度和食道温度也反映深层体温。我国女子的基础体温平均为36.7℃，男子平均为36.4℃。

二、体温的调节

（一）机体的产热

1. 基础代谢

人体为维持生命活动所需的最小能量消耗称为基础代谢。基础代谢的水平因性别、年龄和体格等不同而异，安静时内脏所需能量占基础代谢 40%，主要是心脏、肾脏、肝脏，肌肉占 20%～25%，脑占 18%（图 17–1）。

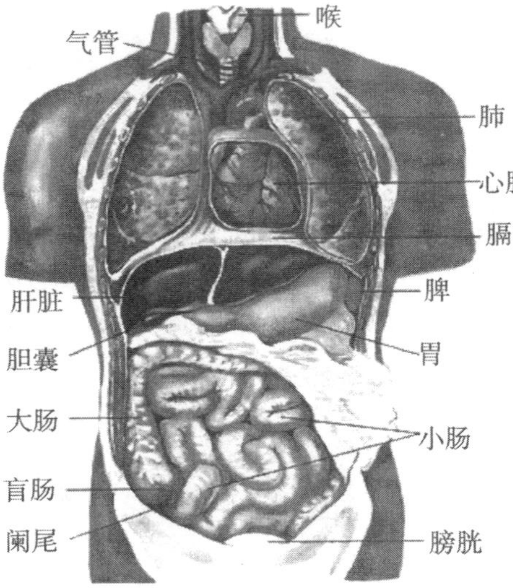

图 17–1　人体不同部位的产热

2. 运动

运动时由于骨骼肌的收缩产热比率发生明显变化。例如步行时的产热量是安静时的 3 倍，可达全部产热量的 80%。当运动负荷强度达最大摄氧量的 75%时，体温可达 39℃。通常在日常生活中，骨骼肌的产热量为 1570kcal，相当于全部产热量的 59%。寒冷环境下，对抗肌的不随意收缩"寒颤"使产热增强。

3. 特异性的作用

即使在安静状态下摄取食物时也产热，这种变化称为特异性作用。产热增加的比率可因摄取的营养物质不同而异。其中蛋白质产热占 30%，碳水化合物占 6%，脂肪占 4%。

4. 激素的作用

基础代谢也同时受激素分泌的影响，如甲状腺激素分泌过多，可使基础代谢增强。因此，甲状腺激素分泌过多，可引起巴塞多氏病（Basedow 氏病），使体温升高。肾上腺素具有兴奋交感神经系统的作用，从而促进细胞的物质代谢，产热增加。成人女子在黄体期分泌黄体激素可导致体温升高。寒冷刺激激素分泌也可导致产热增强（图 17–2）。

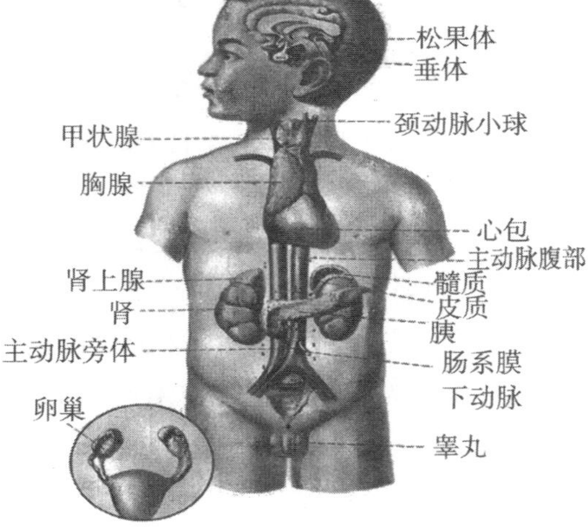

图 17–2　激素分泌时产热

（二）机体的散热

体温的散热通过传导、对流、辐射和蒸发等物理方式进行（图17–3）。总散热量的80%～90%通过体表面散热，其他的热量通过摄食、呼气、排粪尿散热。身体表面散热形式根据环境的温度不同而异，在低温环境中以辐射、传导进行散热，特别是辐射散热多，而高温环境中则以蒸发散热为主。

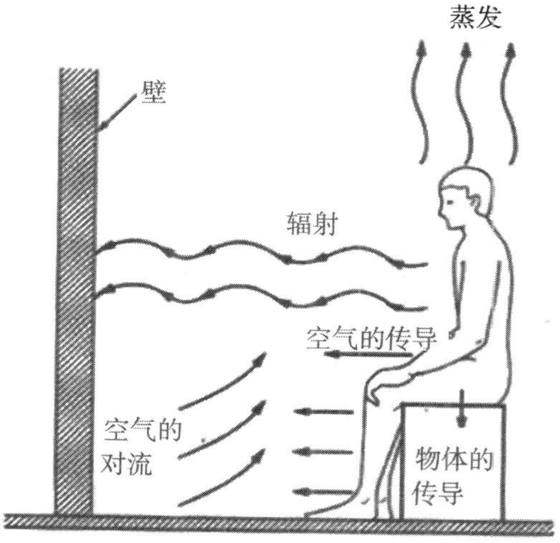

图 17–3　人体的散热方式

1. 传导和对流

身体热量由皮肤表面向空气和周围物体传导，呼出的气体通过呼吸道将热带出体外的散热方式称为传导。比重较轻的温暖空气移动的现象称为对流。水的传导比率是空气的23倍，因此，游泳者的体温比田径运动者容易下降。衣服可防止热以传导和对流的方式从体表散发。

2. 辐射

热作为一种电磁波由体表面直接向周围物体移动的方式称为辐射。在低温环境中人体以辐射散热方式的多，而在高于皮肤的环境温度中，人体表面却接受辐射热，导致体温升高。

3. 不显汗

除了出汗和呼吸以外，水分不断地由皮肤和呼吸器官的表面蒸发，这种现象称为不显汗（insensibe perspiration）。由体表面蒸发1克不显汗大约可散发580kcal热量，而一天人体大约蒸发1升的水分，不显汗约丧失580kcal热量。

4. 出汗

汗的比重为1.002～1.006，99%以上为水分。在汗的成分中，盐的含量最多为0.2%～0.4%。血浆的含盐浓度为0.65%，高于汗的含量。因此，在激烈运动中，由于血浆中盐浓度增加，因此应及时摄取水分，而在长时间运动导致大量出汗后，应补充一定的食盐。在汗中除含盐外，还含有微量的尿素和乳酸。

出汗是散热的又一种方式，由皮肤的汗腺分泌引起（图17-4）。汗腺有分泌腺（eccrine sweat gland）和顶浆分泌腺（apocrine sweat gland）。大部分的汗腺是分泌腺，而顶浆分泌腺分布在腋窝下、乳头、阴部附近，这种汗腺由于腺细胞自身分泌破坏而引起体臭。因此，体温的调节主要通过分泌腺分泌汗液。人的汗腺数量为200万～500万。在热带地区生活的人汗腺数量较多。出汗分为温热性出汗和精神性出汗。温热性出汗和精神性出汗的部位及出汗状态不同（表17-1）。温热性出汗由于汗的蒸发，需要散热过程。冬天潜伏期比较长（10～15分钟），夏天比较短。

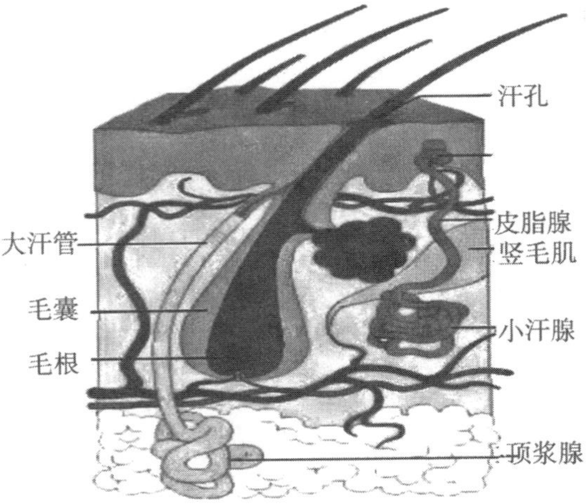

图17-4　汗腺

表17-1　温热性出汗和精神性出汗的比较

项目	温热性出汗	精神性出汗
部位	手掌、足掌以外的皮肤	手掌、足底和腋窝
原因	高温	精神兴奋
潜伏期	长	短
季节变化	夏季容易发生	无
量	多量	少量

精神性出汗即使在高温环境中也不一定出汗，由精神兴奋和疼痛刺激引起。潜伏期短，发生原因消失便停止出汗。温热性出汗可发生在全身，而精神性出汗多在手掌部位，也可发生在腋窝部位。身体体温依靠产热和散热的平衡维持正常（图17-5）。

在高温环境中进行体育运动时，身体可大量出汗引起体重下降，出现脱水状态。在这种热环境中进行类似于足球、长距离跑等运动项目时，即使补充大量水分，也很难避免因热产生的各种损伤。因此在高温环境下，如何控制运动训练对于运动员或教练员是非常重要的，包括应了解在高温环境中导致热中暑的原因，并掌握各种有效的防暑降温措施。

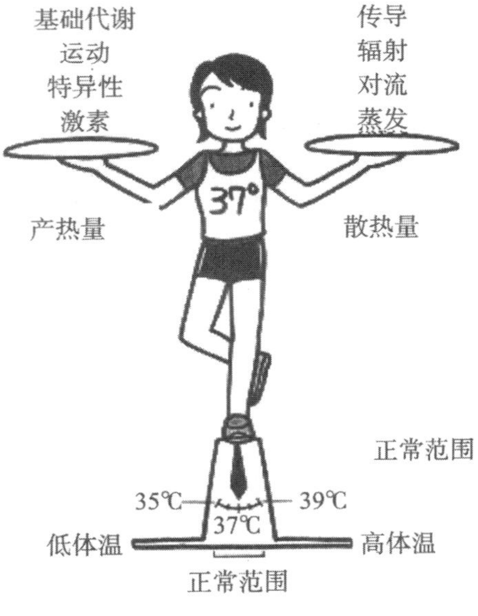

图17-5　身体体温依靠产热和散热的平衡维持正常的体温

三、高温环境中运动对人体的影响

人体暴露在高温环境中，可通过抑制产热，促进散热，维持机体正常体温。而在运动时人体产热的抑制是有限的，因此促进散热反应起着重要作用。

在常温环境中进行运动时，人体产热量可达安静时的 10～20 倍。当运动强度增大，产热量可达 30 倍。在高温环境中进行运动时，由于体温及环境温度增加，因此加强热适应能力对于维持机体正常体温非常重要。循环系统的功能对于散热起着重要的调节作用。

（一）对循环系统的影响

高温环境中运动时体温调节中枢随肌肉血流量增加而兴奋，皮肤的血流量增大，散热功能增强促进了体表面和深部热的交流。运动可增加心输出量，在高温环境中运动，可使心输出量增大，其增加以心率增加为主，每搏输出量几乎不变。图 17–6 所示高温环境（36℃）和低温环境中（10℃）进行相同负荷功率自行车运动时的心率变化。由图可知，高温条件下安静时心率为 73 次 / 分，低温条件下为 58 次 / 分。在高温环境中进行运动时的心率要比低温高。运动结束时高温时的心率为 179 次 / 分，而低温时为 157 次 / 分。

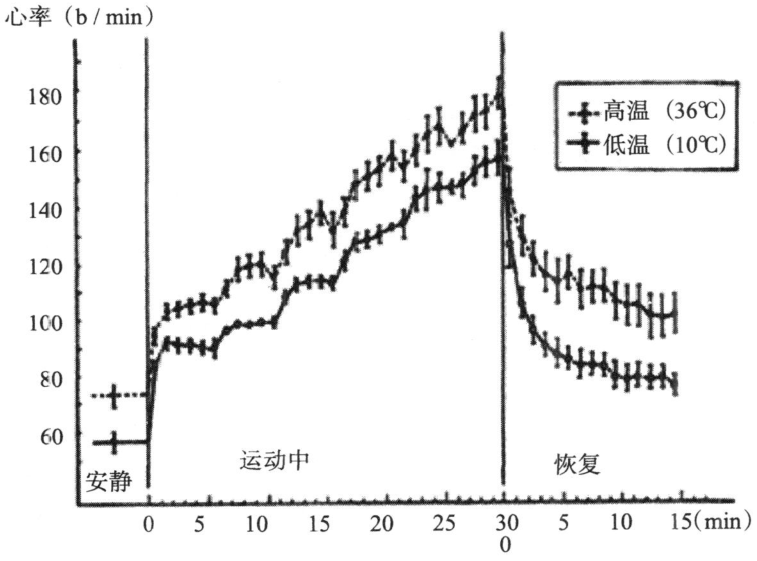

图 17–6　高温、低温环境中运动时心率的变化

图 17-7 为 1942 年迪尔（Dill）对环境温度的经典研究。温度设置从 0℃～50℃，最大摄氧量分为 0.7～2.1L / min9 个阶段，观察运动员功率自行车负荷运动中的心率变化。研究表明，当环境温度超过 20～25℃后，无论哪级负荷，心率都明显上升。高温条件下心率明显增加归因于心输出量的减少。在高温条件下运动时，皮肤血管扩张，增大了末梢血流量，而内脏等血液储存器官的血流量减少，使回心血量减少。同时由于大量出汗，血液浓缩，血液粘滞性增大，血流阻力增大，最终导致心输出量减少。在高温条件下进行运动时，通过减少每搏输出量，增加心率来保证每分输出量稳定。

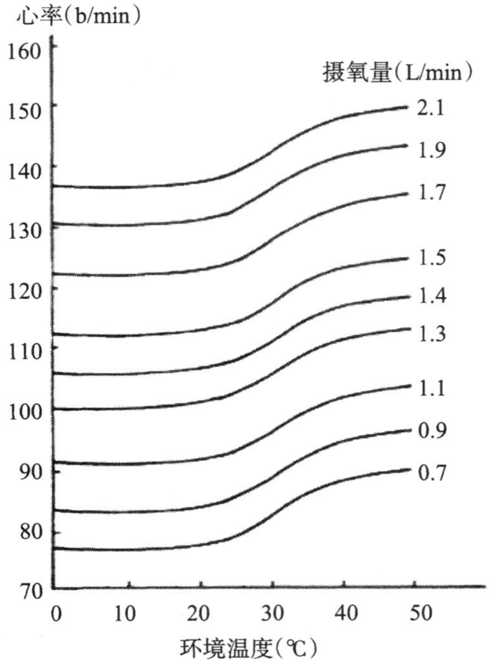

图 17-7　不同温度条件下运动强度与心率关系

（二）对体温的影响

当环境温度升高时，体内温度调节系统工作增强抑制体温上升。在高温条件下（40℃）体温的变化（直肠温度、组织温度、皮肤温度）要比低温环境高 0.7℃。胸部、大腿部温度（皮下约 10 毫米处）与直肠温度一样，在高温环境中明显升高。皮肤温度差为 3℃。由于身体运动，各部位体温指标都上升，且这些指标的变化过程因环境温度不同而异。在高温条件下，直肠温度上升的潜伏期短，增加率高，而前额部皮肤温度上升比较快，因该部位出汗早，散热快。运动时体温上升是由运动负荷强度所决定。随着运动时间的延长，体温调节能力也起着重要作用。例如在渐增负荷运动开始前，40℃下安静时直肠温度较 25℃明显上升。运动开始后，40℃下直肠温度仍表现为较 25℃明显上升。即使在次最大运动负荷时，安静、运动中及运动结束时的直肠温度均高于 25℃。运动结束时，25℃时直肠温度为 37.9℃，40℃时直肠温度可达 38.2℃（图 17-8）。高温条件下由于体温上升引起血乳酸急剧堆积，导致疲劳早现。

体温调节的重要形式为发汗。特别是在高温条件下运动时散热主要依靠发汗，即温热性发汗，表现为非连续性排泄，是以 1 分钟进行几十次的间歇式排泄活动。其中发汗频率的大小由发汗量所决定。

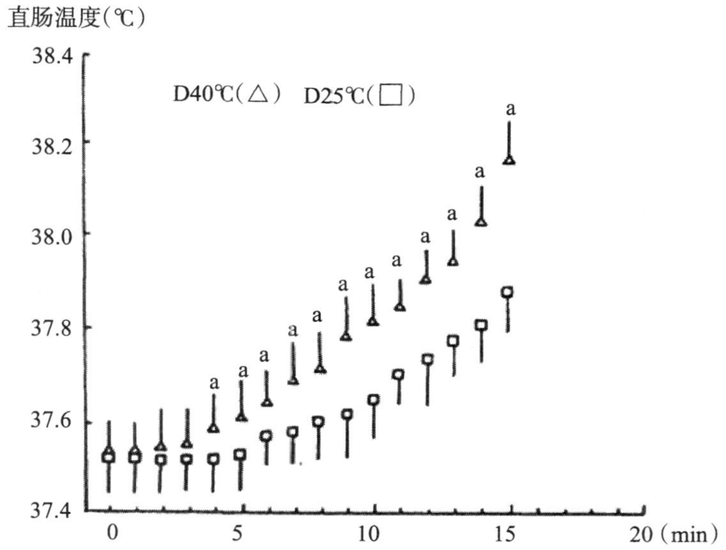

图 17-8 不同温度环境对直肠温度的影响

(三) 对有氧、无氧代谢能力的影响

芬克 (Fink) 等为测定高温条件下运动时人体有氧代谢和无氧代谢能力，采用75%～80%最大摄氧量的运动强度进行 3 次 15 分钟间歇运动实验。结果显示．高温时的摄氧量 ($\dot{V}O_2$) 显著高于常温，同时乳酸浓度也上升，分析其原因可能为高温条件下心脏的每分输出量大于常温；同时运动时皮肤血流量增加，降低了活动肌肉的血流量，导致局部缺氧引起血乳酸增加。在夏季，许多运动在高温条件下或在高温脱水状态下进行，肌肉活动并不缺氧，但血乳酸与常温相比增多。另有研究发现，在氧不足环境下进行运动 (吸入 10%～11%氧) 时，受试者血乳酸浓度增加，而大腿股四头肌的$\dot{V}O_2$不变。其原因可能为急性脱水刺激了循环系统，使人体产生生理性不安而共同刺激交感神经—肾上腺系统，提高其兴奋性、加强肾上腺素分泌，通过其与 β-肾上腺受体结合，促进糖原的分解，最终导致血乳酸浓度上升。与常温相比，高温条件下最大运动负荷时$\dot{V}O_2$、血乳酸浓度升高，而$\dot{V}O_2max$不变。克里奥森 (Kliausen) 的研究报道，在高温条件下进行次最大运动时$\dot{V}O_2$下降，表明血乳酸的增加依存于肌肉的低氧状态，由此可见，在高温条件下运动时，活动肌肉中乳酸释放增加是引起血乳酸增加的原因。此外，从肌肉中释放出的乳酸不增加，而从血液中清除血乳酸减少，或由非活动组织释放的血乳酸增加也可导致血中乳酸增加。在高温条件下运动时，由于肝脏血流量减少，肝脏摄取血乳酸量减少，加上脱水，两者共同作用促使血乳酸上升，$\dot{V}O_2$未发生明显变化，但$\dot{V}O_2max$明显下降。环境温度影响运动能力，如在高温环境中，优秀马拉松运动员的成绩明显下降 (图 17-9)，原因可能为在高温条件下运动员的体温调节能力受到抑制；与此同时，运动员的$\dot{V}O_2max$减少，运动持续时间、

乳酸阈（lactate threshold，LT）及乳酸阈时的$\dot{V}O_2$均降低。然而运动性中暑预后及恢复快慢与反映身体运动能力的各指标，如$\dot{V}O_2max$、肌酸磷酸激酶、体脂等无直接相关关系。

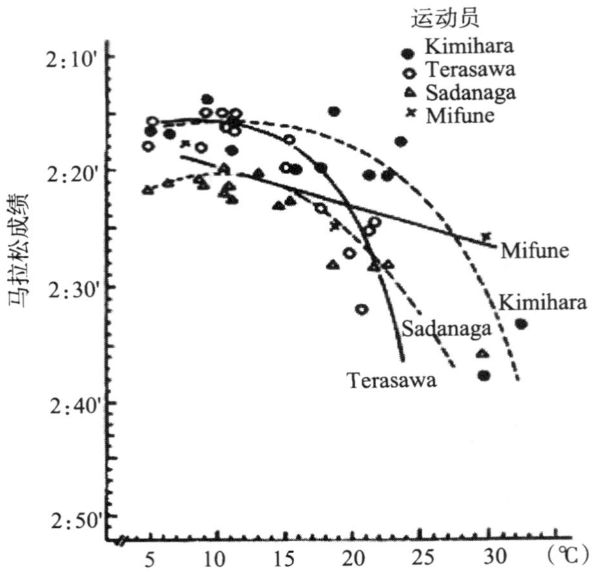

图 17-9　不同温度环境对马拉松运动成绩的影响

在桑拿浴后常温条件下递增负荷运动时，直肠温度（Tr）、心率、通气量和摄氧量比常温条件下相同运动时高，而 HLa（血乳酸）浓度低于常温条件。

在高温条件下递增负荷运动时 HLa 上升，其原因可能为肝脏对 HLa 的摄取降低或是活动肌肉产生的 HLa 量增加。彼尔（Bell）等人发现在高温条件下运动时，由于热疲劳增强交感神经兴奋性，导致活动肌肉与非活动肌肉之间血流量的调节，流入活动肌肉中的血流量减少，氧含量被限制引起有氧代谢比例下降而无氧代谢比例增加。

大量体液损失导致内环境水分减少，内环境机能下降，运动中的疲劳增加而使运动能力下降。因此，及时补充体液（如补充运动饮料）能在某种程度上抑制运动疲劳和运动能力下降。

（四）对水盐代谢的影响

在高温环境中进行运动时，身体排出大量水分和一定程度的盐分。如果在 24 小时以内身体未能得到水分及盐的补充，可使体内水盐代谢失调，易引起热射病。因此应及时补充水分和盐。

进行 1～2 小时的身体活动可使水分丢失 2～6 升。运动时水分的丢失量因运动强度不同而异，并受环境温度、相对湿度、运动时间及运动员的服装等影响。如低强度运动时足球运动员大约失去 2 升水分；在炎热且湿度大的环境中运动员失去 9～10 升水分，这种变化可使体重减少 3%，降低运动能力，引起热射病。

水分不具有热量，大量饮水也不会使身体发胖。而水分的排出并不能减少脂肪，那些以减少体重为目的排汗，企图排除身体多余水分的做法是徒劳危险的，真正的减体重应是减少脂肪量。增加运动量对于减重具有一定作用，但需一定的时间。

口渴了便要补充水分，而那些每天工作在高温多湿环境中的人们不一定都能补充到充足的水分。而要想补充所失水分，应每天测量体重。通常在运动前后各测一次重量，体重差视为运动员汗液损失量即应补充的水分。根据汗量 = 运动前体重 – 运动后体重。其应补充的水分量至少在下一次训练前，补充到所失水分的 80%。通过测量体重控制运动员应补充水量是一简易、可信的方法。若体重下降在 3%内（水分），且 24～48 小时内不能补充充足水分，机体就会出现脱水症。

四、运动员中暑的原因及类型

运动员在高温环境中进行体育运动时，当产生热量超过身体所散发热量，造成体温超过生理范围异常上升，身体可出现各种过热症状，导致运动性中暑。运动员，特别是足球和长距离的田径项目中运动性中暑发生很常见。据记载，1972 年以前，在高温热环境中进行足球训练或比赛中，每年因运动性热中暑而死亡的人数超过 5 人。此外，为了减体重运动员身穿橡胶制服，在运动场上进行激烈的长跑练习，可出现热射病而死亡。运动性中暑不仅发生在足球、长距离跑、田径、网球、摔跤等项目中，而且在高温环境中进行激烈运动时，无论任何项目都可能发生。如 1999 年 9 月（当天气温度为 38℃），在香港进行的登山、龙舟比赛中，曾发生过 2 人因运动性中暑死亡事例。

（一）运动员中暑的原因

体温的调节中枢在丘脑下部的前侧，协调维持产热和散热平衡。产热主要通过肌肉和肝脏的化学代谢过程进行，如基础代谢、肌肉活动、腺体的分泌活动、特异的力学运动等。散热主要通过传导、对流、辐射及蒸发等物理过程进行，此外也与环境（温度、湿度、风等）、体表面积、皮肤血流、衣服等因素有关。运动性中暑产生的主要因素是散热障碍。在气温低、湿度低的环境中，机体可通过传导、对流、辐射及蒸发等散热方式进行散热，以维持体温的恒定。当外界温度超过人体的正常温度便不能以传导、对流、辐射的方式进行散热，只能依靠蒸发来实现，通过增加发汗量来防止体温异常上升。然而在高温和高湿的环境下，散热效率会下降（汗的蒸发下降）；在这种环境中进行激烈运动可增加产热量，同时影响散热使体温上升。此时若得不到充分的水分补充，将引起脱水，出现中暑。

（二）运动员中暑的类型

人的热耐受能力存在个体差异。容易患热中暑的人，如老年人、肥胖者、体能水平低的人（特别是有氧耐力）、高血压症患者、药物服用者（血管扩张剂、利尿剂、β-阻滞剂、肌肉弛缓剂等药物）、没有进行过高温适应者，在训练和比赛中均易出现运动性中暑。运动性中暑可分为以下 3 种类型。

1. 热衰竭。由于身体末梢血流量增大，增加出汗，形成脱水状态，且心输出量不能充分供给，引起热衰竭。热衰竭的症状表现为全身无力、眼花、兴奋性高、皮肤凉，虽体温正常，但重者则可昏睡（图 17-10）。

2. 热痉挛。由于大量的发汗使身体内氯化钠（盐类）丧失过多，或只是大量饮水均可引起肌肉的兴奋性过高，出现肌肉疼痛和痉挛，称为热痉挛。其症状表现为肌肉痉挛、大量出汗、疲劳、体温升高不明显（图 17-11）。

图 17-10　热衰竭

图 17-11　热痉挛

3. 热射病。此为高温环境中的一种急性疾病。如表 17-2 所示热射病的症状，轻者表现为虚弱、不发汗、皮肤干燥、头痛、呕吐、意识混乱、步行异常；重者体温急剧升高、虚脱、并引起昏迷，可导致死亡或成为植物人。

表 17-2　热射病症状

1. 体温上升
2. 中枢神经系统：意识障碍、兴奋、痉挛
3. 循环系统：脱水、血压下降、代谢性酸中毒
4. 低血糖
5. 由高温引起血管内皮障碍
6. 高温、循环不全、酸中毒、引起器官障碍；脑：水肿、点状出血、坏死、出血；心脏：出血、坏死（ST-T 变化、心律不全）；肾脏：尿小管坏死（肾功能不全）；肝脏：肝小叶中间坏死、胆汁阻塞；肌肉：抽搐

（引自：石河利宽. 竹宫，1994）

（三）运动员中暑的预防

在高温环境中进行体育运动时，为了防止运动性中暑的发生，教练员应注意及时给运动员补充水分和盐分，同时运动员自身也要进行热习服以及做好应对高温多湿环境的防护措施（如防晒帽等）。

1. 补充水分和盐分

补充水分和电解质也是预防措施之一。巴尔（Barr）将受试者分为不饮水组、饮水组及饮生理食盐水组，令 3 组在温度 30℃、湿度 50%环境下进行功率自行车负荷运动，并同时比较其主观运动强度、体温、心率及血液中的各指标。结果显示，较其他两组，不饮水组的心率、直肠温度、血清钠、血浆醛甾酮（aldosterone）、主观运动强度均明显升高，而血容量减少，说明在高温环境下进行运动时，补水对于防止运动性热中暑非常重要。补水组和补生理食盐水组之间相比，上述指标无显著变化，表明 6 小时内的运动也许无需补充盐分。运动中饮水效应由胃吸收水分向全身输送的速度决定，这种速度受饮用水的渗透压、量及温度影响。低温液体可加快运输速度，其量在 600 毫升时速度最快，而液体渗透压越高其速度越慢。因此，运动时摄取的水分为低温（5～15℃），由低渗透压逐渐转向高渗透压，且少量多次（每次间隔 15～20 分钟）饮水为最佳方法。但在运动时，这种最佳方法是很难实现的。1984 年美国运动医学会提出，在马拉松比赛中应每隔 2000～3000 米饮水 100～200 毫升，过多地饮水会引起低钠血症。

在热环境中运动时，饮水的效果受环境条件、运动持续时间、训练水平及饮水成分影响。表 17-3、表 17-4 为世界各国体育协会推荐的在高温环境中运动时的饮水方法及饮料标准。

表 17-3　运动时的饮水方法

运动时间	1h 以内	1~3h	3h 以上	运动后的恢复期
运动强度（%$\dot{V}O_2max$）	80%～130%	60%～90%	30%～70%	
摄取的水分及成分				
运动前	6%～10%含糖溶液	冷水	冷水	
运动中	冷水	Na^+：10～20mmol Cl^-：10～20mmol 糖：6%～8%	Na^+：20～30mmol Cl^-：20～30mmol 糖：6%～8%	Na^+：30～40mmol Cl^-：30～40mmol 糖：50g / h
摄取量和频率				
运动前	300～500ml	300～500ml	300～500ml	
运动中	500～1000ml	800～1600ml / h	500～1000ml / h	

（引自：Gisolfi CV，Duchman SM.，1992）

表 17-4　运动员饮水标准

饮料的标准	低渗透压（水分多、固体少）
	低浓度的糖分（每 100ml 水含糖分 2.5g 以下）
	凉饮料（5～15℃）
	容易喝的饮料（100～400ml 的量）
比赛前摄取量	在赛前 30min 可饮 400～600ml 的量
比赛中摄取量	每间隔 10～15min 可饮 100～200ml
比赛结束后的饮食	控制盐分，补充基本的无机物及运动中所失去的电解质
注意脱水症状	为了发现慢性脱水症状，注意持续记录体重（起床后、排尿后及早饭前）

在运动训练和比赛中，需注意饮水量不应过多，特别是一次性过量饮水会产生身体不适。在高温环境中进行运动训练和比赛中时，要遵循少量多次饮水（每隔 10～15 分钟一次）原则。在训练场地控制运动员每次少量饮水（100～200 毫升）。

运动员在高温环境中运动时，由于大量排汗，失去水分的同时也失去了一定量的盐分。体内的盐分主要是钠，为了防止水盐代谢失调，应进行水盐补充。运动员丧失大约 2 升水分，失去的盐分可以从食物中获取。如果大量丧失水分 2 升以上，则需额外补充氯化钠，由每天 10～15 克可增至 20～25 克。运动员可通过电解质饮料、盐片或者菜汤等方式补充盐分（图 17-12）。

图 17-12　补充水分和盐

2. 运动员饮料

在热环境下运动时，如不摄取水分运动员的血浆量将减少、血糖浓度下降、血脂及血浆激素浓度上升，这种现象可持续到运动结束后 180 分钟。摄取水分或运动饮料后，机体血糖、血脂代谢及血浆量的恢复过程是不同的。摄取运动饮料可防止血糖下降，加快血浆量的恢复，使上升的血脂加快降低，但尿酮体的排泄、血浆激素浓度均无明显变化。

为了补充水分、减轻渴觉，理想的饮料应是一种低渗透压，能快速从胃中消失的低浓度糖饮料。选择饮料温度应适宜，如 5～15℃的凉饮料不会引起“胃痉挛”。“胃痉挛”出现除与温度有关外，还受摄取量影响。

五、不同环境的运动与习服

（一）热环境的运动与习服

当人体在暑热高温环境中经过较长时间的训练，可对这种环境温度逐渐产生适应，并能维持其正常的健康状态及运动能力，我们称这种对高温环境的适应为热习服（heat acclimatization），如图 17–13。在实验室条件下、特定环境中的习服称为人工气候习服，而在自然气候环境中的习服称为气候习服。研究发现，当受试者在高温环境中每天进行 4 小时热适应运动后，其出汗速度急速增加，直肠温度和心率逐渐减少，而 2 周后受试者便产生了适应性变化，完成了习服过程。

图 17–13　热习服

发生高温习服后，机体对醛甾酮（aldosterone）的感受性增加，引起汗液中的盐浓度下降。青春期后的女性，安静和运动时出汗的体温阈值均升高，出汗少。女性排卵后期较排卵前期，出汗的体温阈值也升高。

在暑热高温环境中进行较长时间运动，机体由于不能耐受高温，导致体温上升超过正常范围，出现热疲劳。在这种环境中进行训练或比赛，死亡的大多数出现在热疲劳发生的初期。因此，有必要对运动员进行热疲劳耐受能力的训练，增强对热的适应性，同时增强其在暑热高温环境中的身体运动能力。经热适应后，运动员运动效率可提高，产热减少，这是因其皮下脂肪比一般人少，体温上升，皮肤血管扩张，促进汗液蒸发，增加散热量。在进行相同负荷运动时，$\dot{V}O_2max$ 水平高者出汗量少。此外，其血液中的凝乳酶（rennin）活性和醛甾酮浓度下降，可提高机体对盐分的再吸收能力。如表 17–5 所示，热习服意味着对热环境的适应，可加快机体的血液循环和发汗反应，加强散热能力并能最大限度地抑制皮肤温度和体温上升。

在高温环境中进行 4～8 天运动，身体对热环境可产生适应。通常在一周前适应期的最初阶段，让运动员穿短裤进行数分钟的运动。然后从 10 分钟开始每天增加 20 分钟。在适应初期，运动员不要采取任何发汗用具，期间注意适当饮水。这种方法不仅能使身体适应，而且还有益于身体对环境变化的调节。如足球运动员的热适应训练

表 17-5 热习服后的身体反应

身体的各指标	习服后的身体反应	
循环系统		
	心率	减少
	皮肤血流量	减少
	骨骼肌血流量	增多
	血流容积	增大
	血压	维持正常范围
发汗		
	出汗量	增大
	汗的蒸发	增大
	盐分的丧失	减少
中枢神经系统		
	意志	增强对眼花、不舒服感觉、心慌及热的耐受能力
热调节系统		
	皮肤温度和直肠温度	均下降但是全身代谢不变

计划，适应期的最初 5 天，穿短裤进行低强度的运动，运动强度、穿衣量及运动时间逐渐增加。5 天的热适应训练，从 1 小时开始每天增加 20 分钟，达到第 5 天时活动量为 2 小时 20 分，其中每活动 20 分钟间歇 15～20 分钟。

（二）低温环境的运动与习服

在低温环境下，由于皮肤寒冷感受器接受刺激使血管收缩而导致皮肤血流量减少，体温下降，随之皮肤表面散热减少，导致皮肤血管收缩，血压升高。

在低温环境中有意识地颤抖可以增加产热量。颤抖是由抵抗肌不随意的、持续收缩而引起。当机体暴露在 0℃以下，安静时能量代谢为 35.4kcal / (m^2·h)，随时间的延长，能量代谢增加（1 小时后 54kcal，2 小时后 72 kcal，3 小时后 92kcal，4 小时后 96kcal），为安静时的 2～3 倍。而有意识的、持续数十分钟的运动产生的热量大约是安静时基础代谢的 10 倍以上。在寒冷环境中进行运动可升高体温，甚至在运动结束后的相当一段时间，基础代谢仍处于较高状态。

研究报道，缺乏锻炼者在寒冷季节里参加马拉松跑，随着后半路程速度的降低，身体的核心温度不能得以维持。在低体温的初期，其表现出颤抖等症状，当体温继续下降，颤抖消失，会出现嗜眠、肌肉无力症、方向感丧失、出现幻觉等症状，甚至丧失意识。

研究表明，小鼠暴露在 5℃的寒冷环境中 2～4 周，随时间延长，其颤抖逐渐减弱，非颤抖的产热量增加，直肠温度下降。然而将小鼠置于寒冷环境中进行冷习服，研究发现其摄氧量增加而直肠温度并未下降。提示冷习服能使交感神经末梢释放的去甲肾上腺素增加，增强脂肪酶的活性，可通过分解褐色脂肪组织产生能量（人在婴儿期褐色脂肪组织较多）。

（三）运动与服装

经高温热习服者若着防散热的服装进行运动，仍有可能产生运动性中暑。在高温的环境中进行运动时，机体温度超过35℃以上，甚至只要超过皮肤温度（32～34℃），传导、辐射的散热方式将受到障碍，只能以蒸发方式散热。运动时人体的绝大部分部位尚未暴露，而汗液蒸发的快慢与空气的温度、湿度及空气的流动速度等均有直接关系。在着防散热衣具的情形下，由于空气不流通，汗液从皮肤蒸发受到影响。在运动时体内产热高于散热，体温升高，影响身体活动，加之体内水盐代谢失调，易引起中暑。运动员服装的遮体部分占50%以上在高温的环境中进行激烈的运动，可影响散热。当然服装在比赛规则允许范围内是可改进的，如质地轻并用透气、散热材料做成，颜色以浅色为主的短袖服装可加强散热。此外，运动员本人也应有意识尽可能地扩大自身体表的散热范围，如在间歇期间采取脱帽、掀开运动服或脱袜等方法。运动员和教练员也可按照上述的散热方法，减少体表被遮的范围，增加散热，同时应注意不要穿难以散热的服装，防止体温升高，心血管系统过度疲劳，产生中暑。

六、热疲劳环境的测定

（一）湿球温度

测定热疲劳环境的简易指标是湿球温度（wet bulb temperature，WBT）。测WBT时，用湿布芯包住温度计的球部，通过温度计的读数变化，可观察到布芯湿度的蒸发情况，这种温度计称为湿度计。通常与温度计组合使用。湿球温度高则表示大气中湿度高（可以到几乎不能蒸发程度），反之则表示大气中湿度小（高效率的蒸发）。如果两者相同，表示大气中水蒸气已饱和（相对湿度100%），处于不蒸发状态。

（二）湿球黑球温度

湿球黑球温度（wet bulb globe temperature，WBGT）包括：

（1）通常的大气压温度（用干球温度计测定的温度）；

（2）受风和湿度影响的温度（用湿球温度计测定的温度）；

（3）受太阳辐射影响的温度（用黑球温度计测定的温度）。

按下列公式计算：

WBGT =（0.7×Twb）+（0.2×Tg）+（0.1×db）

Twb = wet bulb thermometer 湿球温度计

Tg = black globe thermometer 黑球温度计

Tdb = dry bulb thermometer 干球温度计

例如，湿球温度 23.9℃、黑球温度 43.3℃、干球温度 29.4℃时，WBGT=（23.9×0.7）+（43.3×0.2）+（29.4×0.1）=28.3℃

（三）热疲劳环境的判断及预防措施

WBGT 指数与 WBT 一样可判定热疲劳的环境（WBGT 最早用于军队，后广泛用于体育活动与训练）。WBGT 反映发生热疲劳时的环境温度，可作为控制运动训练的指标。当热疲劳威胁运动员时，即湿球黑球温度高于 28.3℃时，应停止运动训练。

（四）长距离运动项目中的防暑措施

热疲劳环境的判断及预防措施不仅适用于网球、田径、足球、橄榄球，也适用于其他不需特殊保护服装的运动项目。为预防热疲劳的出现，长距离跑时的注意事项如下：

1. 长距离跑（16000 米）的适宜环境温度为其湿球黑球温度不应超过 28.0℃。

2. 白天中午的干球温度在 27.0℃以上的训练季节，训练时间应安排在上午 9 时前，或下午 4 时后进行。

3. 医疗保健人员应准备混合饮料，含少量糖（每 100 毫升水含葡萄糖 2.5 克以下）和电解质（每 1 升溶液含 230 毫克以下的 Na^+ 和 195 毫克的 K^+）。

4. 运动员在比赛中应少量、多次饮水，在比赛前 10～15 分钟应喝 400～500 毫升饮料。

5. 在马拉松比赛中，最初 10000 米喝水次数不应多。在高温环境中进行长距离跑时，应考虑到大量出汗和体温上升对机体的影响，超过 16000 米以上的比赛应每 3000～4000 米处设一个供水站；铁人三项竞赛中，自行车项目应每间隔 20000 米的距离设一个饮水站，长跑项目应每隔 4000～5000 米设一个饮水站。

6. 让运动员了解运动性中暑出现的先兆症状，如头昏、无力、精神不安、欲吐、皮肤干燥、头沉、头痛、定向障碍等。如发现运动性中暑的典型症状，应及时停止训练并进行适当的处理。

7. 大会比赛的组织者应与医务人员共同担负起预防运动性中暑的工作。指定负责人担当饮水地场所监督工作。当运动员发生运动性中暑时，有权让其停止比赛。

七、运动性中暑发生时的处理

教练员和运动员对运动性中暑的病名及症状应有所了解。热痉挛、热衰竭及热射病（日射病）都是突发性疾病，在运动性中暑中危险最大的是热射病。中暑者由于出汗的调节机能发生障碍，皮肤干燥温度升高，体温急剧上升，可超过40.6℃。热射病的先兆症状：头痛、神志错乱、步态不稳、定向障碍，并丧失意识。无论发生何种先兆症状，均应进行如下处理：

1. 立刻脱去患者全身衣服，利于散热；

2. 采用冰水浸泡浴或冲凉水等；

3. 叫急救车将患者送往医院；

4. 在患者到达医院之前要继续冷却其身体，充分使用冰块、凉毛巾降体温，并测量血压、脉搏、体温，尽快输液。

（一）运动会组织者对运动性中暑采取的对策

1. 医学指导者。让具有运动生理学和运动医学知识的医务人员担任大会的预防和治疗工作，同时选取与大会的领导组织者保持密切联系的医务人员。明确工作岗位和责任。

2. 大会的组织。在夏季运动会进行期间应避开最热时期和一天中最热的时间段。热环境条件受地区变化影响，为避免热中暑的发生，需调查了解本地区的以往天气情况。大会组织者要注意参加者不适应热环境的状况。

3. 要及时获得天气预报，并能测定湿球温度和黑球温度。超过28℃（82F），应考虑延期大会进行日期。如果未超28℃可在起跑点或重要的线路上，示防热警告，提醒参加者注意热疲劳的发生。

4. 夏天运动会尽可能在早晨8时前和下午6时后进行，以避开太阳辐射。在起跑线前或在长跑途中每隔2000～3000米处设置供水点，每次饮水量为100～200毫升。

5. 大会工作人员需掌握运动性中暑虚脱知识，注意参加者在运动中出现异常现象，随时提出警告。必须维持好交通和群众秩序。在线路各点建立起能与本部联络功能。

（二）在体育活动中如何预防热中暑

1. 逐渐进入热适应

运动开始时要进行准备活动，在高温环境下运动时，应进行热适应练习。要特别注意夏季初和运动会的第一天，以防热中暑的发生。

2. 养成测量体重的习惯（图 17–14）

每天早晨起床时要测体重，体重持续减少表示运动负荷过重。运动前后测体重，可计算出运动中失去的水分，在下次运动前至少补充 80%的脱水量。

图 17–14　养成称体重的习惯

3. 补充水分

运动员通过出汗使身体散热，防止体温上升过高。若不能及时补充失去的水分，便不能维持运动能力。因此，要准备好饮用水，适时休息和及时补水（每 30 分钟休息并饮水），防止脱水出现。

4. 补充电解质

出汗丢失水分的同时也丢失电解质，如果只补充水分，血液中的钠离子浓度将下降，引起肌肉疼痛即热痉挛。为防止这种现象发生，可在饮水中放食盐或饮用与汗液中离子成分相同的饮料。

5. 运动强度和温度

随着运动强度增加、热量消耗增加，体温上升。因此，若增加运动强度，就应适当增加休息次数，同时也要补充水分。

6. 气候和体温

为预防热中暑，要注意气温、湿度、风速、热辐射等气候因素的变化，特别是湿度的变化。即使是相同的温度，湿度高出汗量也增加，必须注意湿度超过 90%时的气候。测量湿度时，要同时使用干湿度计和湿球计。

7. 着衣问题

在许多运动服中具有防止散热的效果，使体温上升。在休息中应尽可能地着宽松服装，利于散热。运动服装不宜穿得太多、太厚。

8. 注意身体状态

不适应在高温条件下进行运动、有肥胖症状或那些挑战自我极限以及在高温条件下丧失意识的人，均应注意暑热障碍的发生。

9. 暑热障碍症状

(1) 热失神：面部突然变白、全身无力、血压下降、意识丧失等。

(2) 脱水引起热疲劳：严重口渴、无力、疲倦感、血液浓缩等。

(3) 离子丧失引起热疲劳：在（2）的基础上发生头痛、呕吐、下痢、意识障碍等。

(4) 热痉挛：胳膊、腿、腹肌等疼痛，甚至痉挛等（血液中的 NaCl 下降）。

(5) 热射病：体温显著上升，意识丧失等，严重者可导致严重的后遗症。

要注意（1）、（2）和（3）症状，容易引起热射病。

10. 急救措施

首先叫救护车，同时将患者放置在阴凉处，用凉毛巾或电风扇使身体降温。然后送往医院，将患者情况告知医生，尽快采取措施。

八、冷环境对机体运动能力的影响

（一）寒冷刺激对血管扩张反应的影响

将手足浸入凉水后，皮肤温度下降，正常情况下能促使皮肤下的动静脉吻合（AVA）扩张，由于局部血流量的增加导致皮肤温度上升，这种反应现象称为“寒冷血管扩张反应”（cold-induced vasodilation，CIVD）。CIVD 各指标的上升，如 TFR（入水后开始上升的温度）、MST（皮肤温度）、TTR（入水后上升的温度）、RI（抵抗指标）与运动能力增强密切相关，而且受遗传和慢性寒冷的暴露影响。居住地不同 CIVD 也不同，研究表明，居住在寒冷地区人的 CIVD 各值均较高。此外，这种血管反应还受人种、职业不同及蛋白质的摄取量等影响。

通过观察 10～80 岁受试者其年龄对 CIVD 的影响，测定了寒冷血管扩张反应的综合指标（CIVDindex），结果显示，小孩和老年人值比成年人低，提示小孩和老年人的寒冷血管扩张反应较成年人弱。其中小孩和老人不同，表现为小孩的动静脉吻合温度低，而老人皮肤血管收缩反应迟钝。

寒冷血管扩张反应表现在受到极度寒冷刺激时，局部动静脉吻合的扩张，引起皮肤血管间歇性收缩。动静脉吻合的扩张可能因感觉神经的反射活动、某种血管扩张性物质的释放以及对于肾上腺素刺激的血管感受性下降等因素引起，其具体机制目前尚不清楚。老年人手指的皮肤血管收缩迟缓现象，与全身暴露在寒冷处时背、腿的反应一样。其原因是由于皮肤寒冷感受器的感受性能力下降、体温调节中枢迟钝、对皮肤血管的调节能力下降等。

寒冷的手指吸热后，可出现温热血管收缩反应（heat-induced vasoconstriction，HIVC）。水温上升时深部体温与局部温热感觉的反应特性相对应，因此 HIVC 可作为反映深部体温调节的指标。

在浸入冷水初期，血压显著上升。老年人血压上升较高出现在血管扩张前的皮肤血管收缩时。有氧耐力好的老年人比同年龄人安静时的标准值低。提示在寒冷环境下，重视老年人的安全十分重要。

（二）肌肉冷却对运动训练效果的影响

处理急性外伤时，在患部多采用汽化冷冻方法（icing）。由于患部被冷却，机体疼痛可被抑制，毛细血管灌流量减少，出现毛细血管壁通透性降低以及白细胞集中被抑制等生理现象。其结果抑制了肿胀、出血和炎症反应，防止第二次受伤。在体育运动现场，这种冷冻方法常用于挫伤、拉伤等急性运动外伤，以及用于训练的恢复期。如在大强度训练后，为了减轻肌组织的轻微损伤应采用这种有效方法。此外该方法还应用于运动后心理康复及防止热中暑。研究报道，冷却方法对于减轻球类比赛中的疲劳感，提高运动成绩可能有一定作用。但运动后直接冷却，有可能使活动肌肉的血流量减少，使以乳酸为代表的代谢产物清除减少，不利于肌肉疲劳的消除。如研究发现，大强度肌肉收缩运动后数日，冷却手臂和非实施手臂进行比较，两者之间的延迟性肌肉痛感觉和最大肌力无显著差异。但有研究报道，大鼠经 7 周活动跑台训练，每周训练 5 次，每次进行 5 分钟 4℃的全身冷却，结果显示，腓肠肌肌纤维的损伤增大。提示冷却虽暂时减轻疲劳感，但运动负荷的进一步增加易造成肌组织损伤。耐力训练可提高肌肉的运动能力，主要表现在提高线粒体的氧化能力，抑制糖原分解，提高氧化酶活性，增加肌细胞内的肌丝蛋白含量及氧的运输能力。同时增加肌内毛细血管密度，使血流量增加，提高氧的运输能力，提高 $\dot{V}O_2max$ 和运动成绩。冷却可抑制耐力训练效果，是直接影响还是间接作用目前尚不清楚。冷却使运动后的血流量减少，血管内皮细胞的剪应力减弱。在运动中为维持肌肉低温，由肌肉流出的乳酸减少，运动成绩下降。冷却后血流量的减少，使运动中产生的血乳酸等代谢产物的清除可能延迟，但反复实施这种方法有可能影响肌肉的适应，还需进一步研究。

（肖国强）

第十八章　高血压与体育锻炼

【提要】血液由左心室射出，血液对大动脉血管壁的压力称为动脉血压。在日常生活中，血压因睡眠、饮食、心情和运动等因素而变化。随年龄的增加，血压的正常范围也不同。影响高血压的因素有内外两种，前者指遗传因素，后者包括自主神经的调节、心肌收缩力、血管的弹性、外周阻力等。身体活动对血压的影响并不十分清楚。应避免使血压上升的运动，实施能使血压降低的运动。适宜的运动时间、持续的低强度有氧运动可起到“降压药”作用。

一、动脉血压

（一）动脉血压的概念

由左心室射出的血液为动脉血，流经全身血液循环系统。在动脉血管中的血压最高，流经小动脉血管内，血压急速下降，血液再流经毛细血管、小静脉血管、大静脉血管流回心脏。血液在动脉血管内的碰撞管壁形成脉搏而流动，血压也随之变动。由左心室射出的血液对大动脉血管壁的压力称为动脉血压。采用水银测压计测血压时，将上臂抬起与心脏位置相平，向上臂体表面施加压力，阻止其血流，之后逐渐释放压力，血液再次开始流动时产生的压力称为收缩压。直到最后放松压力，血流不受阻时所测到的压力称为舒张压。

血压＝心输出量×末梢血管的阻力（血管壁的弹性、血管收缩舒张状态和血液的黏性）

血管弹性随年龄的增加，逐渐向硬化变化。由于末梢血管由自主神经支配，交感神经兴奋时，血管收缩使血压上升；副交感神经兴奋时，血管舒张而使血压下降。

（二）血压的测定方法

通常采用水银血压计间接测定血压。测血压前，受试者在安静的室内静坐数分钟，上臂肌肉放松，将肘关节窝放置心脏水平处（第4肋骨），由前臂支撑。测血压的方法有卧位式和坐位式两种。手臂放置心脏高度，暴露出上臂，用血压带包卷包捆时不要过紧。如果上臂脂肪过多，可用较大的血压带，而小孩宜选用较小的血压带。

当血压计中的水银上升到脉搏声消失时再上升 30mmHg，后以每秒 2mmHg 匀速下降，听诊器听到的第一声音时的压力为收缩压，其音消失时为舒张压。血压应在 3 分钟以内测 2 次，取平均值。

（三）高血压的判断方法

在日常生活中血压受睡眠、饮食、心情和运动等因素的影响。随年龄增加，血压正常值范围不同。19～39 岁收缩压在 140mmHg 以下，舒张压在 90mmHg 以下。40～59 岁血压为 150mmHg / 90mmHg 以下，60 岁以上者血压为 160mmHg / 100mmHg 以下。

1. WHO 成人高血压的标准

我们常用 1978 年 WHO 所制定的高血压值为标准，如表 18–1 所示。

表 18–1　高血压的定义

名称	定义
高血压	最高压在 160mmHg 以上，最低压在 95mmHg 以上，出现一个条件或两个条件高血压范围；高血压在 141～159mmHg，低血压在 91～94，出现一个条件，另一个条件正常或两个条件都出现
正常血压	最高血压在 140mmHg 以下，最低血压在 90mmHg 以下

（引自：World Health Organiration，1978）

2. 美国医学委员会成人高血压的标准

美国医学委员会将正常血压分为 2 个区，高血压分为 4 个区，如表 18–2 所示。

表 18–2　18 岁以上成人血压标准

区分	收缩压（mmHg）	舒张压（mmHg）
正常	<130	<85
正常（范围）	130～139	85～89
高血压		
第一阶段	140～159	90～99
第二阶段	160～179	100～109
第三阶段	180～209	110～119
第四阶段	210 以上	120 以上

注：收缩压和舒张压不同时，以收缩压为基准。

（引自：The Joint National Committee on Detectoin，1993）

3. WHO 和国际高血压委员会成人高血压标准

该标准将高血压分为正常血压、轻度高血压、中度高血压和重度高血压 4 种，如表 18-3 所示。我国用 WHO 高血压标准。

表 18-3 高血压标准

区分	收缩压（mmHg）	舒张压（mmHg）
临界正常血压	<120	<80
正常血压	<130	<85
正常高值	130～139	85～89
高血压		
第一水银声音	（轻度）140～159	90～99
持续阶段	140～149	90～94
第二水银声音	（中度）160～179	100～109
第三水银声音	（重度）≥180	≥110
收缩期高血压	≥140	<90
持续阶段	140～149	<90

（引自：1999 World Health Organiration International Society of Hypertension Guidelines for the Management of Hypertension，1999）

二、影响高血压的因素

影响高血压的因素有内外两种。内因素是指遗传因素，如果父母或父母一方有高血压病，其孩子 80%可患有这种病。

外因素包括自主神经的调节、心肌收缩力、血管弹性、外周阻力等。即血压受心脏的收缩与小动脉血管的阻力影响，受到神经和体液调节。此外，过多摄取盐也可导致高血压。

60 岁以上人中的正常血压者只有 1 / 3，高血压容易引起心脏疾病、肾病、中枢神经系统的血管损伤，因此保持正常血压对老年人非常重要。

三、运动与血压

（一）运动时血压上升

运动时血压会上升，其原因可能为运动可引起肌肉和冠状动脉血管扩张，血管阻力减少。此外，运动可使全身的血液重新分配，大量血液流动在骨骼肌血管中，回心血增加，心输出量增大，使血压上升。血压还受到运动强度的影响，强度增大血压随之增高。血管弹性越好，在一定范围内心脏射出血量越多，血管的弹性回缩力也就越大，这种血管的“动能”使血液对血管壁的压力得到缓冲，可避免血压过高上升。但若动脉血管出现硬化现象，血管弹性下降，当心脏射出的血量增加时，血压便会上升。这种血压上升主要表现在收缩压值增加，特别是中年男子要比女子明显，因为男子要比女子易引起动脉硬化。

血压上升随运动方式不同而异。相同强度运动（运动时的摄氧量相同），如手臂和腿部进行运动时，手臂运动所测得的血压要高于腿部运动。奥斯特安德（Astrand，P.-O.et al.，1965）等学者通过在受试者的血管直接放入血压针，让其进行手臂和下肢运动，测试同等强度条件下的血压变化。结果显示，手臂运动时的血压要高于腿部运动，其原因可能为手臂肌肉群的容积要比腿部的小，运动时血管扩张、血流阻力减少的现象仅在小范围内出现。为维持某种姿势需进行静力性运动，由于其能量消耗少，心率通常在 120 次 / 分以下，收缩压和舒张压明显上升，可分别超过 160 mmHg 和 120mmHg。由于静力性运动时肌肉持续收缩，肌肉压迫血管而使血管阻力增加，收缩压和舒张压同时上升而压差变化不大。从最大肌力 50%的强度进行持续收缩运动时，可看到血管完全被肌肉所压迫。

进行动力性的运动时，心率增加，而血压并未同时急剧增加。德特诺（Detry，J. M.R.et al，1972）等学者的研究发现，以受试者 80%$\dot{V}O_2max$ 强度进行 12 分钟间歇跑运动直到精疲力竭过程中，其血压逐渐下降。长时间运动可使体温上升，皮肤血管扩张，血管阻力下降。因此，运动使体温上升，通过引起出汗，可避免血压过高上升。值得注意的是，在寒冷天气进行运动时，由于皮肤血管收缩，血流阻力也可能导致血压升高。因此运动中我们应考虑到室外温度，同时还应注意准备活动、运动服装以及身体体温感觉和出汗的适度等问题。

（二）运动是否可预防和治疗高血压

运动是否可预防和治疗高血压已成为日前运动医学研究领域中非常重要的内容。日本学者浅野（1976 年）和吉村（1976 年）分别对中老年马拉松运动员的血压进行了调查，前者发现不同年龄组马拉松运动员的收缩压和舒张压均出现降低现象。后者调查发现，不同年龄组马拉松运动员的大动脉脉波速度也均比普通人组慢。因机体出现动脉硬化现象时，脉波速度会变快。据此可推测马拉松运动员组没有出现动脉硬化现象。但也有与此不同的发现，如萨尔廷和格瑞姆拜（Saltin，B. and Grimby，G.，1968）的报告指出，青年时期为运动员而现为办公室工作者组与现在仍从事运动组进行比较，两组之间的安静时血压无明显差异。哈尼斯等人（Harris，W. E. et al.，1976）报道，通过对 30～66 岁正常男子 363 人进行 12 周慢跑训练，每周训练 3～4

次。训练中 98 人终止计划，265 人完成实验计划。结果显示，12 周的训练可使腰围减少 1.4 英寸，收缩压和舒张压分别下降 11.4 mmHg、7.8mmHg。汉嵩等（Hanson，J. S. et al.，1968）研究者通过对 7 名血压正常的中年男子（46～51 岁）进行为期 7 个月的体操、长跑和球类等混合性项目训练，每周训练 3 次，每次 1～1.5 小时。结果发现，除 1 人训练期后安静时血压比训练前高外，其他受试者训练期前后安静时血压无明显变化。研究指出，高血压者经训练后其血压可能降低，如波耶尔和卡修（Boyer，JU. L. and Kasch，F. W.，1970）通过对 23 名高血压中年男子（舒张压大于 95mmHg）与 22 名血压正常中年男子（收缩压和舒张压各为小于 140mmHg 和 90mmHg）实施慢跑训练，其中运动强度采用心率为 60%～70% ×（运动时的最高心率–安静时心率），训练频率为每周 2 次，共持续 6 个月。结果显示，高血压组的收缩压和舒张压分别下降 13.4mmHg 和 11.8mmHg，而正常组的舒张压下降 6mmHg，收缩压没有下降。仅从这些研究结果分析，尚不能提出运动是否可预防高血压的相关结论，有必要对其进一步探讨。

（三）运动对高血压的效果

席尔斯和哈北格（Seals 和 Hagberg，1984）对运动后高血压者的血压变化（其运动处方为步行、跑、自行车、滑雪等较长时间的全身运动）研究结果显示，安静时的收缩压和舒张压分别减少了 9 mmHg、7mmHg。同时体重下降了约 1 公斤，$\dot{V}O_2max$ 也增加，提示以有氧耐力为主的运动可达到降血压效果。通过对高血压者血乳酸阈值的自行车锻炼，每次 60 分钟，3 次 / 周，10 周的研究结果表明，运动可使收缩压和舒张压均下降约 10mmHg。

雪凯特和菲格松（Choquette，G，and Ferguson，R. J.，1973）对 37 名中年高血压者（收缩压 140～159 mmHg，舒张压 90～95mmHg）和 128 名中年正常血压者进行综合训练，内容为每周进行 2 小时的徒手操、慢跑和排球练习，此外还包括 20～30 分钟的水球练习，并要求在家庭中进行 10～15 分钟的徒手操练习。完成训练后，测定其次最大运动前后的血压，研究结果显示，训练后各组安静时的收缩压、舒张压及次最大运动后的舒张压均下降，而且高血压组要比正常组显著。片冈（1977）通过对 106 名女子 3 个月的训练研究，结果发现，在训练前血压高的受试者的血压下降，而血压低的却上升。杰恩绅和库威（Johnson，W. P. and Grover，J. A.，1967）通过对 4 名高血压者的 4 周综合训练，却发现相反的结果，其受试者的血压并没有下降。

（四）运动对高血压易患率的影响

研究如何避免血压正常人群患上高血压是非常重要的。帕芬巴尔格（Paffenbarger，1983）为研究运动与血压的关系，记录了 1916—1950 年哈佛大学入学生的体检报告，调查其在学校时的运动状况，并追踪到1962、1966年毕业后，又经过6～10年，收集这些人当中被医生诊断为高血压者（共14988人，入学时均为正常血压，身体活动内容包括每天蹬楼梯台阶数、步行数及有无轻度的体育活动等）的资料进行分析，研究发现每周进行体育活动能量消耗在200kcal以上可预防高血压的发生。斯瓦塔（Sawada，1993）选取煤气公司年龄均为50岁以下的劳动者3305人，调查其在5年内高血压的发生率，与此同时测定其$\dot{V}O_2max$值并由低向高排列为5个区（1区为$\dot{V}O_2max$最小，5区为最大），结果显示，1区比其他4区更易出现高血压。提示保持较高$\dot{V}O_2max$水平对防止高血压的出现可能具有一定效果。

四、运动对不同人群血压变化的影响

（一）普通人群的血压研究

研究方法主要是通过对经常参加体育锻炼人群与不爱运动人群的血压进行比较。莫恩托叶等的研究（Montoye，et al，1972）对象主要以职业劳动者为主，包括活动职业和非活动职业。结果发现，在活动的职业劳动者中，高血压患者很少，表明体力劳动可能使血压降低，同时随年龄增长，血压有可能上升。

（二）运动员的血压研究

1929年布拉威尔（Bramwell）等对奥运会不同项目运动员（40岁以下）的安静时血压测定结果显示（表18–4），田径、自行车、举重等项目运动员的平均血压正常，而举重运动员的血压比其他项目高。其中血压最高者为年龄32岁，体重114公斤的举重运动员。

表18–4 奥林匹克运动员坐位安静时的血压

运动项目	人数	收缩压	舒张压
田径项目			
短跑	18	116	77
中长跑	16	119	81
长跑	15	116	76
马拉松	28	123	78
自行车项目			
短距离	9	124	86
长距离	7	123	76
举重项目			
推举	15	134	90

（引自：Bramwell，C. and Ellis，R，1929）

如果说运动对于高血压有好的影响效果，还应考虑下列 3 个因素：

1. 精神疲劳

精神疲劳是由于交感神经兴奋使末梢血管收缩，导致血压上升。如有人在医院测血压，因紧张心理作用，血压升高。运动可以消除疲劳、调节心情、增进睡眠，但运动应选择自己喜欢的项目，保持心情愉快、放松而不紧张、不计较输赢、只在于玩乐。

2. 肥胖

运动对于减肥是有效的。肥胖者不但脂肪组织多，而且多有伴随高血压现象。根恩特尔贝格（Gyntelberg，F.，1977）对 5249 名 40～59 岁男子的血压与年龄、肥胖度的关系进行了调查，结果显示，随年龄的增加血压升高。而肥胖度超过 20%者收缩压和舒张压最高，肥胖度在 20%内者血压最低。$\dot{V}O_2max$ 相对值低组的高血压者多（收缩压 152mmHg 以上），此外对其进行了一年的跟踪调查，证实了$\dot{V}O_2max$ 与血压的变化相关。

3. 胆固醇含量

运动对于改善脂质代谢是有效的。胆固醇沉积在动脉血管的内膜和中膜之间，可使大动脉形成粥状引起动脉硬化症状，在血管的内面出现凹凸、损破，引起溃疡和血栓。小动脉的管壁较厚，内腔狭窄，血液中的胆固醇和中性脂肪的浓度升高更影响动脉硬化状态。因此，如果运动可减少血液中的胆固醇和中性脂肪含量，便有可能预防动脉硬化。然而运动是否能够减少胆固醇浓度的研究结果不一。若车勒（Rochelle，R. H.，1961）对 6 名成年男子进行了 5 周 5 英里的跑步训练（每周 5 次）。研究发现，受试者 100 毫升血液中减少了 10 毫克胆固醇。而霍罗司等（Holloszy，J. O.，et al，1964）对 35～55 岁男子 6 个月的长跑和体操综合练习后的体成分测定结果显示，中性脂肪减少，体重、胆固醇和磷脂质无变化。石河等分别采用$\dot{V}O_2max$ 的 65%、80%和 90%强度，对成年男子进行 5 周的跑台练习，结果发现，受试者血液中的胆固醇没有发生变化。马恩等（Mann，G. V. et al.，1955）将受试者的饮食和运动结合进行研究发现，运动并不能降低胆固醇含量，可能是由于胆固醇的固醇核的侧锁在运动的时候并不能作为能源用于消耗。研究发现，大鼠经跑台训练后，其胆汁酸排泄量增加，胆固醇的分解增强，由此表明，即使胆固醇不能作为能源，但运动也能促使其分解。

综上，运动能否降低胆固醇的看法还有待研究，但已肯定，将运动与食物疗法相结合是可以使胆固醇、中性脂肪减少，并抑制动脉硬化的发生。

（三）预防和治疗高血压的运动处方

人体进行运动时肌肉为了获得血液，必须增加心率和血压，运动中血压最高可达250～300mmHg。应该避免使血压上升的运动，进行能降低血压的运动，如低强度的长时间持续运动。

举起重物时，人体为了抵抗重物必须募集相应的肌肉收缩，从而导致收缩压和舒张压上升。因此，这种活动方式不能成为预防高血压的手段，而应采用可增加$\dot{V}O_2max$的全身性运动，如步行、慢跑、自行车等。在开展这类运动中，适宜的运动强度至关重要，因为运动强度较小，则不能增加$\dot{V}O_2max$；而强度过大，可导致身体疲劳，特别是对于中老年人易发生心肌缺血或肌肉损伤等危险。引起高血压的生活方式包括摄取过多的盐、过多的热量、过多饮酒以及不爱运动等。为使血压下降，高血压者应采用中等强度的运动，即运动强度为40%～60%$\dot{V}O_2max$（如快走），每次运动时间为30～45分钟，5次/周。

此外，也要做到较好地控制自己的生活方式，包括：

1. 控制体重，过重则减体重。

2. 控制饮酒，控制酒精的摄取量为28克（啤酒672克、葡萄酒224克或威士忌酒65克）以下。

3. 实施规律的有氧运动。

4. 每天摄取钠不超过100mmol（钠<2.3克或盐<6克）。

5. 充分摄取钙、钾和镁等。

6. 禁烟，为了心血管的健康应减少饱和脂肪酸和胆固醇的摄取；对于2型糖尿病者应减少脂肪的摄取量，控制体重，

血压高的人应选择在适宜环境温度中活动，特别是有高血压的中老年人要避开在热环境中活动或在冷水中游泳。注意运动和膳食相结合，控制体重。

以上是防治高血压的注意事项，可知进行中等强度的全身运动是有效的。同时应注意改善生活方式。此外，高血压者应该在医生的指导下，服用降压药，注意饮食，控制相适应的运动量，如进行散步活动等。而对于有低血压症的人，在不疲劳的状态下应多运动，过多卧床不活动将不利于对血压的调节。

（曹姣）

第十九章　糖尿病与体育锻炼

【提要】糖尿病是一组以高血糖并排入尿中为特征的代谢性疾病。糖尿病分为胰岛素依赖性糖尿病（1 型糖尿病）和胰岛素非依赖性糖尿病（2 型糖尿病）。1 型糖尿病通常在青年期发生，表现为胰岛素的绝对量不足，不能维持正常的血糖浓度。2 型糖尿病表现为胰岛素的相对不足。有氧运动如自行车运动、步行、慢跑等全身运动可改善机体代谢状况，对治疗糖尿病有好的效果，但对 1 型糖尿病防治有待深入研究。

糖尿病是一组以高血糖并排入尿中为特征的代谢性疾病。人体在正常状态下，尿中不会出现糖。长期患糖尿病者可引起神经、视网膜、肾脏、血管（心肌梗塞等）等并发症。

糖尿病分为胰岛素依赖性糖尿病（1 型糖尿病）和胰岛素非依赖性糖尿病（2 型糖尿病）。前者主要是在幼年期发病，出现胰岛素分泌不足，且一主需注射胰岛素。后者主要在成人期发病，多伴随肥胖，不一定需注射胰岛素。随物质生活水平提高，2 型糖尿病者逐渐增多。

一、维持正常血糖浓度的机制

人出生后为了生存，必须不断地摄取食物。摄取的碳水化合物（面、米等），由肠道吸收进入血液，糖被分解成为葡萄糖（血糖）。人体正常的血糖水平在 3.61～6.1mmol/L。血液中血糖浓度维持在正常水平取决于调节机制。某些激素可使血糖浓度上升，如肾上腺素、肾上腺皮质激素、胰高血糖素、甲状腺素、生长素等激素，而胰岛素可使血糖浓度下降。当血糖浓度下降时，胰岛素分泌被抑制。糖尿病是胰岛素分泌不足而引起的。胰岛素是由胰岛 β 细胞分泌的激素。当血糖浓度升高时，一方面其可作为能源供给机体能量；另一方面也可以在肌肉和肝脏中合成糖原（肌糖原和肝糖原）储存以备利用；此外还可转化为脂肪。胰岛素的作用是使血糖浓度下降，因此，当这种激素分泌不足时，血糖浓度持续上升而引起胰岛素依赖性糖尿病。胰岛素从血液中转到组织处，则不能使血糖浓度下降。在组织（肌肉）的细胞中存在胰岛素受体，可刺激胰岛素依赖性葡萄糖载体（Glut-4），将葡萄糖从血液转入组织中，在组织中分解或形成糖原储存。肝脏对维持空腹时正常血糖浓度非常重要。然而在胰岛素非依赖性糖尿病者中，当其血糖浓度升高时，肝糖原仍然分解而出现高血糖，如在空腹时，胰岛素非依赖性糖尿病患者的血糖浓度超过 7.78mmol / L。为了研究各器官摄取血糖的速度，在空腹时，通过静脉持续注射胰岛素溶液，使其达到充足而使血糖浓度下降，后依靠注射葡萄糖来维持空腹时正常血糖浓度。这种以体外充分供给胰岛素抑制肝脏葡萄糖的产生，之后借助体外注射葡萄糖量来测定组织摄取糖速度，即胰岛素的敏感性。

要测定胰岛素分泌、胰岛素敏感性和肝脏葡萄糖产生，应进行糖负荷和静脉注射胰岛素的组合实验，通过多次测定血糖浓度的变化进行分析。

糖尿病的判定通常根据糖负荷试验。即空腹时摄入一定量的糖，经大约 2 小时后检查血糖的变化（通常也检查尿糖）。严重的糖尿病者在血糖注入前，其浓度就比较高，注入后该浓度进一步增加，而且恢复到注入前的水平较慢。

二、糖尿病患者适宜的运动

糖尿病患者需要接受医生对其身体进行充分检查，并对运动内容认可后再进行适宜运动。糖尿病患者进行运动时应注意以下几点：

1. 确认身体状况和运动内容

(1) 在实施运动计划前，进行医学检查和运动疲劳测试。
(2) 确认心脏是否有异常现象，确定运动负荷强度。
(3) 推测运动时的能量消耗。

2. 确认运动代谢的控制状况

(1) 血糖值超过 13.89mmol / L，尿中出现阳性者禁止运动。
(2) 血糖值在 5.56mmol / L 以下者要补充碳水化合物。

3. 运动前后血糖值的测定

观察食物摄取量的变化，调节胰岛素注射量，了解各种运动条件下的血糖值。

4. 摄取食物

(1) 进行 3 小时持续运动时，可在运动中摄取食物。
(2) 确认运动的能量消耗，必要时可摄取多余的碳水化合物。
(3) 运动中和运动后要摄取易吸收的食物。

5. 注射胰岛素

(1) 避开运动前 1 小时，根据不同的运动选择注入量，避开对运动肢体静脉注射。

(2) 特别是中老年糖尿病患者在实施运动前，必须充分的进行体检和运动疲劳的测试，同时要了解其在运动时的能量消耗。

三、2型糖尿病的特征

2型糖尿病是以胰岛素分泌不足和/或胰岛素抵抗为特征。在空腹血糖浓度超过7.78mmol/L时，胰岛素分泌不足和胰岛素抵抗作用同时存在，而血糖浓度不到7.78mmol/L的早期糖尿病患者，则存在肌肉和肝脏胰岛素抵抗。

2型糖尿病患者中，30%～50%患有高血压。血糖值与收缩期、舒张期血压相关，而与年龄和肥胖无关，其具体原因尚不清楚，可能为肾脏钠离子排泄下降，导致细胞外液量增加，可刺激交感神经对胰岛素的作用，与此同时心率加快，致使血压上升。

2型糖尿病患者进行运动后，血浆中的葡萄糖浓度无变化，肌组织对葡萄糖的吸收增加，然而肝脏代偿性葡萄糖的产生并无增加。即使一次性运动也可降低高血糖，其下降程度由运动持续时间所决定。

科伊维斯托和德弗罗佐（Koivisto and DeFronzo，1981）以40%$\dot{V}O_2max$强度对健康人和2型糖尿病患者分别进行了3小时自行车运动。研究结果发现，运动后健康人的血糖和胰岛素无明显变化，而2型糖尿病患者中出现急剧下降，并接近健康人水平。帕泰尔诺斯特罗（Paternostro，1989）报道，肥胖的2型糖尿病女子以50%～55%$\dot{V}O_2max$强度进行40分钟自行车运动，其血糖浓度要比持续20分钟的运动时明显下降。提示糖尿病患者适宜进行较长时间的有氧运动。

四、2型糖尿病患者的运动

2型糖尿病患者进行自行车、步行、慢跑等全身运动，增加$\dot{V}O_2max$的同时，对糖尿病也有好的效果（例如体重减少、糖耐量增加、空腹时血糖浓度下降、胰岛素敏感性增强、血脂下降）。因此，糖尿病患者的运动宜选择以增加$\dot{V}O_2max$的有氧运动为主，其强度为50%～70%$\dot{V}O_2max$，同时每次持续较长时间，宜在20～30分钟以上，频率为每周2次以上。2型糖尿病患者多伴随有肥胖，因此，在进行运动期间应低热量摄取，但不应少于800kcal热量。

应特别注意的是2型糖尿病患者参加马拉松运动时，由于其体内糖原储备量低，因此运动时易出现低血糖。石河先生对长跑时的注意事项提出了以下几点：

(1) 要接受运动负荷测试，确认心肺功能是否异常；

(2) 在比赛期间要多次测定自身血糖，出现低血糖时应及时补充；

(3) 不要计较运动成绩，跑时注意保持自己的节奏。

对此，石河先生进行了运动负荷测试，结果显示，其心电图、血压均正常。运动中曾多次补充食物和水，多次测定血糖，运动前血糖浓度为 13.94mmol / L，运动 1、3、5 小时后血糖浓度分别为 3.67mmol / L、3.67mmol / L、3.06mmol / L，接近运动结束时为 3.33mmol / L。总运动成绩为 6 小时 45 分。

五、1 型糖尿病患者的运动

1 型糖尿病患者一般在青年期发生，表现为胰岛素的绝对量不足，不能维持正常的血糖浓度。有氧运动可改善机体的代谢状态，但对 1 型糖尿病的防治还有待深入研究。表 19–1 所示 1 型糖尿病患者进行运动时可引起的各种危险。1 型糖尿病患者容易引起代谢障碍，发生低血糖。长时间运动时，肌肉对糖的摄取和肝脏对糖的分解不能处于平衡。运动结束后，肌肉对糖的摄取需要数小时。其原因是：

(1) 由于肌肉的反复收缩，注射的胰岛素在肌肉中早已被吸收，肝脏中葡萄糖生成下降。为了避免运动时在肌肉收缩处注射胰岛素，要充分设计好注射胰岛素和运动开始的时间。

(2) 有 1 型糖尿病并患有自主神经障碍患者，即使血糖浓度低，也不能分泌胰高血糖素和肾上腺素。

(3) 1 型糖尿病患者运动后恢复期其血糖浓度仍低，如傍晚运动到晚上睡觉时其血糖浓度仍低，原因可能为运动促使胰岛素敏感性增强。

(4) 糖尿病患者服用 β 交感神经阻断剂后，易出现低血糖。饮酒造成对肝脏影响，如抑制糖的新生，减少肝糖原储备，加上摄糖不足可引起低血糖。

表 19–1　1 型糖尿病患者运动时引起的危险性

代谢性危险
高血糖
低血糖
血管性危险
缺血性冠状疾病
视网膜出血
蛋白尿
神经性危险
无症状的心肌缺血
起立性低血压
脱水
容易引起脚部外伤

(引自：Vitug，A.，Schneider，S.H.and Ruderman，N.B.，1988)

(林伟光，曹姣，肖国强)

第二十章　冠状动脉硬化心脏疾病与体育锻炼

【提要】冠状动脉硬化心脏疾病是由冠状动脉硬化而产生的心脏疾病。动脉硬化伴随年龄增长而出现，特别是人到中年后容易发生。体育活动对于防治冠心病是非常必要的。中老年人参加散步、慢跑、游泳等运动，进行适宜的能量消耗，青年人实施长跑、游泳、网球、羽毛球等运动，进行较多的能量消耗，对于提高其心肺功能非常重要。

冠状动脉硬化心脏疾病是由冠状动脉硬化而产生的心脏疾病。冠状动脉从大动脉的起始部开始，分为左右冠状动脉分支，随后包围心脏，向左右心肌输送血液。冠状动脉随年龄增长逐渐出现动脉硬化，其结果导致动脉内腔狭窄，并形成凹凸形态，不能充分地向心肌供血。因此，冠状动脉硬化心脏疾病称为缺血性心脏疾病。动脉硬化使血流减慢，当出现凝血堵塞血管时，便引起心肌坏死，称为心肌梗塞。心肌梗塞范围扩大，可出现猝死。动脉硬化随年龄的增长而出现，特别是人到中年以后容易发生。

一、活动职业者与非活动职业者的比较

自 19 世纪 50 年代以来，运动与冠状动脉硬化心脏疾病的关系被人们所重视。莫里斯（Morris，1953）调查了伦敦交通汽车公司和市电车公司的司机、售票员 3100 人冠状动脉硬化心脏疾病的发生率和死亡率（表 20-1），结果发现司机的发生率是售票员的 1.4 倍，而发病后 3 个月内死亡率是其 2 倍以上。当时的伦敦公交车多为两层，与司机相比较，售票员身体活动多于司机。提示身体活动量多的职业者冠状动脉硬化疾病发生率、死亡率小。

福克斯（Fox，1971）将活动职业如售票员、邮递员、轻中重劳动者、车夫等归为活动组，非活动职业如司机、办公人员、脑力劳动者等归为非活动组，并对两组进行比较。结果发现，活动组冠状动脉心脏疾病的发生率和死亡率几乎未出现。

表 20–1 男子冠状动脉心脏疾病的发生率

	年龄（岁）	3 个月以上的生存者	3 个月以内的死亡者	合计
司机	35～64	1.4	1.3	2.7
售票员 #	35～64	1.4	0.6	1.9
邮递员 *	35～59	1.3	0.6	1.8
邮政办公室人员 #	35～59	1.1	0.9	2.0
办公室人员	35～59	1.2	1.2	2.4

*：中等强度身体活动量；#：身体活动量少。（引自：Morris，J.N.，et al，1953）

布伦纳（Brunner，1960）对 30～50 岁男女 8500 人进行了 10 年的跟踪调查，结果发现，非活动职业者心肌梗塞年间发生率每 1000 人中有 4.1 人，而男子活动职业者有 1.36 人。夏皮罗（Shapiro）的研究报道，无论是非吸烟组或吸烟组，均表现为活动量较多组心脏疾病发生率比活动量较少组小。

二、体育活动对防止冠状动脉硬化心脏疾病的效果

通过对很少参加体育活动的英国公务员 17944 人进行了长达 8.5 年的跟踪调查（1980），结果显示，1138 人患有冠状动脉硬化心脏疾病，而实施体育活动者患病率只有前者的 1 / 2。德里加斯（Drygas，1988）将波兰 146 名年龄为 30～35 岁健康男子的活动能量消耗分为 5 个等级，对冠状动脉硬化心脏疾病的危险因素进行观察。内容包括年龄、冠状动脉硬化心脏疾病的家族史、心电图的变化（运动前、后）、血液胆固醇浓度、葡萄糖浓度、收缩压和舒张压、单位时间最高心率的 85%工作率、体脂肪率（%）等指标的变化，结果显示每周进行 1000kcal 以上的运动（强度为 5kcal/min）可有效防止冠状动脉硬化心脏疾病的发生。体力比较差的人（男女），其反映冠状动脉硬化心脏疾病的指标，如总胆固醇、中性脂肪、体重指数（体重 / 身高^2）、腰围 / 臀围、体脂肪率等值均较大，而高脂蛋白胆固醇 / 总胆固醇值较低。

运动可增强冠状动脉扩张能力，增加冠状动脉的血流量。如果发生冠状动脉硬化，其血流量下降，可产生心肌缺血。通过对狗进行冠状动脉狭窄实验，研究发现，狭窄可引起副支循环增加，而运动可增强这种循环。事实上运动不仅使心肌梗塞发生率降低，同时对其也有康复作用。

德马（DeMar）参加了 1000 次以上马拉松比赛，获得 7 次波士顿马拉松冠军，1956 年他被诊断为直肠癌，并于 1958 年 70 岁死亡。经尸体解剖后发现，其心脏并不大，只有 340 克，然而冠状动脉异常粗，是一般人的 2～3 倍，动脉硬化几乎没有发生。

运动可增强抗动脉硬化作用，降低低密度脂蛋白（LDL），增加高密度脂蛋白（HDL）。体内极低密度脂蛋白（VLDL）在肝脏中合成，主要运输中性脂肪，中性脂肪被脂蛋白脂肪酶分解，促使中密度脂蛋白（IDL）成为LDL。LDL是胆固醇的主要运输者，血液中的LDL浓度高，表明血管内的胆固醇堆积过多。此外，HDL可清除血管内的游离胆固醇，通过促使卵磷脂的脂肪酸与游离胆固醇结合，形成酯化的胆固醇，最终将其从肝脏胆汁中排出。

LDL和HDL具有各自的堆积和去除胆固醇作用，组织中胆固醇的堆积量与VLDL和LDL不相关，而与HDL相关，决定胆固醇的堆积量。因此，冠状动脉硬化心脏疾病与HDL密切相关。通过对49～82岁男女4年的观察研究发现，男子1025人中发生冠状动脉硬化心脏疾病的人数为79人，而女子1445人中发病率为63人，表明男子发病率高于女子。分析发现，男女血清中的高密度脂蛋白胆固醇（HDL-Cholesterol）浓度越高，发病率越低。

大强度的力量练习可导致血压明显上升，有冠状动脉性心血管疾病者应严格禁止。采用最大力量的40%负荷，以每30秒12～15次反复练习，间歇30秒为一组进行20～30分钟循环练习，对于肌肉力量和心血管系统耐力性锻炼均具有良好作用。

三、少年时期体育活动对预防冠状动脉硬化性心血管疾病的作用

博勒姆（Boreham）等人对北爱尔兰年龄为12岁和15岁的男女少年在学校体育课活动和离校业余时间的体育活动进行了跟踪，并测定在这两个时间段内冠状动脉硬化性心血管疾病的危险因子，包括血压、血液中的胆固醇浓度、体脂%和体能状况等指标，探讨这些指标在不同体育活动条件下与冠状动脉硬化性心血管疾病的相关关系。研究结果如表20-2所示，12岁男子组有相关的5项指标中业余活动2项，体育课活动0项；12岁女子组中业余活动0项，体育课活动1项。由表可以看出，在两种活动方式中，运动量与危险因子之间几乎不相关。然而15岁男子组有相关的5项指标中，业余活动3项，体育课活动0项；而15岁女子组中业余活动0项，体育课活动2项，可以看出运动与这些因子之间有一定的关系。由此可见，少年在生长发育期的体育活动可减少冠状动脉硬化性心血管疾病危险因子的发生，其中15岁比12岁时效果明显，并且男子比女子效果好。然而青春发育期的这两种体育活动方式是否能防止成年期冠状动脉硬化性心血管疾病的发生，还有待进一步研究。

表 20-2　业余活动、体育课活动与冠状动脉性心血管疾病危险因子的相关系数

	12 岁		15 岁	
	业余活动	体育课活动	业余活动	体育课活动
男子				
收缩压	–0.14*		–0.14*	
舒张压				
总胆固醇			–0.22**	
体脂%				
体能	0.16**		0.23**	
女子				
收缩压				
舒张压				
总胆固醇				
体脂%				–0.10**
体能		0.22**		0.21**

体脂%：皮下 4 个部位的测值；体能：20m 往返跑；*<0.05，**<0.01.

（引自：Boreham. C. A.，et al.，1997）

（曹姣）

第二十一章　运动中的猝死与预防

【提要】运动中猝死的起因大部分由于心血管症状。多数为青少年心肌炎和先天性异常以及中老年人冠状动脉硬化症所致。进行体育锻炼前，首先应该了解自己的身体健康状况，以心血管系统为中心进行体检。

一、运动中的猝死

马拉松运动项目在世界范围内被众多人们所青睐。然而这样一项具有挑战生理和心理极限的运动，却屡屡遭到死神的威胁。当悲剧袭来时，总是让人猝不及防。近日，马拉松选手的猝死悲剧引发了社会的激烈讨论，同时也带来了“生命之问”。2012 年 11 月 18 日，在广州首届马拉松比赛中两名选手在比赛中昏厥，年轻的大学生选手在跑完 5 公里后开始感到身体不适，最终在冲过终点后倒下，经送医院抢救无效于次日凌晨死亡。死亡原因为心源性休克多器官功能障碍综合症，心室颤动、猝死。7 天后，于当天凌晨 0 时 03 分，另一名选手在中山大学附属第六医学院 ICU 病房离世。大型马拉松赛事出现死亡事故并非罕见，2012 年 2 月举行的第 16 届香港国际马拉松赛中，1 名选手在冲过终点后晕倒，最终送医院无治死亡；2012 年 10 月，台湾屏东国际马拉松赛中 1 名选手出现休克无治死亡；2011 年 11 月 20 日，在美国费城举办的马拉松比赛中，一名 21 岁亚裔男子在终点倒下，另一名 40 岁的白人男子在距离终点线 0.4 公里处倒下。两人均被送往附近医院，随后医生宣布两人因心脏病突发死亡。2009 年在底特律第 32 届马拉松比赛中也发生了 2 名参赛者突然死亡。2004 年 10 月 17 日，在全日空北京国际马拉松比赛中，据参与救护工作人员的统计，共有 13 名参赛运动员途中被紧急送往医院抢救，其中两名男子猝死。

1975 年 9 月 15 日在日本山中湖第 8 届国际老年人马拉松运动会中参赛者为 2925 人，比赛中一位 62 岁的老人不幸在途中死亡。1977 年 2 月 20 日，10710 人参加了第 11 届青梅马拉松比赛，一位 52 岁的中年人摔倒送医院因抢救无效于第 3 日宣布死亡，这两位参赛的中老年人都有 10 年坚持锻炼的经历。

马拉松比赛是一项挑战极限的运动，为了尽可能地避免意外事故发生，参与者应量力而行，比赛组织方也应要求参赛选手提供健康证明。

吉奥克和麦尔若（Jokl，E.and Melzer，L.，1971）搜集了 1929—1939 年的文献

资料，并在南非工作期间对 64 例非外伤死亡进行了病理解剖分析。研究指出，在 64 例非外伤死亡中有 7 例是运动中猝死，而且几乎都是起因于心脏和血管。其中起因于心肌炎有 3 例（结核、梅毒和心内膜炎），心血管有 4 例（冠状动脉 3 例、脑动脉 1 例）。1974 年日本一项调查报告指出，运动中出现突然死亡的事件在初中和高中生中发生得多，大多诊断为心脏猝死。这不仅发生在跑的途中，甚至在简单的体能测试中也发生过。这些例案的原因大多是青少年的心肌炎、先天性异常等所致。由此可见，运动中猝死的原因多为心脏和血管异常病变。

运动时由于心输出量增加，使心脏的负荷量增大。同时由于运动使心率增加，心脏的舒张期伴随着心率的增加而缩短，导致冠状动脉血流量减少，引起心肌供氧不足。与此同时，运动中突然血压下降，可减少回心血量而使心肌供氧不足。此时如果存在心脏病史，如心脏瓣膜症、心肌炎、冠状动脉硬化、心脏先天性异常（心房和心室的开孔、冠状动脉异常）等，便可出现心室工作异常变化而发生突然死亡。当心室进行快速搏动、冠状动脉血流量增加时，位于冠状动脉管壁上的沉淀物脱落于血流也可发生血栓塞现象。此外如果动脉的某一部分存在先天性异常，如管壁薄弱或动脉硬化等问题可使动脉管壁膨胀形成动脉瘤，当运动引起血压上升时可导致动脉血管破裂，最终可出现运动猝死。

二、运动中猝死的预防

锻炼身体前的医学检查

参加体育锻炼，首先应了解自己的身体健康状况，进行以心血管系统为中心的体检。医学检查大致可以分为个人资料、医学诊断、运动负荷测试等部分。

1. 个人资料

（1）个人资料包括姓名、性别、年龄、出生年月日、住址、职业。

（2）病历史（过去和现在）包括高血压、心肌梗塞、脑中风（脑出血、脑软化症）、心脏瓣膜症、肾病、肝病、甲状腺机能亢进、糖尿病、肺结核、胸膜炎、哮喘病、肺气肿、关节风湿病、颈痛、肩痛、腰痛、膝关节痛、外伤（骨折、扭伤、脱臼）等。

（3）症状问诊

是否容易感冒、常常呼吸不舒服、经常盗汗、血压高、头痛、身体感到不舒服、常常出现头晕、耳鸣、有过胸痛、脸和脚浮肿、轻微活动就出现疲乏、最近有黄疸现象、胃痛、最近突然瘦了吗、各关节、肩、腰、膝和踝关节痛吗？

（4）健康诊断

每天吸烟和饮酒的量。

（5）运动状况

过去与现在运动史和锻炼身体的习惯，一天中的运动时间和运动项目。

2. 医学诊断

（1）医生诊断包括视诊、触诊、听诊等。

（2）临床检查包括身高、体重、血压（收缩压和舒张压）、尿检、眼底检查（动脉硬化状况）、肺活量、时间肺活量、安静心动图、胸透 X、血常规（红细胞计数、白细胞计数、血色素、红细胞压积、肝功能、血糖、血脂）、尿常规（肾功能）等。

3. 运动负荷测试

单从安静状态判断运动时的身体状况是不科学的。应该采用运动负荷测试了解自己身体状况，确定是否可以实施运动处方。运动负荷测试诊断应在有该设备的诊所或运动保健中心进行。

运动负荷测试是为了解本人是否能够参加体育锻炼而进行的测试。测试中的受试者运动时伴随着危险。因此在运动负荷测试前，医生诊断非常重要。若受试者在运动中出现如下不适，应立即终止测试（运动负荷测试采用的器材设备是台阶、功率自行车和跑台等）。

（1）患感冒等传染性疾病；

（2）体温超过 37℃（腋下体温）；

（3）安静时心率超过 100 次 / 分；

（4）安静时血压超过 120 mmHg（平均血压 = 舒张压 + 脉压 / 3）；

（5）是否喝过酒；

（6）是否睡眠充足；

（7）是否有规律的生活；

（8）是否有医生的许可（参考医学检查资料）。

（林伟光，曹姣，肖国强）

参考文献

[1] American College of Sports Medicine. ACSM's guidelines for exercise testing and prescription [M]. Williams & Wilkins, Baltimore, 1995.

[2] American College of Sports Medicine:Guidelines for graded exercise testing and exercise prescription [M]. Lea & Febiger, 1982.

[3] American College of Sports Medicine. The recommended quantity and quality of exercise for developing and maintaining cardiorespiratory and muscular fitness in healthy adults [J]. Med. Sci. Sports Exerc, 22 (2): 265-273, 1990.

[4] Arephan T, et al. (Eds). Exercise, fitness, and health. Champaign [M]. IL Human Kinetics, 147-153, 1990.

[5] Åstrand P. -O. and Saltin B.Maximal oxygen uptake and heart rate in various types of muscular activity [J]. J Appl Physiol,16: 977-981, 1961.

[6] Åstrand, R. O. & K. Rodahl. Texbook of work physiology [M]. McGraw-Hill: New York, 1986.

[7] Borg, G. A. V. Psychological bases of perceived exertion [J]. Med. Sci. Sports Exerc, 14: 377-381,1962.

[8] Billat L, Lepretre M, Heubert P, et al. Influence of acute moderate hypoxia on time to exhaustion at v$\dot{V}O_2$max in unacclimatized runners [J]. Int J Sports Med, 24: 9, 2003.

[9] Bramwell, C. and Ellis, R: Clinicl observation on Olympic athletes [J]. Arbeitsphysiol, 2: 51-60, 1929.

[10] Brunner, D. and Manelis, G. Myocardial infarction among memgers of communal settlements in Israel [J]. Lancet, 1049-1050,1960.

[11] Caiozzo V J, et al. A comparison of gas exchange indices used to detect the anaerobic threshold [J]. J Appl Physiol: Respirat Environ Exerçsie Physicol, 53: 1184-1189, 1982.

[12] Clarke, H. H. Application of measurement to health and physical education [M]. Prentice-Hall, 1976.

[13] Cooper, K. H. A means of assessing maximal oxygen intake [J]. JAMA, 203: 201-204, 1968.

[14] Council of Europe: Eurifit [M]. Strasbourg, 1983.

[15] Daniels, J. Altitude traning,Wintor Sports Medicin [M]. F.A.Davis Camp, 14-20, 1990.

[16] Fox E L. Sports Physiology [M]. London: W. B. Saunders company, 1979.

[17] Frontera, W. R., Meredith, C. N., O' Reilly, Y. P., Knuttgen, H. G. and Evans, W. J. Strength cnditioning in older men: skeletal muscle hypertrophy and improved function [J]. J. Appl. Physiol,64: 1038-1044, 1988.

[18] Goldberg, A. P. Aerobic and resistive exercise modify risk factors for coronary heart disease [J]. Med. Sci. Sports Exerc, 21: 669-674,1989.

[19] Grigoriev, A. L. and Egorv, A. D. General mechanisms of the effect of weightlessness on the human body. Advances in Space Biology and Medicine [J]. JAI Press Inc, 2: 1-42,1992.

[20] Guo Qiang Xiao and Huan Chun Li Effcts of inhalation of oxgen on free radical metabolism and oxidative, capabilities of the erythrocyte after intensive exercise [J]. Research in sports medicine: an international journal, 14 (2): 107-115, 2006.

[21] Hofmann P, et al. Relation between heart rate threshold lactate turn point and myocardial function [J]. Int J Sports Med, 15: 232-237, 1994.

[22] Huang Jia, Xiao Guoqiang, et al. Effects of inhalation of oxygen on free radicals metabolism and oxidative, antioxidative capability of erythrocyte after intensive exercise [J]. Chinese Journal of Sports Medicine, 21(1): 41-43, 2002.

[23] Hu Yong-xing, Xiao Guo-qiang Effects of inhaling hyperoxic oxygen on metabolism of lactate after intensive exercise [J]. Journal of physical education, 6:131-133, 2002.

[24] Jack H. Wilmore & David L. Costill. Physiology of Sport and exercise [M]. 2004.

[25] Koivisto, V. A and DeFronzo, R. A. Exercise in the treatment of II diabetes [J]. Acta Endocrinol. Metab,E458-E464, 1981.

[26] Morris, J.N., Heady, J.A., Raffle, P.A.B., Roberts, C.G.and Parks, J.W. Coronary heart-disease and physical activity of work [J]. Lancet, ii, 1053-1057, 1953.

[27] Paffenbarger, R. S. Jr., Wing, A. L., Hyde, R. T. and Jung, D. L. Physical activity and incidence of hypertension in college alumni [J]. Am. J. Epidenmiol,117: 245-257, 1983.

[28] Palatini, P. Bood pressure behaviour during physical activity [J]. Sports Med, 5: 353-374, 1988.

[29] Paternostro-Bayles, Wing, R. R. and Robertson, R. J.: Effect of life-style acitivity of varing duration on glycemic control in Type Ⅱ diabetic women [J]. Diabetes Care, 12: 34-37, 1989.

[30] Sarna, S., Koskenvuo, M. and Kaprio, J. Increased life expentancy of world class male athletes [J]. Med. Sci. Sports Exerc, 25: 237-244, 1993.

[31] Seals, D. R. and Hagherg, J. M.The effect of exercise training on human hypertension: a review [J]. Med. Sci. Spots Exerc,16: 207-215, 1984.

[32] Shou GC, Ishiko T. The effect of different environmental conditions on blood lactate accumulation LT and OBLA during incremental exercise [J]. Jnp Phys Fitness Sports Med J, 43: 58, 1994.

[33] Shou GC, Ishiko T. Effect of thermal dehydration on blood lactate accumulation during incremental exercise under difference environmental conditions [J]. Adv Exerc Sports Physiol, 1(2): 1,1995.

[34] Stillman R. J., Lohman T. G., Slaughter M. H, et al. Physical activity and bone mineral content in woman aged 30-85 years [J]. Med. Sci. Sports Exerc, 18: 546-580, 1986.

[35] Toshihiro ISHIKO. Sports Physiology for healthful fitness [M]. Tokyo: Press of Aning, 2000.

[36] Vitug, A., Schneider, S. H. and Ruderman, N. B.Exercise and Type 1 Diabetes mellitus [J]. Exerc. Sports Sci. Rev, 16: 285-304, 1988.

[37] World Health Organization:Magna carta for health [M]. 1948.

[38] 1999 World Health Organiration International Society of Hypertension Guidelines for the Management of Hypertension [J]. J. of Hypertension, 17: 151-183, 1999.

[39] 青木纯一朗. 文部省の新体力テスト試行案の概要 [J]. 体育科教育，46 (7)：69-71，1998.

[40] 石原昭彦. 宇宙における神经肌肉の反応 [J]. 体力科学，51 (1)：42，2002.

[41] 石河利宽，池田紀子，蓮藤ちえ. 肥満児の生態と対策 [J]. 体育の科学，17：76-78，1967.

[42] 石河利宽. スポ-ツとからだ [M]. 東京：岩波新書，22，1971.

[43] 石河利宽，杉浦正輝. 運動生理学 [M]. 東京：建錦社，1990.

[44] 石河利宽. 体力とは何か [J]. からだの科学，39：50-57，1971.

［45］石河利宽，竹宫 隆. 持久力の科学［M］. 東京：杏林書院，227，1994.
［46］石河利宽. 運動生理学［M］. 東京：杏林書院，311-375，2000.
［47］勝田茂，和田正信，松永智. 運動生理学［M］. 東京：杏林書院，2011.
［48］勝田茂. 運動と筋の科学［M］. 東京：朝倉書店，2000.
［49］厚生统计协会：国民衞生の動向 2004［R］. 厚生の指標，51（9），2004.
［50］北川道弘：女性のスボーツ医学［J］. 中外医学社，105-113，1989.
［51］後藤勝正，川崎健介，藤田和彦. 萎縮に伴う収縮機能の变容－興奮連関にかわるタンパク質の發現とその制［J］. 医学のあゆみ，604-608，2000.
［52］波多野議朗. 体力測定概論［M］. 東京：159-220，1994.
［53］中岛仁子. golf playの運動量、栄養摂取与骨密度［J］. golf play の科学，7（2）：64-68，1994.
［54］中野昭一. 運動とエネルギ-の科学［M］. 東京：杏林書院，1996.
［55］日本文部省体育局. 平成 7 年度体力·運動能力調查報告書［R］. 1996.
［56］佐々木純一，鍋岛雄一，目崎登. 妊婦のスポーツの安全管理［J］. 臨床スポーツ医学，9：1347，1992.
［57］曹姣，肖国强. 有氧运动和白藜芦醇对 II 型糖尿病大鼠肝脏氧化应激及 NF-κBp65 的影响［J］. 体育学刊，20（6）：138-144，2013.
［58］曹姣，何应先，肖国强. 健步走和太极拳综合练习后非酒精性脂肪肝患者肝损伤及储备功能的变化［J］. 中国运动医学杂志，31（12）：1048-1053，2012.
［59］曹姣，宋德军，肖国强.有氧运动和白藜芦醇对肥胖大鼠主动脉内皮细胞内分泌功能的影响［J］. 体育科学，34（5）：29-34，2014.
［60］广东省国民体质监测中心：广东省 2010 年第三次国民体质监测报告［R］. 2013.
［61］李晋裕，李永亮. 中国学生の体質状况と学校の対策：20 年来中国学生的体質健康状况の調查结果［J］. Jpn J. Phys. Educ. Hlth. Sport Sci. 46：461-466，2001.
［62］肖国强. 对乳酸在肌肉疲劳中作用的再认识［J］. 体育科学，27（9）：92-96，2007.
［63］肖国强，石河利宽. 热脱水对高温及常温环境中渐增负荷运动时血乳酸浓度的影响［J］. 中国运动医学杂志，17（1）：28-33，1998.
［64］肖国强，黄佳，邱卓君，等. 吸氧对大强度运动后红细胞形态、血液流变特性的影响［J］. 中国运动医学杂志，21（1）：37-40，2002.
［65］肖国强. 高尔夫球运动对强化骨的作用［J］. 体育学刊，11（3）：39-41，2004.

[66] 肖国强. 宇宙环境对人体机能及运动能力的影响 [J]. 体育学刊，25 (1)：71-73，2005.

[67] 肖国强. 浅谈运动处方 [J]. 体育学刊，8 (6)：55-58，2001.

[68] 肖国强. 高一学生隐形肥胖者的血清脂质性状特征 [J]. 体育学刊，14 (6)：35-39，2007.

[69] 肖国强，马冀平，刘晓光. 大学生“隐形肥胖者”身体形态和体力特征及对策 [J]. 体育学刊，11 (5)：39-42，2004.

[70] 肖国强. 运动与能量代谢 [M]. 北京：人民体育出版社，1998.

[71] 肖国强. 心率阈值研究进展 [J]. 中国运动医学杂志，20 (3)：305-307，2001.

图书在版编目(CIP)数据

运动与能量代谢：锻炼身体的科学与健康 / 肖国强，曹姣主编．-北京：人民体育出版社，2014（2019.6.重印）
ISBN 978-7-5009-4708-0

Ⅰ.①运… Ⅱ.①肖… Ⅲ.①体育锻炼-关系-健康-研究
Ⅳ.①G806

中国版本图书馆 CIP 数据核字(2014)第 196911 号

*
人民体育出版社出版发行
三河兴达印务有限公司印刷
新 华 书 店 经 销
*
787×1092 16 开本 15 印张 310 千字
2014 年 12 月第 1 版 2019 年 6 月第 3 次印刷
印数：5,501—7,000 册
*
ISBN 978-7-5009-4708-0
定价：48.00 元

社址：北京市东城区体育馆路 8 号（天坛公园东门）
电话：67151482（发行部） 邮编：100061
传真：67151483 邮购：67118491
网址：www.sportspublish.cn